Martin Seel

Ästhetik des Erscheinens

Carl Hanser Verlag

1 2 3 4 5 04 03 02 01 00

ISBN 3-446-19941-1

Satz: Fotosatz Reinhard Amann, Aichstetten
Druck und Bindung: Clausen & Bosse, Leck
Printed in Germany

Inhalt

Vorwort

Dieses Buch macht den Vorschlag, die Ästhetik nicht bei Begriffen des Soseins oder des Scheins, sondern mit einem Begriff des Erscheinens beginnen zu lassen. Das Erscheinen, von dem die Rede sein wird, ist eine Wirklichkeit, die alle ästhetischen Objekte miteinander teilen, wie verschieden sie ansonsten auch sein mögen. In allem ästhetischen Tun oder Lassen ist es im Spiel.

Dinge und Ereignisse darin zu vernehmen, wie sie unseren Sinnen momentan und simultan erscheinen, stellt eine genuine Art der menschlichen Weltbegegnung dar. Das hierbei entstehende Bewußtsein ist ein anthropologisch zentrales Vermögen. In der Wahrnehmung der unfaßlichen Besonderheit eines sinnlich Gegebenen gewinnen wir eine Anschauung der unverfügbaren Gegenwart unseres Lebens. Die Aufmerksamkeit für das Erscheinende ist so zugleich eine Aufmerksamkeit für uns selbst. Das ist auch – und oft erst recht – dann der Fall, wenn Werke der Kunst vergangene oder künftige, wahrscheinliche oder unwahrscheinliche Gegenwarten imaginieren. Denn sie entfalten ihre überschreitenden Energien aus ihrer Präsenz als sinnenfällige Gebilde. Sie stellen eine besondere Gegenwart her, in der es zu einer Darbietung naher oder ferner Gegenwarten kommt.

Im Blick auf die Kunst des 20. Jahrhunderts könnten hieran Zweifel aufkommen. Es mag scheinen, als habe sich die moderne Kunst dem Erscheinen immer wieder entzogen. Man denke nur an das von Marcel Duchamp 1915 in New York präsentierte Objekt *In Advance of the Broken Arm*: eine kreuznormale Schneeschaufel, aufgehängt an der Decke des als Ausstellungsraum dienenden Ateliers. Oder an Walter de Marias 1977 für die documenta VI errichteten *Vertikalen Erd-*

kilometer: einem langen und schmalen, weit in die Erde eingesenkten Rohr, von dem nichts zu sehen ist außer einem kleinen Messingdeckel in der Mitte einer zwei Quadratmeter großen Sandsteinplatte. Wir stehen hier vor Objekten, die nach der Meinung einflußreicher Kommentatoren in ihrem künstlerischen Kalkül über das sinnliche Erscheinen erhaben sind. Dies hätte zur Konsequenz, daß die Philosophie genötigt wäre, die Sünden der Sinnlichkeit aus dem Tempel der Kunsttheorie zu vertreiben.

Diese Konsequenz möchte ich vermeiden. Nur die durch die Inszenierung des Objekts hervorgerufene und enttäuschte *Erwartung* eines besonderen Erscheinens macht den Witz jenes frühen Ready-mades verständlich. Erst recht ist die weitgehende Entzogenheit des materiellen Kunstobjekts bei de Marias Installation eine Technik des Erscheinenlassens. Denn sie macht auf subtile und paradoxe Weise den Raum spürbar, in dem sich die – nicht zufällig im Angesicht eines herkömmlichen Standbilds errichtete – Installation unter den Füßen des »Betrachters« erstreckt. Im Kontext der Kunst kann selbst das Verschwinden eine Quelle des Erscheinens sein.

Aber nicht nur die neuere bildende Kunst, auch die Literatur scheint das Erscheinen umgehen zu können – zumindest dort, wo sie auf Versmaß und Silbenklang verzichtet. Hier, so könnte man denken, liegt gar kein ernstzunehmendes Sinnenobjekt vor, sondern lediglich eine Partitur, die als Kunst nicht von den Sinnen, sondern allein vom Geist erschlossen werden will. Diese Trennung jedoch verfehlt das literarische Sprechen von Anfang an. Denn ohne (einen Sinn für) ihre Auffälligkeit als graphische, rhythmische und klangliche Komposition gäbe es überhaupt keine literarischen Texte.

An diesen und weiteren Punkten sind es wie immer die Künste, an denen die Ästhetik ihre entscheidenden Bewährungsproben zu bestehen hat. Aber sie kann sie nur bestehen, wenn sie sich nicht von den außerkünstlerischen Phänomenen des Ästhetischen abwendet – von der Natur, der

Dekoration und dem Design, der Mode und dem Sport sowie all den anderen Anlässen einer vollzugsorientierten sinnlichen Wachheit. Die Besonderheit der Kunst muß gerade in ihrer *ästhetischen* Besonderheit zur Sprache kommen: darin, wie sich ihre Objekte nicht nur von beliebigen Dingen, sondern von beliebigen *ästhetischen* Objekten und Ereignissen unterscheiden. Die Philosophie der Kunst ist ein Teilbereich der allgemeinen Ästhetik; nur in diesem Rahmen kann sie angemessen ausgeführt werden. Die Stellung der Kunst in der menschlichen Welt ist eine Stellung inmitten einer Pluralität ästhetischer Gelegenheiten, die selbst keiner künstlerischen Choreographie unterliegen.

Die Teile dieses Buchs rücken diese Gelegenheiten auf unterschiedliche Weise in den Blick. Sie verfolgen alle das Ziel, ausgehend von dem Leitbegriff des Erscheinens plausible Schritte in die Ästhetik zu machen. Auf diese Weise stellen sie »Kapitel aus der Ästhetik« dar, die je nach Neigung unabhängig voneinander gelesen oder im Zusammenhang studiert werden können.

Das erste dieser Kapitel entwirft die Vorgeschichte einer Ästhetik des Erscheinens, die vor allem deutlich machen soll, wie sehr die nachfolgenden Ausführungen in der Tradition bereits vorgebildet sind. Von Baumgarten und Kant bis hin zu Valéry und Adorno wird die Ästhetik von Reflexionen darüber geleitet, was »in den Dingen unbestimmbar ist«. Diese Erinnerung mündet in eine Positionsbestimmung der Ästhetik als eines ebenso eigenständigen wie unverzichtbaren Teils der Philosophie.

Der Hauptteil versucht den Begriff des Erscheinens so weit zu entfalten, wie es nötig ist, um ihn als einen aussichtsreichen Grundbegriff der Ästhetik zu etablieren. Im Ausgang von einem minimalen Begriff des ästhetischen Objekts und der ästhetischen Wahrnehmung wird nach und nach ein differenziertes Verständnis der Spannweite ästhetischen Bewußtseins entwickelt. Dies führt abschließend zu einer These über den Sinn ästhetischer Praxis: In ihren vielfältigen Formen lassen wir uns auf ein Spiel um eine Anschauung unserer Gegenwart ein.

Das Stück über das Rauschen untersucht eine Extremform des Erscheinens: visuelle, akustische und semantische Phänomene, die uns als ein »Geschehen ohne Geschehendes« faszinieren und so eine Wahrnehmung an der Grenze unserer Wahrnehmungsfähigkeit möglich werden lassen.

Das vierte Stück kommentiert die gegenwärtige Diskussion über den Status von Bildern. Der Vorschlag, Bilder als einen Erscheinungsgrund zu verstehen, auf dem etwas als dargeboten erscheint, führt zu Abgrenzungen gegenüber Phänomenen wie Film und Cyberspace. Er bietet außerdem Anlaß, sich der Differenz zwischen innerbildlicher und außerbildlicher Wirklichkeit neu zu vergewissern.

Der fünfte Teil untersucht das Verhältnis, in dem Kunstwerke zu Gewaltverhältnissen stehen. In der metaphorischen Gewalt, die die Kunst über ihre Adressaten gewinnt, liegt ihre Fähigkeit, Vorgänge buchstäblicher Gewalt in einer ungeschützten Form zur Anschauung zu geben. Weil die Kunst ihre Darbietung mit besonderer Macht zur Erscheinung bringt, kann sie das Gewaltsame der Gewalt erscheinen lassen, wie es kein anderes Medium vermag.

Mein Dank gilt vielen, die mich bei unterschiedlichen Anlässen auf die Schwierigkeiten meines Vorschlags aufmerksam gemacht haben, unter ihnen Karl Heinz Bohrer, Gernot Böhme, Reinhard Brandt, Rüdiger Bubner, Sabine Döring, Christel Fricke, Sebastian Gardner, Lydia Goehr, Ruth und Dieter Groh, Hans Ulrich Gumbrecht, Ted Honderich, Anthony O'Hear, Angela Keppler, Manfred Koch, Sibylle Krämer, Gerhard Kurz, Konrad Paul Liessmann, Karlheinz Lüdeking, Bernd Kleimann, Christoph Menke, Eberhard Ortland, Ulrich Pothast, Klaus Sachs-Hombach, Hannelore und Heinz Schlaffer, Oliver Scholz, Ruth Sonderegger, Hent de Vries, Albrecht Wellmer und Lambert Wiesing. Renate Kappes, Stefan Deines, Tobias Brodkorb und Melisande Lauginiger haben mir unermüdlich geholfen, den Buchstabenteufel und andere leserfeindliche Geister aus dem Manuskript zu vertreiben. Barbara Klose hat alle fehlenden Angaben gefunden. In gemeinsamen Veranstaltungen zum Bildbegriff und zur Medialität der Künste – sowie häufig zwischen Tür und Angel – habe ich mit Georg Bertram und Jasper Liptow über die Themen dieses Buchs diskutiert; wovon hier die Rede ist, ist so zu einem gemeinsamen Anliegen geworden, wenngleich, wie davon die Rede ist, allein auf meine Rechnung geht.

Gießen, im Januar 2000 M. S.

I.
Eine rabiate Geschichte der neueren Ästhetik

Die folgende Geschichte ist rabiat, weil sie kurz, und kurz, weil sie rabiat ist. Sie ist kurz, da sie über die neuere, auf Baumgarten zurückgehende Ästhetik nur in winzigen Ausschnitten spricht. Sie ist rabiat, da sie an einer langen und verzweigten Tradition lediglich die Berührungspunkte mit der hier entworfenen Ästhetik des Erscheinens markiert. Ich werde also auf den nächsten Seiten nicht *die*, sondern lediglich *eine* Geschichte der neueren Ästhetik erzählen. Wie plausibel diese philosophische Geschichte ist, hängt letztlich davon ab, wie gut die Argumente sind, die für die von ihr gezogenen Linien sprechen. Diese Argumente aber werden hier nur angedeutet, nicht schon ausgeführt werden; dies soll der Titelabhandlung vorbehalten bleiben.

Die Geschichte, die ich vorausschicke, wirft Schlaglichter auf den Hintergrund, vor dem die folgenden Stücke dieses Buchs nach plausiblen Schritten in die – und in der – Ästhetik suchen. Zugleich umreißt sie die Position, die der Ästhetik innerhalb der Philosophie in meinen Augen zukommt. Ästhetik ist ein irreduzibler Teil der Philosophie, weil sie ein irreduzibler Teil sowohl der theoretischen wie auch der praktischen Philosophie ist. Nur aus dieser Verzahnung heraus läßt sich die (wie immer in der Philosophie: relative) Eigenständigkeit dieser Disziplin begreifen. Cum grano salis ist dies eben jene Antwort, die bereits Kant in der *Kritik der Urteilskraft* gegeben hat. Diese Kantische Linie ist jedoch nur selten eingehalten worden. An Irrungen und Wirrungen, vor allem aber an übersteigerten Erwartungen war die nachfolgende Entwicklung nicht eben arm. Die Ästhetik sollte einmal die bessere Erkenntnistheorie, einmal die bessere Ethik, einmal schlicht das bessere Philosophieren sein. Diese Illusionen aber möchte ich hier nicht noch einmal Revue passieren lassen. In seiner Kürze rabiat ist der folgende Durchgang auch deshalb, weil er ohne Umschweife eine Erfolgsgeschichte der philosophischen Disziplin namens »Ästhetik« erzählt.

1. Acht kurze Geschichten

Baumgarten

Mit einem folgenreichen Schritt fing alles an. Die 1750 erschienenen *Aesthetica* von Alexander Gottlieb Baumgarten, die der neuen Disziplin ihren Namen gaben, verstehen sich als eine neue, bislang vernachlässigte Form der Erkenntnistheorie.[1] Diese handelt nicht allein von schönen Gegenständen der Natur und der Kunst, sondern, viel allgemeiner, von einem besonderen Wahrnehmungsvermögen. Baumgarten gab ihm den Titel einer »sinnlichen Erkenntnis« (*cognitio sensitiva*). Im Unterschied zur klaren und distinkten begrifflichen Erkenntnis ist das sinnliche Erkennen eine *cognitio confusa*, wie Baumgarten in Anknüpfung an Leibniz sagt. Dies ist jedoch nicht als Gegensatz zur *Klarheit*, sondern zur *Distinktheit* des begrifflich-propositionalen Erkennens gemeint. Das ästhetische Erkennen erreicht eine ganz andere Prägnanz als das wissenschaftliche. Seine Leistungen verhalten sich komplementär zu diesem. Ein »vollständiges« Erkennen, so ergibt sich daraus für Baumgarten, kann nur durch wissenschaftliches *und* ästhetisches Denken erreicht werden. Denn jede

1 A. G. Baumgarten, Theoretische Ästhetik, übers. u. hg. v. H. R. Schweizer, Hamburg 1983.

Betrachtungsart nimmt das Gegebene auf eine grundsätzlich andere Weise in den Blick.[2]

Die ästhetische Erkenntnis ist nach Baumgarten auf die Wahrnehmung komplexer Phänomene spezialisiert – nicht um sie in ihrer Zusammensetzung zu analysieren, sondern um sie in ihrer anschaulichen Dichte zu vergegenwärtigen. Hier wird etwas nicht *als etwas* bestimmt, es wird in der Fülle seiner Merkmale vernommen. Ziel dieses Erkennens ist nicht das – durch Klassifikation und Generalisierung zu erfassende – Allgemeine, sondern die Beachtung des Besonderen. Das Besondere in seiner Besonderheit zu erkennen – das ist die eigentliche, von keiner Wissenschaft zu erreichende Leistung der *cognitio sensitiva.*

Im Fall der Kunst verlangt dies eine besondere Fähigkeit der Darbietung; alles, was sie darbietet, bietet sie mit einem Sinn für die Besonderheit sowohl der Darbietung als auch des Dargebotenen dar. Prinzipiell aber ist das »untere« Ekenntnisvermögen, wie Baumgarten das sinnliche Erkennen im Schema traditioneller Einteilungen auch nennt, nicht auf das Medium der Kunst angewiesen. Es kann jederzeit und überall operieren: durch eine sensitive Auffassung, die bei einem Ding oder einer Situation in der Individualität ihres Erscheinens verweilt.

Kant

Aber kann man diese Wahrnehmung wirklich in jedem Fall als ein *Erkennen* verbuchen? Kann folglich die Ästhetik mit Recht als eine Unterart der Erkenntnistheorie aufgefaßt wer-

2 Den Gedanken dieser Komplementarität bei Baumgarten analysiert B. Scheer, Einführung in die philosophische Ästhetik, Darmstadt 1997, in ihrem Geist argumentiert G. Gabriel, Zwischen Logik und Literatur. Erkenntnisformen von Dichtung, Philosophie und Wissenschaft, Stuttgart 1991.

den? Nein – lautet die Antwort, die Immanuel Kant 1787 im ersten Teil seiner *Kritik der Urteilskraft* gibt. Dennoch legt Kant großen Wert darauf, daß alle *Kräfte* des Erkennens an der ästhetischen Wahrnehmung beteiligt sind. Aber, so fügt er hinzu, es kommt in der ästhetischen Wahrnehmung nicht auf Erkenntnisse an. Die Kräfte des Erkennens werden hier nicht zum Erkennen gebraucht: das ist der Kern der zahlreichen paradoxen Bestimmungen, mit denen Kant die ästhetische Einstellung am Beginn seiner Ästhetik charakterisiert.

Fähig zur erkennenden Bestimmung, suspendiert das Subjekt der ästhetischen Anschauung das erkennende Bestimmen. Es legt den Gegenstand seiner Wahrnehmung nicht auf einzelne seiner Merkmale fest. Statt dessen nimmt es ihn in einer undarstellbaren Fülle seiner Merkmale wahr. In der Anschauung etwa einer schönen Blume – am Beginn seiner Ästhetik denkt Kant vorwiegend an Gegenstände der Natur – geht es darum, »die Beschäftigung der Erkenntniskräfte ohne weitere Absicht zu erhalten. Wir weilen bei der Betrachtung des Schönen, weil diese Betrachtung sich selbst stärkt und reproduziert.«[3] Im Unterschied zur *theoretischen* Kontemplation geht es der *ästhetischen* nicht um bestimmte Einsichten, die der Hinwendung zum Gegenstand abgewonnen werden sollen. Der Gegenstand soll nicht auf den Begriff – oder auf eine Reihe von Begriffen – gebracht werden, genausowenig wie er einem bestimmten praktischen Zweck zugeführt werden soll. Ohne Reduktion auf diese oder jene Bestimmung soll er in der Gegenwart seines Erscheinens wahrgenommen werden.

Damit ist eine tragfähige Anfangsbestimmung der Ästhetik erreicht. Deutlicher als Baumgarten bindet Kant die Analyse des ästhetischen Objekts an eine Analyse der Wahrnehmung dieses Objekts (und die Analyse dieser Wahrnehmung an die Analyse der Urteile, die von ihrem Vollzug berichten). Ästhe-

3 I. Kant, Kritik der Urteilskraft, in: ders., Werke, hg. v. W. Weischedel, Frankfurt/M. 1968, Bd. X, § 12, 302 (B 37).

tisches Objekt und ästhetische Wahrnehmung werden als interdependente Begriffe erkannt. Das ästhetische Objekt ist Objekt einer genuinen Form der Wahrnehmung, der es nicht um einzelne *Erscheinungen*, sondern um das prozessuale *Erscheinen* seiner Gegenstände geht.

Diese Unterscheidung freilich hat Kant selbst nicht vorgenommen. Sie trifft aber den Kern der Differenz, die Kant in der *Kritik der Urteilskraft* zwischen theoretischer und ästhetischer Auffassungsweise zieht. Vor allem im Begriff des Spiels – eines »freie(n) Spiels der Erkenntnisvermögen«, das auf der Seite des Gegenstands ein »Spiel von Gestalten« entfacht – hebt Kant den Prozeßcharakter des ästhetischen Zustands deutlich hervor.[4] Das ästhetische Erscheinen, um das es hier geht, ist keinesfalls ein nur subjektives Erscheinen (wie etwa, wenn ich sage: »Mir schien, als wäre da eine Katze«) oder eine rein subjektive Auffassung (wie wenn ich sage: »Für mich sieht die Katze aus wie ein Skunk«); genausowenig handelt es sich generell um das Phänomen eines undurchschauten oder auch durchschauten kollektiven Scheins (etwa im Fall der Illusion, daß die Sonne um die Erde kreist). Es ist vielmehr ein besonderes *Gegebensein* von Phänomenen, das intersubjektiv nachvollzogen werden kann (so wie das »Aufgehen« und »Untergehen« der Sonne auch nach Kopernikus phänomenal einleuchtend bleibt). Andernfalls, sagt Kant, wären ästhetische Urteile nicht möglich. Das ästhetische Erscheinen kann von allen beachtet werden, die erstens über die entsprechende sinnliche und kognitive Ausstattung verfügen und zweitens bereit sind, unter Verzicht auf kognitive oder praktische Ergebnisse für die volle sensitive Gegenwart eines Gegenstands aufmerksam zu sein.

Diese bei Kant entwickelte Theorie des ästhetischen Erscheinens stellt zusammen mit einem minimalen Begriff der ästhetischen Wahrnehmung einen minimalen Begriff des ästhetischen Objekts bereit. »Minimale« Bestimmungen sind

4 KdU, §§ 9 u. 14, 296 u. 305 (B 28 u. 42).

dies, weil sie etwas hervorheben, das für alle ästhetischen Objekte und Auffassungsweisen kennzeichnend ist – wie radikal verschieden diese in anderen Hinsichten auch sein mögen.[5] Das ästhetische Objekt ist ein Gegenstand-in-seinem-Erscheinen, ästhetische Wahrnehmung ist Aufmerksamkeit für dieses Erscheinen.

Obwohl dies nichts weiter als ein minimaler Ausgangspunkt ist, ist es doch zugleich ein Schnittpunkt, an dem sich die von Kant zunächst getrennten Gebiete der Ästhetik, Erkenntnistheorie und Ethik intern berühren. Wie Kant nämlich darlegt, sind wir im Vollzug ästhetischer Wahrnehmung auf eine besondere Weise frei – frei von den Zwängen begrifflichen Erkennens, frei von den Kalkülen instrumentellen Handelns, frei auch vom Widerstreit zwischen Pflicht und Neigung. Im ästhetischen Zustand sind wir frei von der Nötigung zur Bestimmung unserer selbst und der Welt. Diese negative Freiheit aber hat nach Kant eine positive Kehrseite. Denn im Spiel der ästhetischen Wahrnehmung sind wir frei für die Erfahrung der *Bestimmbarkeit* unserer selbst und der Welt. Wo das Wirkliche in einer Fülle und Veränderlichkeit entgegentritt, die nicht erfaßt und dennoch bejaht werden kann, da wird ein Raum von Möglichkeiten des Erkennens und Handelns erfahren, der in aller theoretischen und praktischen Orientierung immer schon vorausgesetzt ist. Daher sieht Kant die Erfahrung des Schönen (und erst recht des Erhabenen) als ein Ausspielen der höchsten Fähigkeiten des Menschen. Der in der ästhetischen Betrachtung zugelassene, ja: freigelassene Reichtum des Wirklichen wird erfahren als lustvolle Bestätigung ihrer weitläufigen Bestimmbarkeit durch uns.

5 Kants oft mißverstandenes Insistieren auf der »Reinheit« des ästhetischen Urteils am Beginn seiner Theorie hat genau diesen methodischen Sinn: zunächst das grundlegende Phänomen der ästhetischen Anschauung zu sichern, um anschließend spezielle Phänomene des Ästhetischen analysieren zu können. Es ist damit keinerlei puristische ästhetische Norm verbunden.

Ein minimaler Begriff des ästhetischen Objekts, wie wir ihn am Beginn der *Kritik der Urteilskraft* ausgebildet finden, kann jedoch nicht mehr als der Anfang einer plausiblen Ästhetik sein. Noch gar nichts sagt der Grundbegriff des Erscheinens über die besondere ästhetische Verfassung von Objekten der *Kunst*. Jede Ästhetik aber, die ihren Namen verdient, muß sich letztlich an dem komplexesten aller ästhetischen Phänomene bewähren. Das ist der Grund, warum Georg Wilhelm Friedrich Hegel die Ästhetik in seinen ab 1820 gehaltenen Vorlesungen kurzerhand als eine »Philosophie der Kunst« definiert hat.

Daß es die Kunst wesentlich mit dem Erscheinen zu tun hat, ist für Hegel selbstverständlich. Das Kunstwerk ist, wie Hegel einmal lapidar sagt, »eine Erscheinung, die etwas bedeutet«.[6] Im Unterschied zu anderen Zeichen aber, von denen man dies ebenfalls sagen könnte, ist die Bedeutung eines Kunstwerks an die besondere sinnliche Ausführung des einzelnen Werks gebunden. Wie das einfache Objekt der Natur tritt das Kunstwerk in seiner individuellen Gestalt in Erscheinung; aber diesmal handelt es sich um ein artikuliertes, oder besser noch: um ein artikulierendes Erscheinen. Das *bloße* Erscheinen des minimalen ästhetischen Objekts wird im Erscheinen des Kunstwerks *beredt*.

An vielen Stellen spricht Hegel von einem »Scheinen« des Kunstwerks, das weder mit seinem sinnlichen Sosein noch mit einem täuschenden Anschein gleichgesetzt werden darf. Das Kunstwerk geht in seiner sinnlichen Erscheinung nicht auf. Es spiegelt nichts vor. Es läßt seine *Gehalte* erscheinen. Es ist allein einer interpretierenden Wahrnehmung zugänglich, die in sensitiver Aufmerksamkeit die Konstellationen und

6 G.W.F. Hegel, Vorlesungen über die Ästhetik I-III, in: ders., Werke in zwanzig Bänden, Bde. 13-15, Frankfurt/M. 1970, hier Bd. I, 36.

Korrespondenzen der plastischen, gestischen, visuellen oder klanglichen Erscheinung des Werks verfolgt. Der Gehalt der Werke ist der Gestaltung des künstlerischen Materials eingearbeitet. So sind sie nicht allein unbeschreibliche Ereignisse des Erscheinens, sondern darüber hinaus ein unerschöpflicher Ausdruck des menschlichen Geistes. Das Kunstwerk präsentiert sein eigenes Erscheinen, um Formen der menschlichen Weltbegegnung zur Erscheinung zu bringen. Auf diese Weise ermöglicht es dem Menschen eine anschauliche, über seine persönliche Situation weit hinausweisende Selbstbegegnung.

Nach Hegels Auffassung sind Kunstwerke stets Medien eines ästhetischen *Erkennens*. Was Baumgarten für alle Formen ästhetischer Wahrnehmung behauptet hatte, auf die Wahrnehmung von Kunstwerken trifft es zu. Sie sind als *Kunstwerke* nur wahrnehmbar, wenn sie in einer spezifischen Weise erkennend wahrgenommen werden. Hegel zufolge war die Kunst zu Zeiten der Antike sogar das höchste Medium des Erkennens, um danach zuerst von der Religion und anschließend von der Philosophie überflügelt zu werden.[7] In der Gegenwart jedoch, sagt Hegel ebenso nüchtern wie zutreffend (und daran hat sich seit Beginn des 19. Jahrhunderts nicht viel geändert), ist die Kunst nur noch eine *unter anderen* Formen des Erkennens, eine Form überdies, die sich mehr und mehr von ihrer traditionellen Funktion, Erkenntnis des Absoluten zu sein, entfernt hat. Erst für die Kunst seiner Gegenwart wird Hegel zum Theoretiker einer dezidiert autonomen Kunst. Diese ist nicht länger eine Darstellung »ewiger Mächte«, die das Leben aller Menschen bestimmen; sie wird zu einer Präsentation historischer Sichtweisen und Lebensformen, zu einer exemplarischen Entäußerung subjektiver Welten, eng verbunden mit einer gesteigerten Selbstdarbie-

7 Philosophen von Schelling bis Adorno haben diese Rangordnung immer wieder umzukehren versucht. Solche Umkehrungen aber wiederholen nur den Zwang, eine *Rang*ordnung zu etablieren, wo nur von einer *Konstellation* von Formen der Weltdeutung die Rede sein kann.

tung des künstlerischen Materials und der künstlerischen Verfahren.[8] Auch in modernen Zeiten aber bleibt die Kunst für Hegel (zusammen mit Philosophie und Religion) eine der Nachfolgerinnen der antiken *theoria*, also der Tätigkeit einer selbstzweckhaften Vergegenwärtigung der Grundverfassung des Wirklichen. Mit diesem *theoretischen* Erbe der ästhetischen Praxis aber ist auch für Hegel zugleich ein eminentes *ethisches* Erbe verbunden. Wie für Platon und Aristoteles die philosophische *theoria*, so ist die »denkende Betrachtung« der Kunst für Hegel eine unverzichtbare Dimension eines von der Befangenheit im alltäglichen Dasein befreiten Lebens.

Schopenhauer

Arthur Schopenhauer hat diesen Zusammenhang zwischen ästhetischer, theoretischer und ethischer Praxis noch sehr viel enger gefaßt. Die Gefahr einer *integrativen* Ästhetik, die nicht nur mit Berührungen und Überschneidungen, sondern mit einer *Konvergenz* theoretischer, ethischer und ästhetischer Einstellung rechnet, läßt sich hier besonders gut studieren. Dieser Gefahr allerdings sind nicht wenige der Theoretiker des Ästhetischen seit Kant ausgesetzt – war doch die Ästhetik seit der Romantik eine der großen Hoffnungen eines vereinigungssüchtigen, auf eine Überwindung der modernen Entzweiungen gerichteten Philosophierens. Während aber die anderen Autoren, die ich hier behandle, so verstanden werden können, daß sie der Gefahr einer spekulativen Einebnung des Ästhetischen letztlich entkommen sind, besteht diese Möglichkeit einer rettenden Lektüre bei Schopenhauer

8 Von der Offenbarung des Absoluten zur Selbst-Anschauung kultureller Welten – so verläuft bei Hegel die Geschichte der Kunst (und des Umgangs mit Kunst). Die beste Deutung der Hegelschen Gegenwartsdiagnose ist nach wie vor: D. Henrich, Kunst und Kunstphilosophie der Gegenwart, in: W. Iser (Hg.), Immanente Ästhetik und ästhetische Reflexion, München 1966, 11-32.

nicht. Zwar unterstützt und verstärkt Schopenhauer in seinem zuerst 1818 publizierten Hauptwerk *Die Welt als Wille und Vorstellung* die von Kant wie Hegel vertretene Ansicht, daß die ästhetische Wahrnehmung zu einem Abstand sowohl zum begrifflichen Erkennen als auch zum zweckgerichteten Handeln befähigt. Seine Grundthese aber lautet, daß das Subjekt in der ästhetischen Anschauung die Welt der empirischen Erscheinungen zugunsten einer Kontemplation platonischer »Ideen« *verläßt.*

Schopenhauer zufolge gilt die Anschauung eines Wildbachs nicht dem Fließen, Rauschen und Funkeln dieses individuellen Baches, sondern der allgemeinen *Idee* eines Baches: dem unbändigen Abwärtsdrängen einer formlosen Materie. Die individuelle Erscheinung ist nicht das, worum es der ästhetischen Wahrnehmung eigentlich geht; sie ist lediglich ihr unumgänglicher äußerer Anlaß. Die Betrachtung eines Kunstwerks gilt folglich nicht eigentlich der zugleich sinnenfälligen und ausdrucksstarken Präsenz des jeweiligen Werks, sondern der Möglichkeit, sich in seiner Anschauung in ein »reines, willenloses, schmerzloses, zeitloses Subjekt der Erkenntnis« zu verwandeln, das die Welt des alltäglichen Lebens und Strebens als Illusion durchschaut.[9] Der Sinn ästhetischer Wahrnehmung ist für Schopenhauer nicht eine verwandelte *Begegnung* mit der empirischen Welt, sondern ihre erkennende *Überwindung*. Dies ist die Welt, in der das vom menschlichen Verstand entworfene Kausalprinzip regiert und zugleich die Welt, in der wir ohne Aussicht auf Erfüllung von den Begehrungen unseres Willens herumgetrieben werden. Indem diese Welt in der ästhetischen Anschauung als ein – wenn auch unvermeidlicher – Schein durchschaut werden kann, befindet sich das Subjekt dieser Einsicht nicht nur in einer privilegierten Erkenntnis-, sondern zugleich in einer privilegierten ethischen Position. Es erfährt Augenblicke einer

9 A. Schopenhauer, Die Welt als Wille und Vorstellung, in: ders., Werke in zehn Bänden, Zürich 1977, Bde. I-IV, hier Bd. I, 232.

»Erlösung vom Willen« und einer befreienden »Resignation« gegenüber dem Streben nach irdischen Gütern. Es gelangt zu einer Überwindung aller Illusionen darüber, was wahrhaft wirklich und wirklich wichtig ist.

Ästhetische, theoretische und ethische Aufmerksamkeit werden bei Schopenhauer auf einen Grund zurückgeführt. Ästhetische Wahrnehmung wird als Eintritt in ein optimales Erkennen und Handeln gedeutet, als Gewinnung der schlechthin richtigen Sicht der Dinge. Für diese Engführung aber zahlt Schopenhauers Ästhetik einen hohen Preis. Sie macht sich blind für das individuelle Erscheinen der ästhetischen Objekte. Die ästhetischen Objekte der Natur und der Kunst werden zu »Erleichterungsmitteln«[10] der Gewinnung theoretischer und ethischer Einsicht degradiert. Die ästhetische Achtung des Besonderen wird zu einem Verrat an der individuellen Erscheinung – zum »Vergessen aller Individualität«[11] – gezwungen. Anstatt eines anderen Einstiegs predigt Schopenhauers Ästhetik einen radikalen Ausstieg aus der phänomenalen Welt.[12]

Nietzsche

Trotzdem darf Schopenhauer nicht fehlen, wenn die Geschichte der neueren Ästhetik mit Aussicht auf ein Happy-End erzählt werden soll. Denn ohne Schopenhauer gäbe es keinen Nietzsche (und ohne wenigstens einen *bad guy* keine gute Geschichte). In seinem Buch über *Die Geburt der Tragödie aus dem Geiste der Musik* von 1872 hat Nietzsche Schopenhauers sinnenfeindliche Ästhetik vom Kopf auf die Füße gestellt. Auch für Nietzsche bedeutet die Erfahrung der Kunst ein

10 Ebd., 251.

11 Ebd., 253.

12 Eine ausführlichere Kritik an Schopenhauer habe ich formuliert in: M. Seel, Eine Ästhetik der Natur, Frankfurt/M. 1991, 79-83.

radikales Durchbrechen der natürlichen Einstellung. Aber sie schließt keinen Aufstieg zum objektiven Geist oder zu reinen Ideen, sondern einen Abstieg in ein ideenloses Rauschen ein.

Ausgehend vom Beispiel der Musik beschreibt Nietzsche die Verfassung von Kunstwerken als ein Widerspiel von »appolinischer« Konstruktion und »dionysischer« Destruktion. Aus dem chaotischen Prozeß der Natur schafft das Kunstwerk eine komplexe sinnliche und geistige Ordnung; insoweit ist es ein Gebilde des Scheins. Im Unterschied zu anderen kulturellen Erzeugnissen aber enthüllt das Kunstwerk seine eigene chaotische Herkunft. Im Spiel seiner Formen lockt es den Betrachter in den Prozeß einer ungeformten Wirklichkeit hinein. Das Subjekt der ästhetischen Wahrnehmung wird dabei, wie Nietzsche formuliert, »an den Erkenntnisformen der Erscheinungen irre«.[13] Es begegnet einem Erscheinen, das sich in keine Ordnung von Erscheinungen eingliedern läßt.[14]

Die von Nietzsche beschworene Distanz zur gedeuteten Welt, die von der dionysischen Energie der Kunstwerke aufgerissen wird, ist im genauen Gegensatz zu Schopenhauer kein Hinausgehen über die Welt der Erscheinungen, sondern vielmehr ein radikales Sichverlieren in sie. Die empirische Welt verändert hierbei ihr Gesicht vollkommen. Sie erscheint nicht länger in einem Kontinuum verläßlicher Gestalten, sondern in einer Bewegung eines permanenten Gestaltenschwundes. Ohne die Konstruktion eines Kunstwerks und ohne die Kompetenz erkenntnisfähiger Subjekte freilich könnte dieser Zustand nicht eintreten. Ohne die Voraussetzung einer etablierten Kultur wäre kein Heraustreten aus dem Gehäuse der

13 F. Nietzsche, Die Geburt der Tragödie, in: ders., Sämtliche Werke. Kritische Studienausgabe, hg. v. G. Colli und M. Montinari, München 1980, Bd. 1, 28.

14 Zu dieser Interpretation vgl. K. H. Bohrer, Ästhetik und Historismus: Nietzsches Begriff des »Scheins«, in: ders., Plötzlichkeit. Zum Augenblick des ästhetischen Scheins, Frankfurt/M. 1981, 111-138, u. M. Seel, Die Macht des Erscheinens. Nietzsches ästhetische Marginalisierung des Seins, in: du 6/1998, 26-28.

Konventionen möglich. Nur innerhalb eines Kosmos von Bedeutungen, das weiß Nietzsche, kann der Kosmos der Bedeutungen verlassen werden. Und nur innerhalb eines Kontexts von Bedeutungen, die weiterhin in Reichweite sind, kann dieses Verlassen als eine abgründige »Verzückung« erfahren werden.

In drei Hinsichten hat Nietzsche die mit Kant und Hegel erreichte Position der Ästhetik verändert:

Zum einen korrigiert er Kants Annahme über den Grund des ästhetischen Vergnügens. Nicht die Bestimmbarkeit – und damit letztendliche Beherrschbarkeit –, sondern vielmehr die Unbestimmbarkeit und letztendliche Unbeherrschbarkeit des Wirklichen ist die Quelle der ästhetischen Lust. Im ästhetischen Zustand überwinden wir den Glauben an die Möglichkeit und den Sinn einer vollständigen Bestimmbarkeit des Gegebenen. Die ästhetische Lust ist von einem Interesse am Unbekannten geleitet; entsprechend hat die spielerische Selbstgewinnung in der freien ästhetischen Betrachtung als Kehrseite eine ekstatische Selbstpreisgabe.

Zweitens liefert Nietzsche einen über Kant hinausgehenden Grund dafür, warum die ästhetische Wahrnehmung zwar eine hohe Affinität zum Erkennen hat, aber nicht durchgehend als Erkennen gefaßt werden darf. In der Erfahrung vieler Kunstwerke – aber auch einer erhabenen Natur – erleben wir Phasen eines akustischen oder visuellen Rauschens, eines Geschehens ohne erkennbar Geschehendes, das zwar sinnlich verfolgt, aber nicht kognitiv erfaßt werden kann. Sensitive Wahrnehmung überschreitet hier die Grenzen des erkennenden Bewußtseins. Äußerstes Bewußtsein, so zeigt sich, muß nicht zugleich erkennendes Bewußtsein sein; die Intensität der Wahrnehmung und des Wissens können divergieren.[15]

Hieraus folgt – drittens – eine gegenüber Hegel veränderte Bestimmung der Verfassung des Kunstwerks. Die bereits bei Hegel fragile Integration von Gestalt und Gehalt wird von

15 Hiervon handelt das 3. Stück in diesem Band.

Nietzsche aufgegeben. Zwar gelten Kunstwerke weiterhin als Zeichenobjekte, die ihre Bedeutung aus ihrer individuellen Gestalt beziehen; diese Gestalt wird aber nun als ein formbildender *Prozeß* verstanden, der alle Bedeutungen immer wieder in ein asemantisches Erscheinen zurückspielen läßt.

Valéry

Die erste unzweideutige Apologie des Erscheinens aber stammt nicht von Nietzsche, sondern von Paul Valéry.[16] Sein 1921 publizierter Text *Eupalinos oder der Architekt* hat die Form eines Platonischen Dialogs, jedoch nur, um eine ganz und gar anti-platonische – und somit auch anti-schopenhauerianische – Lehre zu formulieren. Phaidros und Sokrates treffen sich in der Schattenwelt des Hades, um ausgehend von dem Beispiel des Architekten Eupalinos über die Verwandtschaft von Baukunst und Musik sowie von Musik und Dichtung, vor allem aber: über die von der Hinwendung zu den ewigen Ideen so verschiedene Erfahrung des Schönen zu reden. »Aber hast du unter den Menschen nicht einige getroffen«, so fragt Phaidros den Sokrates, »deren eigentümliche Leidenschaft für die Gestalten und Erscheinungen [la passion singulière pour les formes et les apparances] dich überraschte?« – »Ohne Zweifel.« – »Und die doch an Intelligenz und Tugenden hinter niemandem zurückstanden?« – »Gewiß!«[17]

In der sehnsüchtigen Erinnerung an die Erfahrung von Musik und Architektur besinnen sich die körperlosen Seelen des Körpers als des Mediums einer unvergleichlichen und un-

16 Zweideutig bleibt demgegenüber die Entdeckung des Erscheinens beim frühen Nietzsche, soweit sie – unter dem Einfluß Schopenhauers – dazu neigt, den Rückgang auf das Erscheinen als eine Teilhabe am chaotischen *Wesen* der Dinge zu deuten.

17 P. Valéry, Eupalinos oder der Architekt, übers. v. R.M. Rilke, Frankfurt/M. 1990, 54 (alle Originalzitate in: P. Valéry, Eupalinos ou l'architecte, Paris 1944, hier 31).

wiederbringlichen Erfahrung. In Erinnerung an die Genüsse der sinnlichen Wahrnehmung gerät Phaidros ins Schwärmen: »Ja, ich werde wieder lebendig, und ich sehe die vergänglichen Himmel wieder! Das Schönste, was es gibt, kommt nicht vor in der Ewigkeit.«[18] – »Alles das klingt seltsam an diesem Ort«, resümiert Sokrates diese erstaunlichen Erinnerungen. »Nun, da wir des Körpers beraubt sind, müssen wir uns offenbar beklagen und jenes Leben, das wir verlassen haben, mit demselben neidischen Aug betrachten, mit dem wir früher hinübersahen nach dem Garten der seligen Schatten.« Darauf Phaidros: »Diese Anlagen sind voll von unseligen Ewigen.«[19]

Valérys Theorie der ästhetischen Erfahrung mündet in ein entschiedenes Lob der Endlichkeit und Gegenwärtigkeit des Daseins der Sterblichen. Dieser ihrer Begrenztheit werden sie in der ästhetischen Erfahrung auf eine ekstatische Weise inne. Sie erleben, daß gerade in dieser Begrenzung unbegrenzte Möglichkeiten der Anschauung und der Gestaltung liegen. Wo hingegen alles ewig währt, ist die Erfahrung der Einmaligkeit und Vielgestaltigkeit der Welt verloren. Nur ein endliches Dasein ist für den Augenblick des Hier und Jetzt offen.

In dem ironischen Rahmen seines Dialogs entfaltet Valéry die erste Ästhetik, die den Schauplatz des ästhetischen Erscheinens nicht allein kreuzt, sondern durchweg auf ihm operiert. Nicht nur von den »apparances« ist die Rede, die gerade von den Intelligentesten und Tugendhaftesten ernstgenommen werden können; es werden auch die »Phantome« gefeiert, mit denen ein Orchester den Saal zu erfüllen vermag.[20] Der Kunst wird die Macht zugesprochen, einen einzigartigen »Zusammenhang von Erscheinungen, Übergängen, Widersprüchen

18 Ebd., 50.

19 Ebd., 66.

20 »Wirklich: So hast du dies niemals erfahren, wenn du einer feierlichen Versammlung beiwohntest, wenn du teilnahmst an einem Gastmahl und wenn das Orchester den Saal mit Tönen erfüllte und mit Erscheinungen (et que l'orchestre emplissait la salle de sons et de fantômes)?« Ebd., 67f. (Orig. 51).

und unbeschreiblichen Ereignissen« zu erzeugen.[21] In diesem Zusammenhang kann sich der Betrachter, Hörer oder Leser aufhalten wie in einer anderen Wirklichkeit. Diese Prozessualität des Kunstwerks deutet Valéry als ein gleichsam *angehaltenes* Erscheinen, das auf eine wiederholbare Weise die Sensationen einer ansonsten unwiederbringlichen Gegenwart erzeugt. Mit seiner Erscheinung bringt es etwas in der Natur nie Dagewesenes hervor.

Auch bei Valéry also geht die Kunst über die Schöpfungen der Natur hinaus – jedoch nicht, um die menschliche Welt zugunsten eines Reichs von Ideen zu verlassen, sondern um eine neue, eine zweite Welt anschaulicher Gestalten zu erschaffen. Der Künstler »nimmt den Punkt, wo der Gott stehengeblieben war, zum Ausgangspunkt seines Handelns«. Die natürliche Ordnung der Dinge dient »als Chaos und Rohstoff« seiner Produktion.[22] Die Ideen und Konstruktionen des Künstlers führen das Erkennen nicht aus der phänomenalen Welt heraus, sondern auf eine unvorhersehbare, neuartige, einmalige Weise in sie hinein. Von der Arbeit des Malers heißt es: »Er kann die Farbe nicht trennen von irgendeinem Wesen.«[23] Das Sein des Kunstwerks bleibt an das Spiel seines Erscheinens gebunden.

Wo Kant die ästhetische Erfahrung als eine Bejahung der *Bestimmbarkeit* des Wirklichen sah und Nietzsche als eine Bejahung ihrer *Unbestimmbarkeit,* sieht Valéry die ästhetische Praxis – allen voran das erfindende Herstellen des Künstlers – als die Entdeckung einer grandiosen *Unterbestimmtheit* des Wirklichen.[24] Aus der Sicht des ästhetischen Subjekts ist diese

21 »Cet édifice d'apparitions, de transitions, de conflits et d'événements indéfinissables«, ebd., 68 (Orig. 52).

22 Ebd., 116.

23 Ebd., 70.

24 So auch Hans Blumenberg in seiner klassischen Deutung des »Eupalinos«: Sokrates und das ›objet ambigu‹. Paul Valérys Auseinandersetzung mit der Tradition der Ontologie des ästhetischen Gegenstandes, in: Epimelia. Die Sorge der Philosophie um den Menschen, hg. v. F. Wiedmann, München 1964, 285-323.

Entdeckung erneut die Offenbarung einer besonderen Freiheit des Menschen. Das bedeutende Kunstwerk offenbart nicht eine innere Ordnung der Natur oder des Seins, sondern das unendliche Feld der Möglichkeiten, das von jeder solchen Ordnung offengelassen bleibt. Alles, was durch Natur und Kultur vorgegeben ist, bietet sich dem Herstellen und der Erfahrung von Gegenständen mit »vorzüglich menschlicher Bedeutung«[25] an. Wenn Adorno in Abwandlung eines Wortes von Karl Kraus sagte, es sei die Aufgabe der Kunst, Chaos in die Ordnung zu bringen, so ließe sich in Abwandlung der oben zitierten Bemerkung von Valéry sagen, es sei die Gabe des Künstlers, in der Ordnung der Dinge ein Chaos – eine inkommensurable Fülle von Erscheinungen – zu sehen.

Heidegger

In den Kunsttheorien Martin Heideggers und Theodor W. Adornos – den letzten beiden Stationen meiner Geschichte – hat Nietzsches und Valérys Einsicht in die irreguläre Prozessualität des Kunstwerks weitreichende Folgen gehabt. So sieht Heidegger das Kunstwerk in seiner (1935 geschriebenen, aber erst 1950 veröffentlichten) Abhandlung *Der Ursprung des Kunstwerkes* in einem unauflösbaren »Streit« zwischen bedeutungshaften und nicht-bedeutungshaften Elementen. Die bedeutungsgeladenen Erscheinungen des Kunstwerks basieren auf einem Erscheinen des künstlerischen Materials – »Stein, Holz, Erz, Farbe, Sprache, Ton«[26] –, das alle Bedeutung zum Verschwinden zu bringen droht. Aber diese Bedeutungen verschwinden nur, um wieder und wieder zu erscheinen – als Sinnzusammenhang einer kulturellen »Welt«, die aufruht auf einer widerständigen, unbegreiflichen, sich verschließenden

25 Valéry, Eupalinos, 69.

26 M. Heidegger, Der Ursprung des Kunstwerkes, in: ders., Holzwege, Frankfurt/M. (6) 1980, 31.

»Erde«. Dieses Geschehen deutet Heidegger als einen eminent historischen Vorgang. Im Kunstwerk ereignet sich das Entstehen und Vergehen kultureller Sinnhorizonte. Wer dies an einem Kunstwerk erfährt, hat selbst teil an den Veränderungen, die durch das Kunstwerk hervorgebracht werden; es bietet eine Aussicht auf kulturelle Welten, die es selbst eröffnet. Der aufgeschlossene Betrachter tritt in die Welt der Werke ein. Auf diese Weise vollzieht sich ein Erscheinen von Sinnzusammenhängen, die sich einer objektivierenden Aneignung entziehen. Das Kunstwerk ermöglicht so die Erfahrung, daß alles bestimmende Erkennen und alles instrumentelle Verfügen auf Voraussetzungen beruht, die nicht begrifflich oder technisch determiniert werden können. Innerhalb der modernen technischen Welt ist das Kunstwerk für Heidegger ein Schauspiel der prinzipiellen Unverfügbarkeit der menschlichen Situation.

Wie vor ihm Hegel ist Heidegger hart mit einer Ästhetik ins Gericht gegangen, die das Kunstwerk auf ein subjektives Erlebnispotential reduziert. Der Bereich der Kunst, hält Heidegger dagegen, muß von ihren Werken her gedacht werden, allerdings unter striktem Einschluß der »hervorbringenden«, »verweilenden« und »bewahrenden« Aufmerksamkeit, ohne die es keine künstlerischen Produkte gibt. Dieser Protest gegen eine übertriebene Subjektivierung der Ästhetik aber ist keinesfalls ein Einspruch gegen die Prominenz des künstlerischen Erscheinens. Im Gegenteil. Es kommt ihm vielmehr gerade auf einen angemessenen Begriff dieses Erscheinens an.[27] Es kommt ihm darauf an, die Erscheinungen der empirischen Welt von dem besonderen sinnlichen Sichdarbieten künstlerischer Objekte zu unterscheiden. Die »Aufstellung einer Welt« durch das Kunstwerk, sagt Heidegger, ist nur möglich durch ein »Herstellen der Erde«. Die Weltpräsenta-

27 »Wenn Wahrheit sich ins Werk setzt, erscheint sie. Das Erscheinen ist – als dieses Sein der Wahrheit im Werk und als Werk – die Schönheit. So gehört das Schöne in das Sichereignen der Wahrheit.« Ebd., 67.

tion durch Kunst, bedeutet dies, kann sich nur als Selbstpräsentation ihrer Werke ereignen. In der Befremdlichkeit des in seiner Ausgestaltung Ausgestellten zeigt sich die Unfaßlichkeit gerade der historischen Wirklichkeit, die durch das fragliche Kunstwerk erschlossen wird. Der Stoff, aus dem ein schlichtes Gebrauchsobjekt besteht, ist »um so besser und geeigneter, je widerstandsloser er im Zeugsein des Zeuges untergeht. Das Tempel-Werk dagegen läßt, indem es eine Welt aufstellt, den Stoff nicht verschwinden, sondern allererst hervorkommen und zwar im Offenen der Welt des Werkes: der Fels kommt zum Tragen und Ruhen und wird so erst Fels; die Metalle kommen zum Blitzen und Schimmern, die Farben zum Leuchten, der Ton zum Klingen, das Wort zum Sagen. All dieses kommt hervor, indem das Werk sich zurückstellt in das Massige und Schwere des Steins, in das Feste und Biegsame des Holzes, in die Härte und den Glanz des Erzes, in das Leuchten und Dunkeln der Farbe, in den Klang des Tones und in die Nennkraft des Wortes. (...) Offen gelichtet als sie selbst erscheint die Erde nur, wo sie als die wesenhaft Unerschließbare gewahrt und bewahrt wird, die vor jeder Erschließung zurückweicht. (...) Die Erde her-stellen heißt: sie ins Offene bringen als das Sichverschließende.«[28]

Adorno

Von hier aus ist es kein allzu großer Schritt zu Theodor W. Adornos unvollendeter *Ästhetischer Theorie* aus dem Jahr 1970. Für Adorno ist das Kunstwerk ein Artikulationsobjekt, das seine Position fortwährend zur Disposition stellt. Als solches leistet es Widerstand gegen die versteinerten Lebensverhältnisse der Gegenwart; es versucht Chaos in eine zwanghafte gesellschaftliche Ordnung zu bringen.[29] Hierbei stützt es sich

28 Ebd., 31-33.
29 Th. W. Adorno, Ästhetische Theorie, Frankfurt/M. 1970, 144.

auf ein irritierendes Erscheinen, das ein sensitives Interpretieren verlangt, dem daran liegt, »das Begriffslose mit Begriffen aufzutun, ohne es ihnen gleichzumachen«.[30] Von den Gegenständen dieser andeutenden Deutung heißt es ausdrücklich, sie seien »ein Erscheinendes, nicht blinde Erscheinung«.[31]

Diese Unterscheidung freilich wird von Adorno nicht terminologisch genutzt. Vielmehr lädt Adorno den Begriff der »Erscheinung« mit Konnotationen auf, die die fragliche Differenz an *ein und demselben* Ausdruck hervortreten lassen. Er versteht das Kunstwerk nicht als empirische Erscheinung im Sinn eines komplexen Sinnesdatums, sondern als »Erscheinung« im Sinn einer unfaßbar bleibenden Realität. »Zu Erscheinungen im prägnanten Verstande, denen eines Anderen, werden Kunstwerke, wo der Akzent auf das Unwirkliche ihrer eigenen Wirklichkeit fällt.«[32] Zur übrigen Wirklichkeit verhalten sie sich als »apparition«, also wie eine religiöse oder halluzinogene Vision, in der plötzlich etwas gegenwärtig ist, was im selben Augenblick schon nicht mehr da ist.[33] Auf diese Weise unterscheidet sich das Erscheinen eines Kunstwerks radikal von allen Phänomenen, die im Erkennen und Handeln dingfest gemacht werden können; es ist unwirklich relativ zu dem, was wir ansonsten als wirklich erkennen und anerkennen. »In jedem genuinen Kunstwerk«, heißt es daher, »erscheint etwas, was es nicht gibt.«[34]

30 Th. W. Adorno, Negative Dialektik, Frankfurt/M. 1970, 19.

31 Th. W. Adorno, Ästhetische Theorie, a.a.O., 134.

32 Ebd., 123.

33 »Kunstwerke sind neutralisierte und dadurch qualitativ veränderte Epiphanien. Sollten die antiken Gottheiten an ihren Kultstätten flüchtig erscheinen oder wenigstens in der Vorzeit erschienen sein, so ist dies Erscheinen zum Gesetz der Permanenz von Kunstwerken geworden um den Preis der Leibhaftigkeit des Erscheinenden. Am nächsten kommt dem Kunstwerk als Erscheinung die apparition, die Himmelserscheinung.« Ebd., 125.

34 Ebd., 127.

Da dies etwas mysteriös klingt, ist ein Beispiel hilfreich. Das Bild *Who's Afraid of Red, Yellow and Blue IV* von Barnett Newman (Nationalgalerie, Berlin) ist 274 x 603 cm groß; die riesige Leinwand hat keinen Rahmen. Zu sehen ist links eine große rote, rechts eine große gelbe Farbfläche; in der Mitte befindet sich ein weit schmalerer, ca. 60 cm breiter blauer Farbstreifen. Der Farbauftrag ist durchgehend homogen. Reine Farben, symmetrische Anordnung: gegen diese scheinbar so wohltemperierte und ausbalancierte Komposition revoltiert das ganze Bild. Vor allem die gewaltigen Farbzonen sind es, die für eine deutliche Unwucht sorgen. Während das Rot in der Betrachtung aggressiv hervortritt, weicht das Gelb vor dem Betrachter zurück. Diese für die verweilende Wahrnehmung schiefe Bildlage wird noch verschärft durch die bei genauem Hinsehen unterschiedliche Abgrenzung der beiden großen Farbflächen zu dem mittleren Blau. Der Auftrag der blauen Farbe überlagert die rote Nachbarzone minimal, während er von der gelben Fläche leicht überlagert wird. Das aggressive Rot wird durch das Blau zurückgehalten, das sanfte Gelb dagegen bleibt ungebunden stehen. Was wie ein Ausgleich der unterschiedlichen Raumwirkung der Farben wirken könnte, verstärkt aber nur noch einmal die Geballtheit des roten und die Zurückhaltung des gelben Feldes. Zudem dehnen sich die großen Farbflächen in der Betrachtung immer weiter aus; sie überschreiten die Grenze des Bildes, wie sie die Grenzen zu den anderen Farben immer wieder überschreiten. Die Farben strahlen aufeinander ab. Sie lassen in der Anschauung ein oszillierendes Kontinuum entstehen, einen auch in der Tiefe nicht begrenzten Farb-Raum, der die Betrachter nach und nach umgreift. Auf diese Weise inszeniert das Bild einen über seine Grundfläche hinausreichenden Übergriff der Farbfelder, aus denen es besteht. Es ist ein Stück anti-kompositioneller und anti-puristischer Malerei. Es zerbricht die Form, in der es dem Betrachter auf den ersten Blick begegnet. Es zelebriert die Fähigkeit, die Ordnungen der sichtbaren Welt wahrnehmend zu überschreiten.

»In jedem Kunstwerk erscheint etwas, das es nicht gibt.« In diesem Kunstwerk erscheint ein Aufstand der Farbe gegen die Gewalt einer ausgewogenen Formgebung. Für die *natürliche* Einstellung ist davon nichts zu sehen. Zu sehen ist nur eine rote, gelbe und blaue Fläche, ein Stück guter Malerarbeit, weiter nichts. Auch für eine kunstferne, auf das *bloße* Erscheinen dieses Gegenstands gerichtete *ästhetische* Wahrnehmung wäre von den Exzessen dieses Bilds noch nichts zu bemerken; die Betrachter könnten sich etwa rein an das Leuchten, Interagieren und Changieren der Farbflächen halten. Andere Betrachter, denen es nicht allein um die sinnliche Intensität, sondern um den *dekorativen* Wert des Objekts geht, könnten sich gerade an seiner symmetrischen Oberfläche erfreuen und es als ein Wahrzeichen »positiven Denkens« auffassen. Dieser Anschein verschwindet erst vor einer dezidiert *kunstorientierten* Betrachtung, die das Bild als eine Revolte gegen eine dekorative, symmetrische, ausbalancierte Malerei wahrzunehmen vermag.[35] Erst hier wird mit dem kompositorischen Kalkül der »Geist« des Bildes bemerkbar, »der durch die Erscheinung erscheint«.[36] Oder, wie Adorno den Status von Kunstwerken mit einer seiner pyrotechnischen Metaphern umreißt: »Beredt werden sie kraft der Zündung von Ding und Erscheinung.«[37]

Das Kunstwerk, so lautet Adornos plausible, auf Baumgarten und Kant nicht weniger als auf Nietzsche und Heidegger zurückgreifende These, offenbart seinen Betrachtern, daß die Wirklichkeit reicher ist als alle Erscheinungen, die wir in der Sprache begrifflichen Erkennens fixieren können. Es entfaltet die Differenz zwischen bestimmbarer Erscheinung und unbestimmbarem Erscheinen; es betont die Tatsache, daß uns die Wirklichkeit nicht allein als eine Ansammlung von

35 Die drei hier angedeuteten Formen der ästhetischen Reaktion werden systematisch unterschieden in Teil II, Kap. 5.

36 Th. W. Adorno, Ästhetische Theorie, a.a.O., 135.

37 Ebd., 125.

Tatsachen gegeben ist. »Das Schöne erfordert vielleicht die sklavische Nachahmung dessen, was in den Dingen unbestimmbar ist«, zitiert Adorno mehr als einmal aus Paul Valérys *Windstrichen.*[38] Die Beachtung dieses Unbestimmten hat auch für ihn neben der theoretischen eine hohe ethische Bedeutung. Sie eröffnet eine »Freiheit zum Objekt«, die eine Bedingung echter Freiheit auch unter Subjekten ist.[39] So wird die Kunst bei Adorno zum Wahrzeichen dafür, daß die Welt nicht begriffen ist, wenn sie nur begrifflich erkannt wird, daß die Welt nicht angeeignet ist, wenn sie allein technisch angeeignet wird, daß individuelle und soziale Freiheit nicht gewonnen sind, wenn sie lediglich als eine Lizenz zum Erzielen von Gewinnen gewährleistet wird, mit einem Wort: daß wir der Wirklichkeit unseres Lebens nicht wirklich begegnen, wenn wir ihr nur im Geist der Bemächtigung begegnen.

2. Ästhetik als Teil der Philosophie

Soweit meine Geschichte aus kurzen Geschichten. Nun zu der Moral dieser Geschichte. Die Moral, auf die es mir ankommt, betrifft die Stellung der Ästhetik im Konzert der Philosophie. Blickt man auf die heutige akademische Organisation der Philosophie, so ist diese Stellung recht marginal. Blickt man dagegen auf die Geschichte der Philosophie, zumindest der deutschsprachigen, so ist diese Stellung höchst zentral. Fast alle bedeutenden Philosophen dieser Tradition – Autoren wie Marx, Frege oder Husserl eingeschlossen, die aus-

38 Ebd., S. 113, u. Th. W. Adorno, Valérys Windstriche, in: ders., Noten zur Literatur, Frankfurt/M. 1989, 200. – »Le beau exige peut-être l'imitation servile de ce qui est indéfinissable dans les choses.« P. Valéry, Autres rhumbs, in: ders., Tel quel, Paris 1943, 161.

39 Th. W. Adorno, Negative Dialektik, a.a.O., 38.

nahmsweise keine klassische Abhandlung zum Thema hinterlassen haben – verdanken der ästhetischen Reflexion entscheidende Motive. Ich möchte daher meine historische Skizze mit einem knappen systematischen Resümee beenden, das erklären und rechtfertigen soll, warum die Philosophie der Ästhetik eine so starke Stellung gegeben hat.

Etwas um seines Erscheinens willen in seinem Erscheinen zu vernehmen – das ist ein Schwerpunkt aller ästhetischen Wahrnehmung. Freilich reicht diese Wahrnehmung meist weit über ein bloßes vollzugsorientiertes Vernehmen hinaus. Vor allem die Wahrnehmung von Kunstwerken schließt notwendigerweise eine interpretierende und erkennende Aufmerksamkeit mit ein. Ziel auch dieses Interpretierens und Erkennens aber ist es zuerst und vor allem, bei dem artikulierenden Erscheinen ihrer Gegenstände zu sein. Im Anschluß an Hegel, Nietzsche, Heidegger und Adorno habe ich über den Wert dieser Begegnung einiges gesagt. Deshalb möchte ich mich zum Schluß wieder auf den Sinn ästhetischer Wahrnehmung im allgemeinen konzentrieren.

In der ästhetischen Wahrnehmung, das ist der rote Faden der ästhetischen Theorie von Baumgarten bis zu Adorno (und darüber hinaus[40]), ereignet sich eine Affirmation des begrifflich und praktisch Unbestimmbaren; sie leistet, wie man mit Valéry sagen könnte, eine sensitive Beachtung dessen, was in den Dingen unbestimmbar ist. Sie ist darauf aus, ihre Gegenstände so zu belassen, nicht wie sie unter diesem oder jenem Aspekt sind, sondern wie sie unseren Sinnen jeweils, hier und jetzt, erscheinen. Diese Konzentration auf das momentane Erscheinen der *Dinge* aber ist stets zugleich eine Aufmerksamkeit für die Situation der *Wahrnehmung* ihres Erscheinens

40 K. H. Bohrer, Plötzlichkeit. Zum Augenblick des ästhetischen Scheins, Frankfurt/M. 1981; R. Bubner, Ästhetische Erfahrung, Frankfurt/M. 1989; A. Wellmer, Zur Dialektik von Moderne und Postmoderne. Vernunftkritik nach Adorno, Frankfurt/M. 1985; Ch. Menke, Die Souveränität der Kunst. Ästhetische Erfahrung nach Adorno und Derrida, Frankfurt/M. 1991.

– und damit eine Rückbesinnung auf die unmittelbare *Gegenwart*, in der sie sich vollzieht. Die ästhetische Aufmerksamkeit für ein Geschehen der äußeren Welt ist so zugleich eine Aufmerksamkeit für uns selbst: für den Augenblick hier und jetzt. Ästhetische Aufmerksamkeit für Objekte der Kunst ist darüber hinaus häufig eine Aufmerksamkeit für Situationen, in denen wir nicht sind und niemals sein werden: für einen Augenblick jetzt und nie.

Dieses ästhetische Gewahrwerden freilich steht in einer unaufhebbaren Spannung zu anderen Formen des Selbstbewußtseins. Als ein anschauliches Bewußtsein der faktischen oder möglichen Gegenwart unseres Daseins bildet es einen (unterschiedlich großen und unterschiedlich stark empfundenen) Kontrast zu allem Bewußtsein davon, wer wir über längere Dauer sind und wer wir über längere Dauer sein wollen. Im Vollzug der ästhetischen Erfahrung stellen wir dieses Wissen zurück, um für eine Weile außerhalb der Kontinuität unseres Lebens zu stehen. Das ästhetische Interesse – oder, wenn wir Kants Wortwahl folgen wollen, das besondere ästhetische Desinteresse – beruht auf dem Verlangen, der Gegenwart des eigenen Daseins wahrnehmend inne zu sein. Für erkennende Wesen aber bedeutet die bewußt erlebte Gegenwart ein Auflodern der Unbestimmtheit in allem, was theoretisch und praktisch bestimmt werden kann. Die unerkannten wie unergriffenen Möglichkeiten, die dabei hervorscheinen, in ihrer Intransparenz zu vergegenwärtigen, ist eine besondere Leistung der ästhetischen Anschauung. Ohne ästhetisches Bewußtsein ist kein Bewußtsein der eigenen Gegenwart möglich.

Ästhetische Aufmerksamkeit – inmitten einer Stadt, am Rand der Zivilisation, in der Wahrnehmung, Herstellung und Darbietung von Kunst – wäre somit ein wesentlicher Zug des menschlichen Selbstbewußtseins. Aber sie ist ein wesentlich partikularer Zug. Sie ist weniger ein Bewußtsein bestimmter Tatsachen, Wünsche, Pflichten oder Entwürfe als vielmehr ein Sinn für das Hier und Jetzt des eigenen Lebens, wie es nur in der Offenheit für das Erscheinungsspiel einer gegebenen Situation zugänglich wird. Die Veränderlichkeit dieser Erscheinungen erinnert dabei an die Vergänglichkeit dieser wie jeder Gegenwart des Erscheinens – und an die von Valéry gepriesenen Wonnen dieser Vergänglichkeit. Heidegger wollte der Philosophie einen Ausweg aus der Seinsvergessenheit zeigen. Die Ästhetik – Heideggers eigene Kunstphilosophie inbegriffen – gibt eine andere Empfehlung. Wir sollten nicht erscheinungsvergessen sein. Wir sollten nicht den Geschmack für den Augenblick verlieren. Denn dieses Gespür macht es möglich, die unbeherrschbare Gegenwart nicht als einen Mangel an Sinn oder Sein, sondern als eine Gelegenheit zu uns selbst zu ergreifen, die wir im folgerichtigen Denken und Handeln zwangsläufig auslassen müssen.

Auf dieser Spur hat sich die Ästhetik im deutschsprachigen Raum – aber nicht allein dort, wie mein Kronzeuge Valéry belegt – zu einer eigenständigen und unverzichtbaren Disziplin der Philosophie entwickelt. Ein *eigenständiger* Teil der Philosophie ist die Ästhetik, weil sie von einem Weltverhältnis handelt, das weder auf theoretische noch auf ethische Zugänge rückführbar ist. *Unverzichtbar* für andere philosophische Disziplinen – und also für das Philosophieren selbst – ist die Ästhetik, weil sie von irreduziblen Aspekten der Welt und des Lebens handelt. Weder die dem ästhetischen Bewußtsein zugängliche Wirklichkeit noch die in ihm erreichbare Gegenwärtigkeit kann im Rahmen anderer Disziplinen ohne Verzerrung behandelt werden.

Gewiß könnte man sagen, die Ästhetik als eine Lehre von besonderen Möglichkeiten der Wahrnehmung und besonderen Möglichkeiten des Lebensvollzugs sei ein Teil *sowohl* einer umfassenden Wahrnehmungstheorie *als auch* einer umfassenden Ethik. Da wir es aber nicht mit zwei Teilen der Ästhetik zu tun haben, von denen der eine zur theoretischen und der andere zur praktischen Philosophie zählen würde, sondern vielmehr mit *ein und denselben* zentralen Analysestücken, die relativ selbständige Partien sowohl einer erweiterten Ethik als auch einer erweiterten Erkenntnistheorie sind: darum ist sie eine Disziplin eigenen Rechts.

Aus der Perspektive der *theoretischen* Philosophie leistet die Ästhetik einen unverzichtbaren Beitrag, weil sie eine Dimension des Wirklichen aufdeckt, die sich der erkennenden Fixierung entzieht und doch ein Aspekt der erkennbaren Wirklichkeit ist.[41] Die Beachtung des Erscheinenden macht erfahrbar, daß die Wirklichkeit reicher ist als alles, was an ihr mit propositionaler Bestimmtheit erkannt werden kann. Die Ästhetik läßt eine Grenze aller theoretischen Weltauffassung sichtbar werden, der gegenüber Erkenntnistheorie und Philosophie des Geistes nicht blind sein dürfen.

Aus der Sicht der *praktischen* Philosophie leistet die Ästhetik einen unverzichtbaren Beitrag, weil sie von einer Lebensmöglichkeit des Menschen handelt, die ihm eine besondere, selbstzweckhafte Gegenwärtigkeit des eigenen Daseins eröffnet. Da die ästhetische Weltbegegnung eine ausgezeichnete Lebensmöglichkeit des Menschen darstellt, darf sie weder von einer Ethik des guten Lebens noch von einer Ethik der moralischen Rücksicht außer acht gelassen werden. Denn sie gehört zu jenen Lebensformen, die sowohl im eigenen Interesse gesucht als auch durch moralische Normen geschützt werden sollten.[42]

Dennoch besteht keinerlei Anlaß, die Ästhetik in den Stand einer philosophischen Königsdisziplin zu erheben. Nicht minder unbegründet wäre es, das ästhetische Verhalten zum Gipfel der menschlichen Möglichkeiten zu erklären. Vollzüge der ästhetischen Wahrnehmung können die Möglichkeiten der menschlichen Wahrnehmung in nahezu allen Bereichen bereichern – das ist alles. Sie machen eine wie

41 Zu diesem Verhältnis von Erkennbarkeit und Unerkennbarkeit vgl. M. Seel, Bestimmen und Bestimmenlassen. Anfänge einer medialen Erkenntnistheorie, in: Deutsche Zeitschrift für Philosophie, 46/1998, 351-365.

42 Vgl. M. Seel, Ästhetik als Teil einer differenzierten Ethik, in: ders., Ethisch-ästhetische Studien, Frankfurt/M. 1996, 11-35.

immer flüchtige Affirmation der momentanen Gegenwart möglich. Ihre Zäsuren aber können das Potential des begrifflichen Erkennens und des eingreifenden Handelns weder überbieten noch ersetzen, sowenig diese die Offenheit für das Erscheinen ersetzen oder überbieten können. Die Begegnung mit dem Besonderen – mit der »Einmaligkeit der Welt«, wie Adorno und Horkheimer an einer Stelle ihrer ansonsten so finsteren *Dialektik der Aufklärung* sagen[43] – hat ihren Sinn in sich selbst. Das ist die bescheidene Botschaft der Ästhetik seit den Tagen von Baumgarten und Kant.

43 M. Horkheimer / Th. W. Adorno, Dialektik der Aufklärung, Frankfurt/M. 1986, 231.

II.
Ästhetik des Erscheinens

Wie überall in der Philosophie kann man in der Ästhetik fast überall beginnen – bei den Objekten der Natur oder der Kunst, bei der ästhetischen Produktion oder Rezeption, bei dem ästhetischen Urteil oder der künstlerischen Imagination, bei Dingbegriffen oder Zeichenbegriffen, bei der existentiellen, kognitiven oder ethischen Bedeutung ästhetischer Zustände. Wie man es auch anfängt, immer kommt es darauf an, das *Verhältnis* dieser und weiterer Phänomene zu untersuchen. Dies gilt auch, wenn es vorwiegend um spezielle Phänomene geht – also, im Bereich der Ästhetik, um Literatur oder Film, Ornament oder Design, monochrome Malerei oder minimale Musik. Eine Art ästhetischer Objekte hat ihre Eigenheit nur aus ihrem Verhältnis zu anderen Arten, von denen sie sich abhebt, mit denen sie verwandt ist, mit denen sie im Austausch steht. Letztlich gilt dies sogar für jedes einzelne ästhetische Objekt: für diese Landschaft, dieses Bauwerk, diese Installation. Jedes hat seine Besonderheit im Unterschied zu anderen (Arten von) Objekten. Die Theorie kann diese Besonderheit nur schützen (und damit ihre wichtigste Aufgabe nur erfüllen), wenn sie zeigen kann, in welchen allgemeineren Verhältnissen dieses Besondere steht. Denn nur zusammen mit einem Sinn für das Allgemeine ist der Sinn für das Besondere da; und nur zusammen mit einem Begriff dieses Allgemeinen ist ein Verständnis der Vielfalt ästhetischer Gegenstände und Gelegenheiten möglich. Wie man die Ästhetik auch anfängt, immer kommt es darauf an, am Ende einen Sinn für den Reichtum ästhetischer Zustände zu haben.

Ich werde diese Untersuchung bei Prozessen der Wahrnehmung beginnen. Ästhetische Wahrnehmung ist eine weitverbreitete Form des menschlichen Verhaltens. Wir vollziehen sie im alltäglichen wie im außeralltäglichen Leben, häufig ohne daß dies weiter auffällig wäre. Ihre abgehobenen Realisierungen – der Konzertbesuch, die Fahrt ins Grüne, das plötzliche Innehalten bei irgend etwas, wovon wir die Sinne nicht lassen wollen – spielen sich in einem Fluß unabgehobener Zustände ab. Ästhetische Wahrnehmung steht uns jederzeit offen, soweit nicht äußere oder innere Bedrängnis uns den für ihren Vollzug nötigen Spielraum nimmt. Sie findet ihre Gelegenheiten überall. Darüber hinaus sucht sie sich Gelegenheiten, die besonders dafür geeignet oder eigens dafür hergestellt sind, ihr Interesse zu erwecken. Auch die Produkte ästhetischer Herstellung – von der Dekoration bis zur Kunst – sind von vornherein auf Prozesse der ästhetischen Wahrnehmung bezogen, wie ihre Verfertigung von ihnen begleitet wird. Die Situation der ästhetischen Wahrnehmung bildet und erhält sich überall dort, wo sich Anlässe zu ihrer Ausübung finden. Die Domäne des Ästhetischen ist kein abgegrenzter Bereich neben den anderen Lebensbereichen, sondern eine unter anderen Lebensmöglichkeiten, die von Zeit zu Zeit ergriffen werden kann, wie man von Zeit zu Zeit von ihr ergriffen wird. Auch die Orte, in denen ein eigener Raum für ästhetische Praxis zur Verfügung steht (Konzerthallen, Theater, Kinos, Parks, Museen, Ateliers usw.), sind für die besondere Dauer der ästhetischen Wahrnehmung da.

Zeitliche Abgrenzungen aber markieren nicht allein den Rahmen ästhetischer Vollzüge, sie benennen auch das, was sich innerhalb dieses Rahmens ereignet. Es ist ein Grundzug aller ästhetischen Verhältnisse, daß wir uns in ihnen, wenn auch in ganz verschiedenen Rhythmen, *Zeit für den Augenblick* nehmen. In einer Situation, in der ästhetische Wahrnehmung wachgerufen wird, treten wir aus einer allein funktionalen Orientierung heraus. Wir sind nicht länger darauf fixiert (oder nicht länger *allein* darauf fixiert), was wir in dieser Situation erkennend und handelnd *erreichen* können. Wir begegnen dem, was unseren Sinnen und unserer Imagination hier und jetzt entgegenkommt, um dieser Begegnung willen. Dies ist einer der Gründe dafür, warum ästhetische Aufmerksamkeit eine Form des Gewahrseins darstellt, die aus der menschlichen Lebensform nicht wegzudenken ist. Denn ohne diese Bewußtseinsmöglichkeit hätten die Menschen ein weit geringeres Gespür für die Gegenwart ihres Lebens.

Eine Wahrnehmungssituation

Auskunft über diesen Sinn für Gegenwart kann eine Analyse der ästhetischen Wahrnehmungssituation geben. Diese ist – wie jede andere Wahrnehmungssituation auch – durch ein enges Verhältnis ihrer Vollzüge und Bezüge gekennzeichnet. Das, worauf sich die ästhetische Wahrnehmung bezieht, gewinnt seine besondere Kontur daraus, wie sie sich auf es bezieht.

Die Frage nach der Situation der ästhetischen Wahrnehmung betrifft somit erstens die Verfassung dieser *Wahrnehmung* – ihre Stellung unter anderen Arten der menschlichen Auffassung, ihren spezifischen Verlauf, ihre spezifische Geschichte. Sie betrifft zweitens die Verfassung der *Gegenstände* dieser Wahrnehmung – ihre Stellung unter anderen Arten von Objekten, ihre besondere Präsenz, ihre besondere Geschichte. Gleich ob wir eher nach der Geschichte oder, wie es hier geschehen soll, nach der Konstitution dieser Begegnung fragen, immer stoßen wir auf eine Interdependenz der Begriffe der ästhetischen Wahrnehmung und des ästhetischen Gegenstands. Sie benennen unterschiedliche Aspekte *eines* Zusammenhangs – eben der ästhetischen Wahrnehmungssituation. Die Verfassung ästhetischer Objekte ist nur im Licht ihrer möglichen Wahrnehmung und die Verfassung der ästhetischen Wahrnehmung nur im Licht ihrer möglichen Gegenstände begreiflich. Eine Erläuterung des einen Begriffs muß eine Erläuterung des anderen in Anspruch nehmen.

Darum wird immer von der gesamten Situation der ästhetischen Wahrnehmung die Rede sein, auch wenn aus analytischen Gründen manchmal eher die Vollzüge der Wahrnehmung oder die Verfassung ihrer Objekte im Vordergrund stehen werden. So ist für eine Theorie des ästhetischen Bewußtseins schon viel – und eigentlich alles – gewonnen, wenn es ihr gelingt, einen plausiblen Begriff des ästhetischen Objekts zu formulieren. Denn in der Antwort auf die Frage, was (alles) ein ästhetisches Objekt sein kann, liegt schon die Antwort darauf, wie – durch welches Wahrgenommenwerden – etwas zum ästhetischen Objekt werden kann. Ästhetische Objekte sind Objekte *in* einer besonderen Situation der Wahrnehmung oder *für* eine solche Situation; sie sind Anlässe oder Gelegenheiten einer bestimmten Art des sinnlichen Vernehmens.

Prinzipiell kann alles, was sensitiv wahrgenommen werden kann, auch ästhetisch wahrgenommen werden. Zu den möglichen ästhetischen Objekten zählen dabei nicht allein die wahrnehmbaren Dinge und ihre Konstellationen, sondern auch Ereignisse und ihre Sequenzen, kurzum alle Zustände oder Geschehnisse, von denen wir sagen können, wir hätten sie gesehen, gehört, gefühlt oder sonstwie verspürt. Dennoch fällt der Begriff des ästhetischen Objekts nicht mit dem allgemeinen Begriff des Wahrnehmungsgegenstands zusammen. Denn was sensitiv wahrnehmbar ist und somit Anlaß einer ästhetischen Wahrnehmung werden kann, ist nicht darum bereits ein ästhetisches Objekt. Alle ästhetischen Objekte sind Objekte der Anschauung, aber nicht alle Objekte der Anschauung sind ästhetische Objekte.[1]

1 Aus stilistischen Gründen gebrauche ich statt des Begriffs »Wahrnehmung« auch den Begriff »Anschauung« als Bezeichnung für die *gesamte* sinnliche Rezeptivität des Menschen, also nicht lediglich im Sinn einer *visuellen* Anschauung.

Die ästhetischen Objekte sind Objekte des Erscheinens. Die Grundunterscheidung, der die Ästhetik des Erscheinens ihren Namen verdankt, markiert eine Differenz zwischen *sinnlichem Sosein* und *ästhetischem Erscheinen*. Beides sind Arten, in denen die empirische *Erscheinung* eines Gegenstands zugänglich ist. Das ästhetische Erscheinen ist demnach ein Modus des sinnlichen Gegebenseins von etwas. Das Verhältnis von Wahrnehmung und ästhetischer Wahrnehmung entscheidet sich innerhalb des Bereichs der sinnlich zugänglichen *phainomena*. Ästhetisch sind Objekte, die sich in ihrem Erscheinen von ihrem *begrifflich fixierbaren* Aussehen, Sichanhören oder Sichanfühlen mehr oder weniger radikal abheben. Sie sind uns in einer ausgezeichneten Weise sinnlich gegeben; sie werden von uns in einer ausgezeichneten Weise sinnlich erfaßt. Dies gilt für Kleidungsstücke und Lokomotiven nicht weniger als für Symphonien und Romane, für die Gräser am Wegrand nicht weniger als für die banalen Objekte im Reich der modernen Kunst.

Kunsttheoretisch ist diese Annahme durchaus heikel. In der älteren und jüngeren Kunstphilosophie dominiert die Ansicht, daß einige künstlerische Gattungen und Stile über das Erscheinen erhaben sind. Bei Hegel ist es die Poesie, die das Reich der Erscheinungen zugunsten der Welt der sinnlichen Vorstellungen verläßt. Die Eigensinnlichkeit von Buchstaben und Worten, so lautet das Argument, ist zu marginal, als daß sie literaturtheoretisch von Belang sein könnte. Bei Arthur Danto ist es die moderne bildende Kunst in der Nachfolge Duchamps, die alle Verführungen des Erscheinens hinter sich gelassen hat. Wenn es Kunstobjekte geben kann, so lautet hier das Argument, die mit beliebigen Alltagsgegenständen phänomenal identisch sind, kann die Macht dieser Kunst nicht in ästhetischen Attraktionen liegen. Wie bei Hegel die vom sprachlichen Kunstwerk wachgerufene *Vorstellung*, so tritt bei Danto die mit dem Werk verbundene künstlerische *Konzeption* in den Rang der ausschlaggebenden künstlerischen Qualität. Beide erscheinen als das Wahrzeichen von Kunstformen, die zwar bestimmte Erscheinungen zur *Voraussetzung* haben, die sich aber nicht länger im Herstellen von Prozessen des Erscheinens *erfüllen*. Demgegenüber werde ich zu zeigen versuchen, daß das Erscheinen ein konstitutives Element aller Formen der ästhetischen Herstellung und Wahrnehmung ist. Auch alle relevanten *künstlerischen* Unterschiede sind an ästhetische Unterschiede – an Unterschiede des Erscheinens – gebunden. Kunstwerke sind nicht Erscheinungsdinge mit daneben noch einem geistigen Gehalt, sie sind genuine Ereignisse des Erscheinens.

Dies bedeutet, daß sich ästhetische Objekte in einem durchaus unterschiedlichen Erscheinen zeigen können. Die Gräser am Wegrand, die Physiognomie einer Lokomotive und die Verläufe einer Symphonie bieten sich dem ästhetischen Vernehmen nicht auf dieselbe Weise dar. Daher wird ein Begriff des Erscheinens nicht ausreichen. Es wird das *bloße* Erscheinen eines beliebigen Gegenstands von seinem *atmosphärischen* und dieses von seinem *artistischen* Erscheinen zu unterscheiden sein. Nur dann besteht Aussicht, den Kreis der ästhetischen Objekte tatsächlich zu umreißen.

Der Gang der Dinge

Der Gang der Dinge ist damit vorgezeichnet. Ich beginne mit der Entfaltung der Grundunterscheidung zwischen sinnlichem Sosein und ästhetischem Erscheinen. Diese stellt einen minimalen Begriff des ästhetischen Objekts und der ästhetischen Wahrnehmung bereit. Dieser erste Begriff wird nach und nach differenziert und vor allem an Beispielen der Kunst auf die Probe gestellt werden. Schließlich kehre ich zu der Frage nach dem Sinn der ästhetischen Wahrnehmung zurück. Von einem eingeschränkten zu einem differenzierten Begriff des Erscheinens: dieser Devise wird meine Darstellung folgen.

Das erste Kapitel führt an einem schlichten Beispiel in die Ausrichtung der weiteren Untersuchung ein. Das zweite unternimmt eine systematische, erkenntniskritisch akzentuierte Erläuterung des Leitbegriffs. Auf der Basis der Unterscheidung von Sosein und Erscheinen, die das »Sein« wahrnehmbarer Objekte zu klären versucht, erörtern das dritte und vierte Kapitel die Komponenten eines illuminativen und imaginativen ästhetischen »Scheins«. Das fünfte Kapitel nimmt die soeben erwähnten internen Differenzierungen vor und expliziert den Sinn der »Gegenwart«, um die es in der ästhetischen Anschauung geht. Das sechste Kapitel stellt das soweit gewonnene Verständnis der ästhetischen Wahrnehmungssituation an unterschiedlichen Künsten auf die Probe. Das siebte Kapitel faßt die gesamte Überlegung in einer kurzen Reflexion über den Sinn ästhetischer Praxis zusammen.

Dieser Weg führt an vielen Phänomenen vorbei und auf viele Probleme hin, die eine eigene Betrachtung verdienen. Vollständigkeit aber, was immer das wäre, ist nicht mein Ziel. Es kommt mir allein darauf an, einen tragfähigen, mit hinreichender innerer Spannung konstruierten Bogen zu schlagen, der von dem gewählten minimalistischen Ausgangspunkt mitten in die Landschaft des ästhetischen Bewußtseins reicht. Nicht das Gefängnis eines geschlossenen Systems soll hier errichtet werden, sondern die Plattform einer für die Phänomene offenen – und wenn es gutgeht, öffnenden – Theorie.

1. Das Erscheinende

Etwas um seines Erscheinens willen in seinem Erscheinen zu vernehmen – das ist der Brennpunkt der ästhetischen Wahrnehmung, auf den jeder ihrer Vollzüge ausgerichtet ist, wie sie ansonsten auch verlaufen mag. Bei dieser Aufmerksamkeit für das Erscheinende setze ich ein, um nach und nach ein differenziertes Verständnis der ästhetischen Wahrnehmungssituation zu gewinnen, wie es erst im fünften Kapitel erreicht sein wird. Die Erläuterung der elementaren ästhetischen Aufmerksamkeit, mit deren Betrachtung ich hier beginne, ergibt also zunächst noch keinen hinreichenden Begriff des tatsächlichen Spielraums der ästhetischen Wahrnehmung.

Arten der Wahrnehmung

Etwas in einer sinnlichen Erscheinung zu vernehmen – so könnte man das *allgemeine* Verfahren sinnlicher Wahrnehmung charakterisieren. Die ästhetische Wahrnehmung ist ein spezieller Modus dieser Wahrnehmung. Sie unterscheidet sich durch eine besondere Polung des Sehens, Hörens, Tastens, Riechens und Schmeckens. Wir dürfen also keine Trennung der ästhetischen von der sonstigen Wahrnehmung vornehmen, sondern müssen ihre besondere Akzentuierung erkennen.

Dabei ist es von größter Bedeutung, die richtige Stelle für eine Abhebung der ästhetischen von der nichtästhetischen Wahrnehmung zu finden. Wahrnehmung ist ein sehr weites Vermögen. Es schließt generell weder ein Bewußtsein noch ein begriffliches Bewußtsein ihrer Gegenstände notwendig mit ein, und alle ihrer bewußten und begrifflich artikulierten Zustände treten in einem Kontext nicht bewußter und begrifflich nicht fixierter Perzeptionen auf. Aber die menschliche Wahrnehmung zeichnet sich durch die Möglichkeit der bewußten und begreifenden Erfahrung aus. Und allein dort, wo es eine propositionale, eine begrifflich artikulierte Wahrnehmung gibt, allein dort, wo sie wenigstens in Reichweite ist, tut sich eine markante Differenz zwischen ästhetischen und anderen Formen der Wahrnehmung auf. Hier liegt, wie es die Tradition von Baumgarten bis Adorno sehr klar gesehen hat, der entscheidende Vergleichspunkt für unser Projekt. In Frage steht, wie sich die ästhetische Wahrnehmung zu einer begrifflich artikulierten Wahrnehmung verhält.[2]

In einer vereinfachten Übersicht lassen sich drei Dimensionen der Wahrnehmung unterscheiden. Jedes Lebewesen, das wahrnehmen kann, besitzt die Fähigkeit einer Wahrnehmung-*von* etwas. Aber nur begrifflich erkennende Wesen verfügen über eine Wahrnehmung-*daß*, wie sie allein zusammen mit der Fähigkeit einer Wahrnehmung-*als* gegeben ist. Der Hund, der die Katze auf den Baum jagt, sieht und riecht die Katze, ohne jedoch wahrzunehmen, *daß* die Katze auf dem Baum sitzt. Dazu bräuchte er Begriffe, die es erlauben würden, das Objekt seiner Begierde als Katze und seinen Aufenthaltsort als Baum zu klassifizieren. Er müßte über eine Wahrnehmung von etwas *als* etwas verfügen und zugleich über die Fähigkeit, sich darauf festzulegen, *daß* es sich tatsächlich so verhält oder nicht. (Er müßte also nicht nur Meinungen, sondern Meinungen über Meinungen haben.) Menschen haben diese Fähigkeiten. Dennoch sind sie nicht daran gebunden, sich einem Gegenstand gegenüber auf diese oder jene Auffassung *von* diesem Gegenstand festzulegen. Sie können sich in ihrer Wahrnehmung freihalten von einer theoretisch oder praktisch bestimmenden Verfügung dessen, wovon sie Wahrnehmung ist.

Eine Voraussetzung der ästhetischen Wahrnehmung ist die Fähigkeit, etwas *begrifflich Bestimmtes* wahrzunehmen. Denn nur wer etwas Bestimmtes vernehmen kann, kann von dieser Bestimmtheit, oder genauer: kann von der *Fixierung* auf dieses

2 Demgegenüber schlagen Hans Rudolf Schweizer und Armin Wildermuth vor, in Erkenntnistheorie und Ästhetik »von einer dem Zugriff der Ratio zuvorkommenden Wirklichkeit« auszugehen: dies., Die Entdeckung der Phänomene, Basel 1981, 9. Dies ist aber nur in der starken »fundamentalphilosophischen« Fiktion eines gegenüber aller begrifflichen Sondierung »ungebrochenen Umgang(s) mit der phänomenalen Wirklichkeit« möglich (ebd., vgl. 37). Demgegenüber suche ich das ästhetische Verhältnis *inmitten* der Kultur der menschlichen Möglichkeiten auf.

Bestimmen auch absehen. Die Wahrnehmung von etwas *als* etwas ist eine Bedingung dafür, etwas in der unübersehbaren Fülle seiner Aspekte, etwas in seiner unreduzierten Gegenwärtigkeit wahrnehmen zu können. Etwas, das so und so ist oder so und so erscheint, etwas, das als dieses oder jenes bestimmt werden kann, wird wahrgenommen, ohne auf eine seiner möglichen Bestimmungen festgelegt zu werden. Diesen Wechsel der Einstellung erläutert Kant, wenn er sagt, daß der ästhetische Gegenstand »ohne Begriff« gefällt. Nicht daß wir keine Begriffe für den Gegenstand hätten, nicht daß wir den Gegenstand nicht auf diese oder jene Weise in seinem Sosein wahrnehmen könnten – aber auf das Begreifen kommt es hier nicht an. Wir sind aufmerksam für die phänomenale Präsenz des Objekts. Wir können einen Gegenstand unter einem bestimmten Aspekt erfassen oder ihn in seinem Erscheinen begegnen lassen.

Anläßlich einer Lektüre Eichendorffscher Gedichte spricht Adorno einmal von einem Ich, »das lauscht, anstatt zu lokalisieren«.[3] Lauschen *anstatt* zu lokalisieren aber kann nur, wer durchaus lokalisieren *kann*. So setzt die ästhetische Wahrnehmung generell eine Palette von Fähigkeiten voraus, die sie anders in Gebrauch nimmt, als dies bei anderen Gelegenheiten der Fall ist (etwa wenn es darum geht, aus dem Wald nach Hause zu finden). Aber sie bleiben in Gebrauch selbst da, wo wir auf ihren determinierenden Gebrauch verzichten.

Phänomenale Individualität

Ein roter Ball liegt auf einem grünen Rasen. Alle, die sehen und sprechen können und nicht gerade farbenblind sind, können sehen, *daß* es so ist. Sie können nicht nur den Ball sehen, sie können sehen, daß da ein Ball auf dem grünen Rasen

3 Th. W. Adorno, Zum Gedächtnis Eichendorffs, in: ders., Noten zur Literatur I, Frankfurt/M. 1958, 105-145, 122.

liegt. Sie können sehen, daß der Ball rot ist, daß es ein Lederball ist, daß er handgenäht ist, daß es Oskars Ball ist, daß es der Ball des Nachbarsjungen ist (denn Oskar ist der Nachbarsjunge) und vieles andere mehr. Sie können dieses Objekt als einen Ball klassifizieren und ihm verschiedene Eigenschaften zuschreiben. Dies alles sind Leistungen nicht erst des Sehens und dann einer Auslegung des Gesehenen, vielmehr eines propositionalen Sehens, in dem etwas als etwas wahrgenommen wird. Dies geschieht aus unterschiedlichen Blickwinkeln und aus unterschiedlichem Interesse. Dieses Interesse kann vorwiegend der Position des Balles gelten (»Ach, *da* ist der rote Ball!«), sie kann primär seiner Beschaffenheit gelten (»Der war auch schon mal röter!«) oder einem Umstand, der an dieser Beschaffenheit per Schlußfolgerung kenntlich wird (»Der rote Ball ist Oskars Ball.«). So oder so, die Wahrnehmung wird hier vollzogen, um en passant oder ausdrücklich an ihrem Gegenstand etwas festzustellen. Es wird festgestellt und vielleicht festgehalten, daß der Ball in dieser oder jener visuell unterscheidbaren Hinsicht so und so ist.

Man kann einen Ball auf vielerlei Weise traktieren, ohne ihn ästhetisch zu traktieren. Die Frage nach der sinnlichen Beschaffenheit, der inneren Verfassung oder dem angemessenen Gebrauch eines Balls oder sonst eines wahrnehmbaren Gegenstands läßt sich ohne ästhetische Anschauung stellen und beantworten. Auf die Feststellung einer sichtbaren und unsichtbaren Verfassung, auf die Ergründung eines Wesens und die optimale Nutzung kommt es in der ästhetischen Begegnung nicht in erster Linie an. Oft kommt es gar nicht darauf an. Keinesfalls kommt es notwendigerweise darauf an. Wir müssen nicht nach der theoretischen oder praktischen Bestimmtheit und Bestimmung von irgendetwas suchen, um ihm in ästhetischer Aufmerksamkeit zu begegnen.

Denn jemand kann den Ball einfach betrachten, wie er da hier und jetzt im Schatten dieses Gartens liegt. Wer ihn so betrachtet, betrachtet ihn in der Fülle seiner sinnlich wahrnehmbaren Aspekte, indem er seine Aufmerksamkeit auf ihr momentanes und simultanes Gegebensein richtet. Die Rundung des Balls ist dann ebenso wichtig wie das Rot im Unterschied zum Grün des Rasens, die Schrammen an der Oberfläche des Balls (soweit vom Betrachtungsstandpunkt aus erkennbar), die Art der Beschriftung des Balls, das Ornament, mit dem er verziert ist, die Größe und Abnutzung der Vielecke, aus denen die Außenhaut zusammengenäht ist, die Verteilung des Lichts auf der Kugel, der unterschiedliche Widerschein des Leders je nach Einfall des Lichts, je nach Trockenheit und Feuchtigkeit, wie die Spitzen des Grases sich unter der Berührung des Balls biegen, welchen Schatten der Ball im Halbschatten des Baums auf die Grasfläche wirft – und was sonst noch alles an diesem Ding zu sehen ist. Alles *zusammen* liegt hier im Focus der Betrachtung.

Auch diese Betrachtung ist *aspekthaft*, denn wir nehmen ja dieses und jenes an dem Ball wahr, nehmen also den Ball *als* diesen und jenen wahr: aber sie ist nicht *aspektverhaftet*. Sie geht über eine dieses und jenes feststellende Wahrnehmung nicht allein deshalb hinaus, weil sie auf Qualitäten achtet, die begrifflich nicht oder nur schwer diskriminierbar wären, wie es etwa die Nuancen der Farbe eines Gegenstands sind. Sie achtet überdies auf eine Merkmalsvielfalt ihrer Objekte, die sich begrifflich nicht ausschöpfen läßt. Für diese Unausschöpfbarkeit ist nicht allein die begriffliche Unerreichbarkeit der *Nuancen* des sinnlichen Phänomens verantwortlich und auch nicht allein die Unmöglichkeit einer *vollständigen* Charakterisierung aller seiner sinnlich diskriminierbaren Merkmale. Darüber hinaus liegt eine begriffliche Inkommensurabilität vor, die sich zum einen aus einer *simultanen* Aufnahme der unterschiedlichen Aspekte des Gegenstands und zum andern aus einer Beachtung ihrer *momentanen* Erscheinung ergibt. Die ästhetische Wahrnehmung ist auf das gleichzeitige und das augenblickliche Gegebensein ihres Gegenübers gerichtet.

Es geht hier nicht um ein Erfassen einzelner Gegenstandsqualitäten, sondern vielmehr um ihr hier und jetzt (bei dieser

Beleuchtung, von diesem Standpunkt oder diesem Wechsel von Standpunkten aus) sich ergebendes *Zusammenspiel.* Für diese Betrachtung sind Kontraste, Interferenzen und Übergänge wichtig, die jeder Beschreibung spotten, da sie nur in der Gleichzeitigkeit und oft nur in der Augenblicklichkeit der betreffenden Momente gegeben sind. Der Widerschein des Lichts auf der Oberfläche des Balls und die Helligkeit auf den – vom Wind leicht bewegten – Halmspitzen des Grases werden sich mehr oder weniger voneinander abheben, werden mehr oder weniger miteinander harmonieren, werden in mehr oder weniger auffälliger Spannung zueinander stehen. Auf diese Weise zeigt sich das ästhetisch wahrgenommene Objekt in einem jederzeit transitorischen Zustand. In diesem ist nichts einfach nur das, was es ist, sondern jedes erscheint im Licht der Verhältnisse, in denen es zu den anderen Sinnesqualitäten steht, Verhältnisse, die sich mit jeder Veränderung einzelner Erscheinungen ihrerseits verändern. Auch einem Farbenblinden bleibt an unserem Ball genug zu sehen.

Die Beachtung der Simultaneität und Momentaneität sinnlicher Präsenzen ist keineswegs allein eine Sache des Sehens. Sie läßt sich nicht allein an vergleichsweise ruhenden Dingen, sondern ebenso an vergleichsweise rasch vorübergehenden Ereignissen vollziehen. Ein Geräusch oder Klang ist eine nur momentan zugängliche Episode. Auch sie aber kann in der Gleichzeitigkeit des in ihr Vernehmbaren wahrgenommen werden. Sobald wir auf den Zusammenklang der jeweiligen Laute, auf die Farbe, das Volumen und den Rhythmus ihres Erklingens achten und außerdem auf ihr Verhältnis zu den soeben verklungenen und den sogleich zu erwartenden Lauten, nehmen wir dieses Ereignis in einer sinnlichen Fülle wahr, die der eines ruhenden visuellen Gegenstands in nichts nachsteht. Während bei Geräuschen der *momentane* Charakter des sinnlich Gegebenen unmittelbar evident ist, ist es bei den sichtbaren Dingen die *Simultaneität* ihrer Eigenschaften. In der Präsenz *beider* Arten von Wahrnehmungsgegenständen aber – wie auch der Objekte der übrigen Sinne – liegt immer ein *Verhältnis* von Dauer (und damit Simultaneität) und Veränderung (und damit Momentaneität) vor. Auch Töne haben ihre Dauer, auch Dinge haben ihre Zeit. »Im Jetzt wird Übergehendes in seinem Übergang und Ruhendes in seiner Ruhe zugänglich«, sagt Heidegger in seiner Vorlesung über die Zeitlichkeit von Weltverhältnissen.[4] Die ästhetische Wahrnehmung sucht ihre Gegenstände in dem Zugleichbestehen dieser zeitlichen Zustände auf, auch wenn dies je nach Art der Gegenstände ein höchst unterschiedliches Zusammengehen von bleibender und veränderlicher Verfassung ist. Wie stark oder schwach aber die Momentaneität von Wahrnehmungsobjekten akzentuiert sein mag, immer ist die Simultaneität ihrer bleibenden oder vergehenden Erscheinungen der zentrale Gesichtspunkt ihrer ästhetischen Auffassung. Indem sie sich von bestimmten bestimmenden Hinsichten fernhält, nimmt sie Rücksicht auf die *phänomenale Individualität* ihrer Objekte. Sie läßt etwas in der Fülle seiner Erscheinungen gegenwärtig sein.

Nicht nur diese Fülle, auch ihre Vergegenwärtigung ist ein besonderes zeitliches Verhältnis. Denn die Beachtung des Spiels der Erscheinungen an einem Gegenstand kommt nur zustande, wenn wir in seiner Gegenwart *verweilen* und ihm in *selbstzweckhafter* Aufmerksamkeit begegnen.[5] Wir verweilen in einem Wahrnehmungsvollzug nicht wegen einzelner, dem Erkennen oder Handeln dienlicher Wahrnehmungen, sondern um des in ihm Wahrnehmbaren willen. Wenn wir auf diese Weise wahrnehmen, nehmen wir etwas in der – und wegen der – Fülle seines Erscheinens wahr.

Hier wie sonst können selbstzweckhafte mit zweckgerich-

4 M. Heidegger, Die Grundprobleme der Phänomenologie, Frankfurt/M. 1975, 352.

5 Wichtige Hinweise auf die Zeitstruktur der ästhetischen Wahrnehmung geben K.H. Bohrer, Plötzlichkeit. Zum Augenblick des ästhetischen Scheins, Frankfurt/M. 1981, u. M. Theunissen, Freiheit von der Zeit. Ästhetisches Anschauen als Verweilen, in: ders., Negative Theologie der Zeit, Frankfurt/M. 1991, 285-298.

teten Tätigkeiten durchaus zusammengehen. Man denke nur an die Darbietung eines inspirierten Musikers. Sein Spiel ist eine ausgezeichnete Weise der vollzugsorientierten, um ihrer selbst willen durchlebten Erfahrung von Musik, zugleich aber eine höchst zweckhafte, auf eine optimale Performance gerichtete Tätigkeit.[6] Nicht immer jedoch ist die Verbindung so eng wie hier. Die ästhetische Anschauung kann andere Tätigkeiten begleiten, die selbst keine ästhetischen Handlungen sind – wie im Fall des Hörens von Musik im dichten Straßenverkehr. Immer aber zeichnet sie sich durch einen Abstand von einer *ausschließlichen* Zweckverfolgung und eine Wachheit für eine disfunktionale Präsenz der Phänomene aus. Immer geht es ihr um das *Vernehmen* ihrer Objekte, auch wenn das Handeln darüber hinaus den Weg der kognitiven oder instrumentellen *Aneignung* geht.

Synästhesie

Nehmen wir an, in dem Haus, in dessen Garten der Ball liegt, sei ein Mord geschehen. Der Kommissar vermutet, daß der verletzte Täter durch den Garten geflohen ist. Der Experte von der Spurensicherung hat daher die Aufgabe, den roten Ball nach etwaigen Blutspuren zu untersuchen. Er wird ihn sich genau ansehen und dabei auf möglichst vieles achten. Dennoch bleibt er, wenn er seine Arbeit gut macht, für das Erscheinen des Balls blind. Denn er durchmustert die Oberfläche in einer ganz bestimmten Absicht, auf das Finden möglicher Blutspuren hin. Sein Sehen bleibt ein feststellendes Sehen, auch wenn es nacheinander und auch gleichzeitig vieles in den Blick nimmt. Nicht anders verhält es sich, wenn je-

6 Komplexer noch ist die Verschränkung von zweckhaftem und selbstzweckhaftem Tun im Fall der künstlerischen Produktion; vgl. hierzu meinen Versuch »Über die Arbeit des Schriftstellers (und die Sprache der Philosophie)«, in: M. Seel, Ethisch-ästhetische Studien, Frankfurt/M. 1996, 145-187.

mand, Pilze suchend, aufmerksam den Waldboden betrachtet: obwohl sein Blick auf eine Vielfalt des Erscheinenden gerichtet ist, lauert er auf den Augenblick, in dem er die bestimmte Gestalt eines (eßbaren) Pilzes erfassen kann. Auch eine ästhetische Betrachtung desselben Waldbodens wird – je nach Kenntnisstand – Pilze von anderen Gewächsen unterscheiden können, aber sie lauert nicht darauf, dieses oder jenes dingfest zu machen. Sie überläßt sich der Vielgestaltigkeit dessen, was in ihrem Verlauf sichtbar, hörbar und sonstwie sinnlich vernehmbar wird.

Diese Struktur einer nicht auf einzelnes fixierten Wahrnehmung hatte Baumgarten im Auge, als er der ästhetischen Anschauung das Adelsprädikat einer »konfusen« Erkenntnis verlieh. Sie zielt nicht auf Distinktionen, sie verfolgt ein bewegtes Ineinander von Aspekten auch da, wo es sich um einen ruhenden Gegenstand handelt. Sie verweilt bei einem Prozeß des Erscheinens. Gewiß, das unter einer bestimmten Hinsicht erfolgende Sondieren und Feststellen von Erscheinungen ist eine für die menschliche Orientierungs- und damit Lebensfähigkeit schlechthin zentrale Dimension der sinnlichen Wahrnehmung. Aber das, so macht Baumgarten deutlich, ist nicht alles, was die menschliche Wahrnehmung vermag. Sie vermag sich den Gegenständen ihrer äußeren Umgebung auch ohne die Fixierung auf eine vorgegebene Hinsicht zuzuwenden. In der ästhetischen Begegnung sind wir nicht auf Festlegung festgelegt.

Das betrifft nicht allein den theoretischen und praktischen Zugriff, es betrifft auch den sinnlichen Zugang selbst. Denn keine ästhetische Wahrnehmung ist einzig und allein auf einen Sinn beschränkt. Es gehört zu ihrer imaginativen Verfassung, über die später (in Kapitel 4) noch zu sprechen sein wird, daß andere Sinne bei der Arbeit eines Sinnes mitbeteiligt sein können, auch wenn sie selbst nicht aktiv beteiligt sind. Auch wenn wir den roten Ball auf grünem Grund nur sehen, können wir uns sinnlich vorstellen, wie seine strapazierte Oberfläche sich anfühlen würde. Wenn wir auf die

Prallheit der Kugel achten, können wir sogar mitwahrnehmen, wie der Ball sich anhören würde, würde er auf dem Rasen oder einem anderen Grund zum Aufspringen gebracht. Wenn wir sehen oder wissen, daß es ein Lederball ist, kann auch eine Imagination seines Geruchs in die Wahrnehmung hineinspielen, obwohl sie sich in einer Entfernung vollzieht, in der nur das frisch gemähte Gras der Nachbarn zu riechen ist. Und so für die anderen Sinne – denn natürlich läßt sich ästhetische Wahrnehmung grundsätzlich mit *jedem* Sinn oder unter der *Führung* eines jeden oder eben mit vielen oder allen Sinnen *zugleich* vollziehen. Auch wenn wir den Ball nur ertasten, kann dies von Vorstellungen seines abgenutzten Aussehens begleitet sein. Vieles, was wir in ästhetischer Wachheit hören, stellen wir uns auch in einem sichtbaren Erscheinen vor; oft geht es uns so nahe, daß die Klangerfahrung den ganzen Leib als Membran in Bewegung versetzt. Selbst beim ästhetischen Schmecken, dem es um ein Auskosten (und nicht bloß den Verzehr) der Speisen zu tun ist, spielt die Vorstellung ihrer Gestalt oft eine wichtige Rolle; kein Pfirsich könnte uns schmecken ohne die visuelle und haptische Vorstellung, daß es ein Pfirsich ist, den wir so schmecken.

Auf diese Weise nimmt die latente oder offene ästhetische *Synästhesie* stets Grade der relativen perzeptiven *Anästhesie* zurück, denen die Sinne in vielen Handlungsvollzügen notwendigerweise unterliegen. Dennoch ist das Ineinander der Sinne etwas, das auf latente oder offene Weise in aller Wahrnehmung maßgeblich ist. Der eine Sinn vermag, was er vermag, in Abgrenzung und Unterstützung von den anderen Sinnen. Sie sind aufeinander abgestimmte Kräfte der räumlichen und zeitlichen Orientierung des Leibes, ohne deren Kooperation er – angefangen beim Gleichgewicht – keine Stabilität gewinnen könnte. Aber während sich diese Interaktion der Sinne in vielen Situationen unmerklich vollzieht, wird sie in Situationen der ästhetischen Wahrnehmung häufig auf die eine oder andere Weise auffällig: wir *spüren* uns hören und sehen und fühlen. Dieses Spüren hat als solches noch nichts mit einer *reflexiven* Selbstbezüglichkeit zu tun, obwohl es zumal im Kontext der Kunst häufig auch hierzu kommt. Es ist ein spürendes Sich-gegenwärtig-Sein, das das Verweilen bei der sinnlichen Besonderheit von etwas begleitet.[7] Die besondere Gegenwärtigkeit des *Gegenstands* der Wahrnehmung ist so an eine besondere Gegenwärtigkeit des *Vollzugs* dieser Wahrnehmung gebunden. Wir können nicht auf die Gegenwart eines Gegenstands achten, ohne unserer eigenen Gegenwart innezuwerden.

Erinnerung an die Gegenwart

Wegen dieser Doppelung ist der von Kant eingeführte Begriff des *Spiels* der ästhetischen Wahrnehmung so treffend. Er charakterisiert Wahrnehmung und Wahrgenommenes gleichermaßen. Er weist auf eine Prozessualität sowohl der Gegenstände als auch der Auffassung dieser Gegenstände hin. Was in der ästhetischen Auffassung zur Wahrnehmung kommt, ist ein je gegenwärtiges Zusammenspiel ihrer sinnlichen Aspekte. Komplement dieses Spiels aber ist eine Aufmerksamkeit, die man ihrerseits als ein Spielen bezeichnen kann: als ein vernehmendes Mitgehen mit den simultan und sukzessiv zugänglichen Aspekten und Interferenzen, die die Anschauung an ihren Gegenständen findet. Am Gegenstand zeigt sich ein Spiel von Erscheinungen, das allein von einer in diesem Sinn spielenden Wahrnehmung des Gegenstandes verfolgt werden kann. In diesem Wahrnehmungsspiel bildet sich ein Sinn für die phänomenale Individualität dessen, was hierbei zur Wahrnehmung kommt.

Um den Sinn dieses Sinns zu verdeutlichen, hat Kant diese

7 Eine Phänomenologie des Spürens im Blick auf die Kunst entwirft U. Pothast, Bereitschaft zum Anderssein: Über Spürenswirklichkeit und Kunst, in: K. P. Liessmann (Hg.), Im Rausch der Sinne. Kunst zwischen Animation und Askese, Wien 1999, 258-282.

Wahrnehmung »interesselos« genannt. Im Vergleich mit theoretischen und praktischen Interessen (der Erkenntnis und der Verwertung) ist dies einleuchtend. Bedingung der ästhetischen Wahrnehmung ist ein Abstand von diesen Interessen oder zumindest von ihrer ausschließlichen Verfolgung. Dieser Abstand von Interessen der Feststellung und Festlegung ist jedoch selbst mit einem eminenten Interesse verbunden. Daher greift jede negative Bestimmung hier wie überall in der Ästhetik zu kurz. Aus der bisherigen Überlegung folgt, daß dies ein Interesse am Besonderen und zugleich ein Interesse des Verweilens bei diesem Besonderen ist. Das vergleichsweise »theoretische« Motiv der Wahrnehmung von etwas allein begrifflich nicht Faßbarem und das vergleichsweise »praktische« Motiv der Beachtung von etwas ansonsten Mißachtetem sind hier zu einem Interesse eigener Art verbunden. Es ist auf die Wahrnehmung einer ebenso flüchtigen wie naheliegenden Lebensmöglichkeit gerichtet und zugleich auf die Erweckung eines gesteigerten »Lebensgefühls«, wie Kant in § 1 der *Kritik der Urteilskraft* sagt. Diese Möglichkeit eröffnet sich durch einen anschauenden Rückgang oder Rückstoß auf die momentane Lage der Wahrnehmenden – durch eine willkürliche oder unwillkürliche Erinnerung an die unmittelbare Gegenwart ihres Lebens.

Der Begriff der Gegenwart ist hier zunächst – vor der eingehenden Betrachtung in Kapitel 5 – in einem sehr elementaren Sinn zu verstehen. Diese Gegenwart ist ein Kontinuum von (Zuständen von) Dingen und Ereignissen, wie sie in der Umgebung eines Menschen sinnlich vernehmbar anwesend sind. Das Wie dieses Gegebenseins ist hier wichtig. Das bloße Vorhandensein von Objekten einschließlich des bloßen Vorbeigehens von Ereignissen macht allein keine Gegenwart aus.[8] Gegenwart ist ein offener – und darin unübersehbarer, unfaßlicher und unbeherrschbarer – Horizont

8 »Gegenwart im existentialen Sinne ist nicht gleich Anwesenheit bzw. Vorhandenheit.« M. Heidegger, Die Grundprobleme der Phänomenologie, a.a.O., 376.

der spürenden, handelnden und erkennenden *Begegnung* mit Vorhandenem. Diese Begegnung ist nicht als solche ästhetisch; die ästhetische Aufmerksamkeit stellt vielmehr einen *Modus* dieser Begegnung dar. Dieser stellt sich ein, wo es in einer wesentlich sensitiven Begegnung um diese – wesentlich, aber keineswegs ausschließlich – sensitive Begegnung geht, wo es also zu einer selbstzweckhaften Begegnung mit dem Gegebenen kommt. Dann kommt es vor allem darauf an, wie dies und das – oder das alles – hier und jetzt, und nur hier und nur jetzt, in seiner phänomenalen Besonderheit vernehmbar ist; es kommt auf das jeweilige Sichdarbieten des sinnlich Gegebenen an. In dieser Aufmerksamkeit für das momentane Spiel der Erscheinungen entsteht ein anschauendes Bewußtsein von Gegenwart – ein Bewußtsein *eines* Hier und Jetzt, daß zugleich ein Bewußtsein *meines* Hier und Jetzt umfaßt.

Besinnung auf Gegenwart ist – wie vor allem Karl Heinz Bohrer nicht müde geworden ist zu betonen[9] – ein basales Motiv aller ästhetischen Anschauung. Es geht den Subjekten der ästhetischen Wahrnehmung um ein Verspüren der eigenen Gegenwart im Vernehmen der Gegenwart von etwas anderem. In der sinnlichen Präsenz des Gegenstands werden wir eines Augenblicks unserer eigenen Gegenwart inne. In diesem Innehalten liegt zugleich eine Enthaltung – ein Abstand von allen Vollzügen, in denen wir in einer Orientierung an Zuständen aufgehen, die wir in der Zukunft herbeiführen oder erreichen wollen; ein Abstand auch von allen Vollzügen, in denen wir etwas ein für allemal gedanklich festhalten wollen. Dieses ausschließliche Bestimmen und Bewirken lassen wir in der ästhetischen Anschauung sein. Wir machen uns von seinen Fixierungen frei. Wir enthalten uns zur Gegenwart. Wir lassen uns zur Gegenwart entführen. Ästhetische Anschauung ist eine radikale Form des Aufenthalts im Hier und Jetzt.

9 K. H. Bohrer, Plötzlichkeit, a.a.O.; ders., Das absolute Präsens. Die Semantik ästhetischer Zeit, Frankfurt/M. 1994.

Alles, was sinnliche Erscheinung ist oder hat, kann in seinem Erscheinen vergegenwärtigt werden. Ästhetische Wahrnehmung ist daher, wie eingangs betont, ein außerordentlich naheliegendes Verhalten. Wo ihre Sinne nicht überwältigt werden und ihr Sinn nicht von etwas anderem gefesselt ist, steht den Menschen die Möglichkeit der ästhetischen Anschauung jederzeit offen. Trotzdem wird uns nicht jedes Sinnenobjekt sogleich und zugleich zu einem ästhetischen Gegenstand. Eine kurze Gegenüberstellung kann beides deutlich machen: die Differenz zwischen nichtästhetischen und ästhetischen Zuständen und die reichhaltigen Möglichkeiten, in diese zu geraten.

Wir können zum Himmel schauen, um zu sehen, ob es regnen wird, oder auf das Erscheinen des Himmels achten. Wir können nach der Regenpfütze sehen, um uns keine nassen Füße zu holen oder um die Spiegelung der Gebäude in ihr zu betrachten. Wir können am Fenster stehen und hören, ob die Gäste kommen oder uns in das Geräusch der Stadt vertiefen. Wir können einen Menschen anschauen, um zu sehen, wie er heute drauf ist, oder in der Betrachtung seines Aussehens verweilen. Wir können beim Zuschlagen der Autotür hören, ob sich die Tür geschlossen hat oder den »satten« Klang der Tür genießen. Wir können bei einem Vortrag auf das Vorgetragene achten oder aber auf Sprachklang, Gestik und Mimik des Vortragenden. Wir können einen Text als Ansammlung von Informationen lesen oder als ein Arrangement von sprachlichen und anderen Zeichen. Wir können im Kaffeehaus ein konspiratives Treffen abhalten oder die Atmosphäre auf uns wirken lassen. Wir können den Besuch beim Frisör als teure Dienstleistung abbuchen oder als Schauspiel aus dem Alltagsleben konsumieren. Wir können die Haltbarkeit eines Stoffs prüfen oder die Textur des Stoffs ertasten. Wir können bei der Heimkehr in die Wohnung riechen, was es wohl zu essen gibt, oder den Geruch als ein Vorspiel des Essens genießen.

Wir können die *Mona Lisa* als Bügelbrett oder als Fahndungsfoto verwenden oder als künstlerisches Bild betrachten. Wir können ein Verzeichnis der handelnden Personen in *Krieg und Frieden* anlegen oder imaginierend der Welt des Romans erliegen. Wir können eine Bagatelle von Webern als Hupsignal benutzen oder als ein hochdramatisches Musikstück hören. Wir können in einer Beuysschen Badewanne ein Reinigungsproblem sehen oder eine plastische Arbeit. Wir können im Konzert die Niesanfälle aus dem Publikum zählen oder den Klängen des Orchesters folgen. Wir können auf einem Werbeplakat das Kleingedruckte lesen oder seine Bilder auf uns wirken lassen. Wir können einen Termin beim Gesundheitsamt einfach erdulden oder uns in das Gesamtkunstwerk einer an Fluchten und Fluren reichen, von Schritten und Schreien widerhallenden, dissonante Hygienegerüche ausdünstenden Behörde versenken.

Es ist alles da. Wir können auf alles und jedes, das irgendwie sinnlich gegenwärtig ist, ästhetisch reagieren – oder auch nicht. Es gibt Orte, an denen es schwerfällt, sich *nicht* ästhetisch zu verhalten (je nach Neigung eher im Wald oder im Garten, im Autosalon oder im Museum, in der Konzerthalle oder in der Sportarena), ebenso wie es Orte gibt, an denen das eher schwerfällt (beim Behördengang, in Parkhäusern, während einer Prüfung, beim Zahnarzt oder bei Aldi).[10] Wir können dies, wenn wir es tun, vorwiegend mit einem Sinn oder mit allen Sinnen tun – mit Haut und Haaren oder mit Auge

10 Welches diese Orte sind, ist natürlich historisch, kulturell und auch individuell äußerst verschieden. Meine willkürlich gewählten Beispiele enthalten keine These darüber, was gute oder schlechte Orte, Gelegenheiten und Praktiken ästhetischen Verhaltens sind; sie sind nichts weiter als Beispiele dafür, wo und wie ästhetische Anschauung oder das Absehen von ästhetischer Anschauung *möglich* ist. – Eine Geschichtsschreibung der ästhetischen Wahrnehmung, wie sie hier nicht beabsichtigt ist, hätte gerade an den historisch und kulturell verschiedenen Anlässen für (sei es periphere, sei es zentrale) ästhetische Zustände ein wichtiges Thema.

oder Ohr. Oft aber ist gar kein Tun verlangt – dann nämlich, wenn uns ein Erscheinendes *plötzlich* in seinen Bann schlägt, wenn uns der Umschlag in ein ästhetisches Bewußtsein *widerfährt*.

Der Eintritt in einen Zustand der ästhetischen Wahrnehmung kann sich eher aktiv oder passiv vollziehen – als ein willkürlicher Wechsel der Einstellung oder aber als ein unwillkürliches Geschehen. Auch wenn die starken ästhetischen Momente – in der Natur, der Kunst oder im Sport – meist als etwas erfahren werden, wodurch wir »erschüttert« oder »entrückt«, »mitgenommen« oder »gefesselt« werden[11], sind im Verlauf ästhetischer Wahrnehmungen fast immer beide Antriebskräfte virulent: ein Gebanntsein durch und eine Konzentration auf das Erscheinende. Ästhetische Wahrnehmung ist ein Spiel, das wir spielen und das mit uns gespielt wird.

Allerdings können die Alternativen, die ich hier der Deutlichkeit halber aufgebaut habe, auch ausgeschlagen werden. Wir können uns ästhetisch *und* pragmatisch verhalten. Eine praktische Orientierung kann mit der ästhetischen mitvollzogen werden, ebenso wie diese mit jener. Entsprechendes gilt für ein dezidiert theoretisches Verhalten. Die ästhetische Wahrnehmung schließt weder Kenntnis noch Erkenntnis, weder instrumentelles noch soziales Handeln generell aus. In nicht wenigen Fällen schließt sie das eine oder andere ohne weiteres ein. Aber sie schließt es ein, wenn sie es einschließt, und sie schließt es aus, wenn sie es ausschließt, weil sie auf Prozesse des Erscheinens aus ist. Sie will etwas in diesem Licht, in dieser Bewegung, in diesem Erklingen, in dieser Härte und Kälte, in dieser Witterung und diesem Geschmack aufnehmen. Das ist ihr Begehren, welche zusätzlichen ästhetischen und außerästhetischen Ambitionen damit auch verbunden sein mögen.

11 Zu dieser Semantik der Gewalt ästhetischer Erfahrung s. Teil V dieses Buchs.

In diesem Sinn ist der Begriff des Erscheinens, wie ich ihn soweit skizziert habe und im folgenden Kapitel weiter analysieren werde, ein minimaler Begriff der ästhetischen Begegnung. Er versucht, einen kleinsten gemeinsamen Nenner der vielfältigen Arten ästhetischer Objekte und ihrer Wahrnehmung zu formulieren. Er ist tragfähig gerade darin, daß er für viele weitere Bestimmungen offen ist. Es wäre ganz abwegig zu sagen, ästhetisches Bewußtsein sei *nichts anderes* als eine Aufmerksamkeit für das Erscheinende in der bisher, ausgehend von unserem ersten einfachen Beispiel, erläuterten Bedeutung. In der ästhetischen Wahrnehmungssituation ist oft vieles andere präsent und relevant. Das entscheidende Kriterium für die Angemessenheit des hier gewählten Grundbegriffs ist nicht, ob er alles für die ästhetische Anschauung Wichtige enthält, denn wie sollte ein einziger Begriff das leisten; entscheidend ist vielmehr, ob seine Erläuterung für wesentliche weitere Züge der ästhetischen Situation offen ist.

So ist unsere Betrachtung offen dafür, daß man in der Anschauung eines simplen Balls sehr viel mehr vergegenwärtigen kann als nur das Erscheinen dieses sinnlichen Gegenstands. Den Ball betrachtend, könnte einer, inspiriert durch das titellose Rilke-Gedicht aus dem Jahr 1922, dem Hans-Georg Gadamer das Motto zu *Wahrheit und Methode* entnommen hat, über das Wesen des Balles und des Menschen spekulieren.[12] Das Erscheinen des Balls würde hier aufgeladen mit

12 Solang du Selbstgeworfnes fängst, ist alles
Geschicklichkeit und läßlicher Gewinn –;
erst wenn du plötzlich Fänger wirst des Balles,
den eine ewige Mit-Spielerin
dir zuwarf, deiner Mitte, in genau
gekonntem Schwung, in einem jener Bögen
aus Gottes großem Brücken-Bau:
erst dann ist Fangen-Können ein Vermögen, –
nicht deines, einer Welt. Und wenn du gar

einer Reflexion, die weit über das Besondere des Erscheinenden hinausreicht, bei dem sie gleichwohl anschauend verweilt. Erst recht ist vor den Werken der Kunst mit einer ausschließlichen Konzentration auf das bloße Erscheinen kein Staat zu machen; hier ist eine interpretative Wahrnehmung verlangt, die ein *anderes* Erscheinen entstehen läßt. Entsprechend ist mit der These eines ästhetischen »Rückgangs auf die Gegenwart« nicht die Annahme verbunden, die Besinnung auf Vergangenheit und Zukunft spiele in der ästhetischen Anschauung keine Rolle (einmal ganz abgesehen davon, daß der Bezug auf Gegenwart von den beiden anderen Zeitdimensionen gar nicht isolierbar ist). Denn selbstverständlich kann die ästhetische Erfahrung Vergangenes und Künftiges sei es erinnernd, sei es antizipierend, sei es fingierend vergegenwärtigen, wie ja viele Kunstwerke von der Erinnerung gerade an die Vergänglichkeit alles Irdischen leben (manchmal inklusive weitreichender Verheißungen für die Zukunft). Meine These besagt lediglich, daß auch und gerade diejenige ästhetische Imagination, die sich von der historischen Gegenwart ihres Vollzugs entfernt und sich auf die Suche nach einer verlorenen oder nie gewesenen Zeit begibt, ihre entscheidenden Energien aus einer Konzentration auf die Gegenwart – etwa auf die Gegenwart von Kunstwerken – bezieht. Auf diesem Weg kann sich die ästhetische Wahrnehmung überdies weit für Kenntnis und Erkenntnis, Deutung und Bedeutung öff-

zurückzuwerfen Kraft und Mut besäßest,
nein, wunderbarer: Mut und Kraft vergäßest
und schon geworfen *hättest* ..... (wie das Jahr
die Vögel wirft, die Wandervogelschwärme,
die eine ältre einer jungen Wärme
hinüberschleudert über Meere –) erst
in diesem Wagnis spielst du gültig mit.
Erleichterst dir den Wurf nicht mehr; erschwerst
dir ihn nicht mehr. Aus deinen Händen tritt
das Meteor und rast in seine Räume ...
(R. M. Rilke, Werke II. Gedichte, Zweiter Teil, hg. v. E. Zinn, Frankfurt/M. 1987, 132.)

nen. Aber sie kann sich dieses Ausgriffs ebenso enthalten. Das Verweilen bei dem Erscheinenden ist für beide Bewegungen offen, wie schon das Beispiel des cum oder sine Rilke aufgefaßten Balls zeigt; es ist ihm wesentlich, für die Bewegungen eines spekulativen oder suspensiven Innehaltens – sowie für viele Zwischenzustände – offen zu sein.

Die theoretische Offenheit für diese ästhetische Offenheit freilich hat ihre Grenzen. Andernfalls könnte sie gar nicht aufschlußreich sein. Der Anfang bei dem Erscheinen enthält eine nicht-neutrale Festlegung. Zu sagen, daß es Phänomene des Erscheinens sind, die das A und O des ästhetischen Verhaltens ausmachen, bedeutet zu sagen, daß hier, in der Aufmerksamkeit für das Erscheinende, etwas zu finden und zu erfahren ist, was nirgends sonst zu finden und zu erfahren ist. Dies ist eine normative These. Sie handelt von dem Potential der ästhetischen Wahrnehmung: von seiner Bedeutung für die individuelle Lebensführung wie für das kulturelle Leben. Ihre Darlegung *beschreibt* diesen Wert nicht allein, sie *expliziert* und *verteidigt* ihn gegenüber anderen Auffassungen vom Sinn ästhetischer Prozesse. Anders wäre die prinzipielle Möglichkeit, die in den Möglichkeiten der ästhetischen Praxis liegt, überhaupt nicht deutlich zu machen. Dies ist keine Gelegenheit, die nur bestimmten Leuten mit bestimmten Präferenzen offenstünde oder allein den Angehörigen dieser oder jener Kultur. Es ist vielmehr eine Möglichkeit, die jedem *beliebigen* wahrnehmungs- und erkenntnisfähigen Individuum offensteht. Diese generelle Möglichkeit läßt sich allein aus der Innenperspektive eines beliebigen erkenntnisfähigen Wahrnehmungssubjekts analysieren. Die Reflexion darüber, was es für ein beliebiges Subjekt der Wahrnehmung *heißt*, in Prozesse ästhetischer Anschauung involviert zu sein, gibt an, was hierin für es *liegt*: welche – im ganzen gesehen aussichtsreiche – Lebensmöglichkeit sich ihm durch ästhetisches Verhalten auftut. Diese Antwort steht in einer expliziten oder impliziten Auseinandersetzung mit anderen Antworten, die eine andere Auskunft geben und damit der ästhetischen Praxis außerhalb und innerhalb der Kunst eine andere individuelle und kulturelle Bedeutung verleihen. Das ist seit jeher die Aufgabe der philosophischen Ästhetik: aus einem Verständnis ihrer besten Möglichkeiten eine *Apologie* der ästhetischen Praxis zu sein.[13] In direkter Konsequenz, aber erst in zweiter Linie, formuliert sie eine *Kritik* an Theorien und Zuständen, die die Entfaltung dieses Potentials versperren.

Wo Apologien möglich und nötig sind, könnte vieles anders sein. Es liegt nicht in der Natur der menschlichen Kultur, welches Gewicht und welche Stelle sie ästhetischen Praktiken gibt. Es liegt nicht in der Natur des menschlichen Bewußtseins, in welchem Maß und in welchem Sinn es ästhetisches Bewußtsein ist. Es liegt nicht in der Natur der heutigen Zivilisation, ob der große Roman oder der American Football – oder beides, oder keins von beiden – einen Höhepunkt unserer ästhetischen Praxis bilden. Wie alle anderen menschlichen Anlagen kann auch das Vermögen der ästhetischen Anschauung sehr unterschiedlich genutzt und entfaltet werden. Aber es dürfte kein Zufall sein, daß nahezu alle menschlichen Kulturen eine Verwendung für diese Anlage haben. Und nahezu alle scheinen von ihr einen Gebrauch zu machen, der sich nicht in einer Feier höherer Mächte, in einer Kompensation anthropologischer Mängel, in einer Herstellung sozialen Friedens, in einer Akkumulation symbolischen Kapitals oder in einer Ablenkung von persönlichen Sorgen erschöpft. Sie scheinen alle einen Sinn für das Drama ihrer Gegenwart zu haben.

13 Daß dies auch auf die Ästhetik eines Autors zutrifft, der alles Normative ostentativ verachtet, habe ich zu zeigen versucht in: M. Seel, Rez. v. N. Luhmann, Die Kunst der Gesellschaft, in: European Journal of Philosophy 4/1996, 390-393.

2. Sosein und Erscheinen

Der jederzeit naheliegende ästhetische Gegenstand ist ein in seiner phänomenalen Fülle vergegenwärtigtes Wahrnehmungsobjekt. Diesen ersten Begriff der ästhetischen Wahrnehmung und des ästhetischen Objekts werde ich im folgenden weiterentwickeln. Dabei geht es zunächst um den genauen Status des Erscheinens gegenüber anderen Arten des sinnlichen und empirischen Gegebenseins. Hierbei ist es von größter Bedeutung, eine falsche Opposition von Sein und Erscheinen zu vermeiden. Denn gefragt ist gerade nach der Seinsart des Erscheinens. Diese ist als eine Dimension der Wirklichkeit von Wahrnehmungsgegenständen zu verstehen. Wir können die phänomenale Verfassung eines Objekts eher in ihrem *Sosein* erkennen oder eher in ihrem *Erscheinen* vergegenwärtigen. Dadurch ist das *Sein* von Wahrnehmungsobjekten gekennzeichnet: daß wir sie eher als etwas Bestimmtes oder eher als etwas Besonderes auffassen können.

Eine Definition

Das ästhetische Erscheinen eines Gegenstands ist ein *Spiel seiner Erscheinungen*. So handlich diese Definition ist, sie hat es in sich. Ich werde daher im folgenden einen gedrängten Kommentar zu dieser Bestimmung geben. Im Mittelpunkt stehen ihre drei Komponenten: der Gegenstand, seine Erscheinungen und deren Spiel.

Objekte der Wahrnehmung

Der Begriff eines Wahrnehmungsgegenstands läßt sich von dem seiner Erscheinungen nicht trennen. Denn er ist ein

Wahrnehmungsgegenstand gerade darin, daß er unter anderem anhand seiner Erscheinungen identifiziert werden kann. Unter »Erscheinungen« verstehe ich hierbei das, was im zutreffenden Gebrauch von Wahrnehmungsprädikaten als Eigenschaft des Gegenstands festgehalten werden kann. Zu den Erscheinungen eines Objekts gehört demnach alles das, was aufgrund sinnlicher Erfahrung und begrifflicher Diskriminierung über ihn feststellbar ist – der Ball ist rund, rot, feucht, kalt, zerkratzt, beschriftet, schwer, riecht nach Leder usw. Dieser Begriff der Erscheinung ist deutlich enger als derjenige der empirischen Realität von Gegenständen, wie ihn etwa Kant in der *Kritik der reinen Vernunft* gebraucht. Denn zur empirischen Verfassung unseres Balls gehört auch die chemische Zusammensetzung seiner Materialien oder die atomaren und subatomaren Konstellationen seiner Elemente, die sinnlich gerade nicht wahrnehmbar sind. In meinem Sprachgebrauch hingegen zählt zu der Erscheinung eines Objekts lediglich das, was wir im Medium unserer Sinne an ihm unterscheiden können.

Für die Identifikation eines Wahrnehmungsobjekts aber sind nicht alle seiner Erscheinungen gleich wichtig. Meist sind die bleibenden Eigenschaften wichtiger als die flüchtigen. Daß es ein rundes und rotes Objekt ist, ist für die Identifikation unseres Balls wichtiger, als daß es heute feucht und darum schwerer als gestern ist. Denn diese Eigenschaft geht verloren, sobald die Sonne wieder herauskommt. Freilich sind auch die vergleichsweise dauernden Wahrnehmungseigenschaften eines Wahrnehmungsobjekts prinzipiell flüchtig: Auch Gestalt und Farbe des Balls können sich verändern oder verlieren, dennoch bleibt es Oskars Ball – oder das, »was von ihm übrig ist«. Es verhält sich mit Bällen und Bäumen nicht grundsätzlich anders als mit jenem Stück Wachs, an dem Descartes in der zweiten seiner *Meditationen* die notorische Unzuverlässigkeit der sinnlichen Erscheinung von Gegenständen demonstriert hat. Kein Wahrnehmungsobjekt ist einfach das, als was es hier und jetzt oder über eine längere

Zeit vor unseren Sinnen erscheint.[14] Der Ball *ist* keine Erscheinung, an ihm *zeigen sich* Erscheinungen. Er ist ein *Gegenstand* unseres wahrnehmenden Unterscheidens, der mit bestimmten seiner Erscheinungen nicht gleichgesetzt werden darf.

Der Begriff des Objekts oder Gegenstands steht dabei gleichermaßen für Dinge wie für Ereignisse. Auch für sinnlich vernehmbare Ereignisse gilt, daß sie nicht mit bestimmten der Eigenschaften gleichzusetzen sind, die wir ihnen mehr oder weniger zuverlässig zuschreiben können. Das Klingeln meines Telefons kann als laut oder leise, verzerrt oder unverzerrt, hoch oder tief, als Fragment dieser oder jener Tonfolge, als melodisch oder mechanisch, als pulsierend oder stockend, als Schreckensklang oder Freudenruf und als vieles weitere wahrgenommen werden. An Ereignissen wie an Dingen gibt es vieles zu bestimmen und zu beschreiben, aber keine Beschreibung kann sie erschöpfend bestimmen. Die von Goethe überlieferte Wendung »Individuum est ineffabile« betrifft einzelnes aller Art.

Obwohl sich also der Begriff eines Wahrnehmungsgegenstands von dem seiner Erscheinungen nicht trennen läßt, darf er nicht so verstanden werden, als verweise er auf eine bestimmte *Konstellation* seiner Erscheinungen. Er verweist vielmehr auf Entitäten, die zu unterschiedlichen Zeiten sehr unterschiedliche Konstellationen von Erscheinungen zeigen können. Daher ist die Identität von Wahrnehmungsgegenständen wesentlich mit ihrer kausalen Geschichte verbunden, also mit einer *Abfolge* oder *Dauer* von Zuständen, die für ihren Weg durch Raum und Zeit charakteristisch ist. Bei Oskars Ball könnte es sich um das im Jahr 1995 unter der Produktionsnummer 23874 von der Firma *adidas* in Herzogenaurach

14 Ebensowenig ist es einfach das, was eine über die sinnliche Wahrnehmung hinausgehende chemische oder physikalische Analyse als seine Verfassung erkennen könnte – denn auch diese Zusammensetzung kann sich verändern.

hergestellte Spielgerät handeln, das auf den üblichen Distributionswegen in einer Hamburger Sporthandlung gelandet und nach dem Kauf durch Oskars Eltern der für Fußbälle üblichen, mit Oskars zunehmendem Alter zunehmend energischeren Behandlung unterlegen ist. Wenn er eines fernen Tages luftleer und zusammengedrückt auf dem Dachboden gefunden wird, handelt es sich weiterhin um denselben Gegenstand, auch wenn sich sein Aussehen stark verändert hat. Nur in einer (ungefähren, aber hinreichenden) Kenntnis der *Folge* seiner Positionen und Zustände können wir ihn als *diesen* Ball identifizieren. Solange wir dieses Einzelding aber als einen *Ball* auffassen, bleibt seine Individuierung an eine Form seiner Sichtbarkeit gebunden. Denn der Begriff »Ball« ist ein Gestaltprädikat und damit auf eine *typische* Erscheinung des Objekts bezogen. Entsprechend werden wir den leblosen Ball auf dem Speicher als einen *deformierten* Ball auffassen – jedenfalls solange wir ihn überhaupt als einen Ball und nicht einfach als ein abgenutztes Stück Leder klassifizieren, das nicht in den Container mit den wiederverwertbaren Stoffen gehört.

Einzelne Objekte dieser Art sprechen wir im Gebrauch singulärer Termini an, also unter Rückgriff auf deiktische Ausdrücke, Eigennamen oder Kennzeichnungen. Wir können sagen: »dieser Ball«, »Oskars Ball«, »Kuller« (so hat Oskar seinen Ball getauft), »das Geschenk, über das sich Oskar an seinem 2. Geburtstag am meisten gefreut hat« oder eben »das im Jahr 1995 unter der Produktionsnummer 23874 von der Firma *adidas* in Herzogenaurach hergestellte Spielgerät«. Wird dabei das sortale Prädikat »Ball« verwendet, so sprechen wir das betreffende Objekt *als* einen Wahrnehmungsgegenstand an, während die anderen Wendungen zwar ebenfalls auf ein Wahrnehmungsobjekt Bezug nehmen, ohne es jedoch als ein solches zu charakterisieren. Alle diese Ausdrücke aber stellen einen Bezug auf diesen *einen unter allen* Wahrnehmungsgegenständen her, in welcher (weiteren) sinnlich wahrnehmbaren Verfassung er sich jeweils auch befinden mag. Solange wir dabei Ausdrücke wie »Ball«, »Geschenk« oder »Spielgerät« verwenden, ziehen wir generelle Termini heran, deren Gebrauch Angaben über die *Art* der in Rede stehenden Objekte enthält. Auch diese klassifizierenden Bestimmungen aber sind alles andere als ausgeführte *Beschreibungen* der fraglichen Gegenstände, ganz zu schweigen von einer irgendwie *erschöpfenden* Beschreibung ihrer kürzer oder länger bestehenden Verfassung. Ihre Funktion liegt vielmehr in der Individuierung von Objekten, die dadurch überhaupt als in vielen weiteren Aspekten *bestimmbare* Objekte zugänglich werden. Diese Identifikation erlaubt es, die räumlich bewegte oder unbewegte *Laufbahn* des so herausgegriffenen Gegenstands zu verfolgen, in deren Dauer er viele verschiedene und vielfach wechselnde Erscheinungen zeitigt.

Die besondere Leistung von *Eigennamen* ist es dabei, eines unter allen herauszugreifen, ohne es auf irgendeine seiner Beschaffenheiten festzulegen. Der Name »Oskar« bezieht sich auf den Jungen, der auf diesen Namen getauft wurde, auch wenn sich herausstellen sollte, daß dieses Kind nicht, wie alle glauben, der Sohn von Hubert ist.[15] Der Ausdruck »Kuller«, als Name für einen Ball verwendet, bezieht sich auf den Ball, den Oskar so getauft hat, auch wenn ein vergeßlicher Nachbar jeden der in seinen Garten fliegenden Bälle so nennt. Dennoch, wie gesagt, könnte dieser oder ein anderer Name nicht erfolgreich verwendet werden, wenn nicht Prädikate insbesondere der raumzeitlichen Lokalisierung und sortalen Charakterisierung zur Verfügung stünden, mit denen genauer bestimmt werden kann, von *was für einem* Objekt die Rede ist. Der individuelle Bezug lebt von der Verfügbarkeit genereller Bestimmungen.[16] Eigennamen erfüllen ihre Funk-

15 S. Kripke, Name und Notwendigkeit, Frankfurt/M. 1981. – Ich stütze mich hier auf Ursula Wolfs kritischen Kommentar zu der von Frege und Russell bis hin zu Kripke und Putnam reichenden Diskussion über den Status singulärer Termini, in: dies. (Hg.), Eigennamen. Dokumentation einer Kontroverse, Frankfurt/M. 1985, 9-41.

tion nur in der *Reichweite* einer beschreibenden Charakterisierung der herausgegriffenen Gegenstände, aber ihr Bezug ist nicht an die Verfügbarkeit oder Wahrheit einer *bestimmten* solchen Charakterisierung gebunden. Es könnte ja sein, daß wir uns alle – Oskar inbegriffen – im Irrtum befinden. Es war gar nicht der zweite, sondern der dritte Geburtstag, an dem der Junge seinen Ball bekam. Trotzdem bezieht sich der Name »Kuller« auf eben den Ball, den Oskar seinerzeit (wann immer es war) auf den Namen »Kuller« getauft hat, was immer Oskar und die anderen über das Schicksal des Balls wissen oder von ihm denken mögen.

Deiktische Ausdrücke und Eigennamen erlauben auf diese Weise das *wiederholte* Ansprechen eines Gegenstands, *abgesehen* von der jeweiligen Verfassung, in der er sich befindet oder von der man glaubt, daß er sich in ihr befinde. Im Gebrauch von Eigennamen kann dieser Bezug außerdem situationsunabhängig hergestellt werden. Durch beide Formen der Anrede wird der Gegenstand nicht eigens charakterisiert, sondern für eine vielfältige Beschreibung, Beurteilung und Beachtung herausgehoben und freigegeben. Kennzeichnungen hingegen greifen eine oder einige wenige Eigenschaften zur Identifikation eines Gegenstands heraus, ohne sich hinsichtlich der anderen festzulegen. Alle diese Arten der Bezugnahme machen es möglich, Gegenstände in ihren wechselnden und vielfach unwiederholbaren Zuständen anzusprechen, und dies mit Kennzeichnungen und Eigennamen auf eine jederzeit wiederholbare Weise. Der Gebrauch von singulären Ausdrücken schafft so die *generelle* Möglichkeit, sich auf etwas *Individuelles* zu beziehen. Er schafft damit auch die Möglichkeit, einen Gegenstand in der Pluralität, Varietät, Simultaneität und Momentaneität seiner Erscheinungen zu vernehmen.

16 »Particularity is as much a conceptual matter as generality«, heißt es deshalb bei Robert Brandom, Making it Explicit. Reasoning, Representing and Discoursive Commitment, Cambridge/Mass.–London 1994, 620.

Erst jetzt wird richtig verständlich, warum sich eine ästhetische Anschauung nur im Kontext einer mit Namen und Allgemeinbegriffen instrumentierten Wahrnehmung vollziehen kann. Denn nur in diesem Rahmen ist es möglich, sich mit etwas in seiner Besonderheit zu konfrontieren. Nur in diesem Rahmen ist es möglich, etwas erstens als ein *bestimmtes* einzelnes herauszuheben und es zweitens so aufzufassen, daß es nicht unter dieser oder jener seiner Bestimmungen, sondern in seiner *Individualität* zur Anschauung kommt. Nur wo Begriffe in Gebrauch sind, kann etwas als dieses herausgehoben und gegebenenfalls in seiner Besonderheit wahrgenommen werden.

Die begrifflich diskriminierbare sinnliche Beschaffenheit eines Wahrnehmungsobjekts habe ich seine *Erscheinung* genannt. Darunter verstehe ich nicht allein das, was aus einer bestimmten Warte und in einem bestimmten Interesse *jeweils* an ihm unterschieden wird; so nehmen wir an unserem Ball wahr, daß er rot, daß er rund, daß er feucht ist und daß er auf einem grünen Rasen liegt. Von der Erscheinung eines Gegenstands spreche ich darüber hinaus auch in einem generellen Sinn. Sie ist dann nicht nur das, was unter der Führung des einen oder anderen Sinns aus einer bestimmten Position wahrnehmend an ihm unterschieden *wird*, sondern alles das, was an ihm in beliebigen Hinsichten und Absichten empfindend und begreifend unterschieden werden *kann*. So verstanden, umfaßt der Begriff der Erscheinung alles das, was im Gebrauch von Wahrnehmungsprädikaten *prinzipiell* an ihm bestimmt werden kann – ganz unabhängig davon, welche seiner phänomenalen Eigenschaften in einer *jeweiligen* Erkenntnispraxis relevant und zugänglich sind. Die sinnliche Erscheinung eines Gegenstands umfaßt somit alle Eigenschaften, die an ihm überhaupt wahrnehmend feststellbar sind.

Wenn bei der Sondierung der sinnlichen Erscheinung von Objekten etwas *als* etwas Bestimmtes wahrgenommen wird,

wird es zugleich so wahrgenommen, *daß* es so ist, wie es dabei wahrgenommen wird. Der Gegenstand wird *als* ein roter Ball wahrgenommen und dabei so, *daß* es ein roter Ball ist – und nicht lediglich im Abendlicht so erscheint. Das Geräusch wird *als* Telefonklingeln wahrgenommen, und damit zugleich, *daß* das Telefon klingelt – und nicht wieder der Nachbarsjunge seine akustischen Scherze treibt. Dabei kann es immer wieder zu Täuschungen kommen, wovon im folgenden Kapitel noch ausführlicher die Rede sein wird. In Abhebung vom Begriff des »Scheins« möchte ich jedoch den der »Erscheinung« für den Fall eines *tatsächlichen* Bestehens der phänomenalen Objekteigenschaften reservieren. Der bloße *Eindruck* einer Erscheinung – das Bloß-so-Erscheinen – macht in diesem Sinn noch keine Erscheinung. Erscheinung in der hier zugrundegelegten Bedeutung ist vielmehr nur, wovon mit einer für den jeweiligen Zweck hinreichenden begrifflichen Bestimmtheit verläßlich ausgesagt werden kann, daß es so ist. Dieses jeweils feststellbare Sosein ist ein Aspekt der phänomenalen *Verfassung* von Gegenständen, der seinerseits ein Teilbereich ihrer allgemeineren *empirischen* Verfassung ist – derjenige Bereich, der uns in der Zuschreibung sinnlicher Qualitäten zugänglich ist.

Die Frage ist allerdings, ob hier überhaupt von einer »Verfassung« gesprochen werden darf. In der empiristischen Tradition wird die auf Locke zurückgehende Unterscheidung zwischen »primären« und »sekundären« Qualitäten dazu benutzt, um diese Annahme zurückzuweisen. Die Erscheinung eines Objekts – und erst recht sein ästhetisches Erscheinen – wäre folglich in einen Bereich des Scheins zu verweisen. Die Annahme, daß die sinnlichen Erscheinungen Teil einer unabhängig von unserer Wahrnehmung bestehenden Verfassung von Gegenständen sind, wäre als eine – allerdings unvermeidliche – Projektion oder Illusion des Common sense zu verstehen. Es hängt daher viel davon ab, ob dieser Zweifel an der Realität der Erscheinungsqualitäten seinerseits in Zweifel gezogen werden kann. Die Frage der Objektivität der Erscheinungen nämlich betrifft in der Konsequenz auch die Frage der Objektivität des ästhetischen Erscheinens.

Es sind aber keineswegs nur sekundäre Qualitäten, die in der sinnlichen Wahrnehmung zugänglich werden. Weder die Größe noch das Gewicht, noch die Gestalt unseres Balls sind Qualitäten, die allein für unsere Wahrnehmung gegeben sind, so wie dies bei der Härte und Farbe von Objekten (aber auch bei der »Klangfarbe« von Tönen) der Fall ist. Die einen – »primären« – Qualitäten können bestimmt werden, ohne auf den Eindruck Bezug zu nehmen, den sie auf unsere Wahrnehmung machen; die anderen – »sekundären« – Eigenschaften sind nur unter Bezug darauf zu bestimmen, was für ein Aussehen, Sichanfühlen, Sichanhören usw. sie in der Wahrnehmung zeigen. Beide Arten von Eigenschaften aber können vielfach phänomenal zugänglich sein, also in der sinnlichen Wahrnehmung vernommen werden. Aber während der Begriff der sekundären Eigenschaften an einen Begriff ihrer perzeptiven Gegenwärtigkeit gebunden ist, ist dies bei den primären nicht der Fall. Was eine Kugel ist, läßt sich angeben, ohne Angaben über die Wahrnehmung von Kugeln zu machen. Was hingegen Klänge oder Farben sind, darüber läßt sich nichts sagen, ohne über das Hören und Sehen zu sprechen.

John McDowell hat deshalb vorgeschlagen, den Unterschied zwischen primären und sekundären Eigenschaften als eine Differenz zwischen »wesentlich phänomenalen« und »nicht wesentlich phänomenalen« Qualitäten zu verstehen. Er umgeht damit die Standardauskunft, daß nur die primären Qualitäten »ohnehin« bestehen, während die sekundären lediglich »für unsere Wahrnehmung« gegeben sind. Gemäß dieser Auskunft haben allein die primären Eigenschaften einen objektiven Status, während die sekundären in das Reich der subjektiven Zutat, Projektion oder eben Illusion fallen; ihnen kommt außerhalb des jeweiligen subjektiven Erlebens keine Wirklichkeit zu. Wie McDowell jedoch überzeugend nahelegt, läßt sich der Kontrast zwischen dem Objektiven und dem Subjektiven auch anders verstehen. Ein mögliches Objekt der Wahrnehmung »objektiv« zu nennen bedeutet hier »to say that it is there to be experienced, as opposed to being a mere figment of the subjective state that purports to be an experience of it«.[17] Auch die sekundären Eigenschaften, darauf läuft das Argument hinaus, bestehen in einem bestimmten Sinne »ohnehin«, also unabhängig von ihrer Wahrnehmung. Zwar bestehen sie nicht unabhängig von der *Möglichkeit* ihrer Wahrnehmung durch entsprechend ausgestattete Sinnenwesen, aber sie bestehen unabhängig von den einzelnen *Vollzügen* dieser Wahrnehmung. Legt man ein liberales Verständnis von Objektivität zugrunde, demzufolge »an experience is of an objective reality if its object is independent of the experience itself«[18], so sind auch sekundäre Qualitäten objektive Beschaffenheiten der Gegenstände, an denen sie sich zeigen. Das Aussehen, Sichanhören oder Sichanfühlen eines Wahrnehmungsobjekts, mit einem Wort, sind keine bloßen Eindrücke; es handelt sich um Wahrnehmungsqualitäten, die in sinnlicher Rezeption *aufgenommen* werden.[19]

17 J. McDowell, Values and Secondary Qualities, in: ders., Mind, Virtue and Reality, Cambridge/Mass.-London 1998, 131-150, 136.

18 J. McDowell, Aesthetic Value, Objectivity, and the Fabric of the World, in: ders., Mind, Virtue and Reality, Cambridge/Mass.-London 1998, 112-130, 129. McDowell ergänzt: »We should ask ourselves whether something's being independent of each particular experience might not be enough to secure as much truth as we want for the thesis that ›knowledge is of what is there anyway‹.« In der Konsequenz dieser Überlegung sind *Arten der Objektivität* zu unterscheiden, zu denen die Erfahrung auf unterschiedliche Weise Zugang hat.

19 »Even in the case of colour experience, this integration (von Objekten in eine weiterreichende Realität sowie von Begriffen in ein weitläufiges Repertoire der Welterschließung, M.S.) allows us to understand an experience as *awareness of something independent of the experience itself*: something that is held in place by its linkage into the wider reality, so that we can make sense of the thought that it would be so even if it were not being experienced to be so.« J. McDowell, Mind and World, Cambridge/Mass.-London 1994, 32.

Schließlich können wir uns, was die perzeptiven Qualitäten eines Gegenstands betrifft, jederzeit täuschen. Der Ball kann aus einer bestimmten Warte oder in einem bestimmten Licht grün aussehen, obwohl er rot ist. Aus »Von hier aus sieht der Ball rot aus« folgt nicht, daß »Der Ball ist rot« wahr ist. Zwar ist Röte eine Sache des Aussehens für jemanden, aber dieses Aussehen muß unterschieden werden von Gelegenheiten des Aussehens für jemand *Bestimmten*, in denen dieser sich über die Farbe täuschen kann. Außerdem können wir Sätze über die Wahrnehmung des Balls von Sätzen über das Aussehen des Balls unterscheiden. Im Unterschied zu dem Satz »Der Ball sieht unscharf aus« (weil ich meine Brille nicht aufhabe), der allein etwas über meine *Wahrnehmung* aussagt, verweist der Satz »Für mich sieht der Ball rot aus« in hypothetischer Einschränkung auf eine *Qualität* des Balles, die ihm zukommen oder nicht zukommen kann.[20] Und so für die anderen Sinne. Allerdings ist die Rede von der phänomenalen Verfassung eines Objekts häufig an eine durchschnittliche Wahrnehmungs*fähigkeit* und an standardisierte Wahrnehmungs*bedingungen* gebunden. Der Ball ist blau, obwohl er in diesem gelben Licht grün erscheint. Der Ball ist rot, obwohl er einem Farbenblinden grau erscheint. Wer farbenblind ist, kann diese Eigenschaft nicht wahrnehmen. Lebewesen, die gar keine Farben unterscheiden können, können diejenigen Eigenschaften nicht erkennen, die alle diejenigen wahrnehmen können, die über die Möglichkeit des Farbensehens verfügen. Ihnen zeigt sich die Wirklichkeit auf eine andere Weise als denen, die Zugang zu den entsprechenden Eigenschaften haben.

Daß sich Wirkliches der Wahrnehmung und dem Erkennen auf die eine oder andere Weise zeigen kann, ist konstitutiv für den Begriff des Wirklichen selbst. Nach Kants weitreichender Einsicht gehört es zum Begriff der Realität, als Realität *erkennbar* zu sein, ganz gleichgültig, wie begrenzt diese von er-

20 Das Beispiel stammt von H. Putnam, Replies, in: The Philosophy of Hilary Putnam, in: Philosophical Topics 20/1992, 347-408, 371.

kennenden Wesen tatsächlich erkannt *wird*.[21] Auch das Bestehen der »primären« Eigenschaften von Objekten ist nur aus der Möglichkeit ihrer Erkennbarkeit zu verstehen. Wie von den sekundären Qualitäten zu sagen war, daß sie in einem bestimmten Sinn »ohnehin« bestehen, nämlich insoweit sie beliebigen Wahrnehmungssubjekten mit einer entsprechenden Wahrnehmungsfähigkeit zugänglich sind, so ist andererseits von den primären zu sagen, daß auch ihr von der Art unserer Wahrnehmung unabhängiges Bestehen in Relation zu einer Erkenntnisfähigkeit gedacht werden muß, die *nicht* unabhängig von einer Rezeptivität für die phänomenale Erscheinung von Dingen und Ereignissen gedacht werden kann. Allerdings verlangt dies einen Abschied von dem szientistischen Dogma, es könne und dürfe nur *eine* Beschreibung der Verfassung des Wirklichen geben – und zwar jene, die den Glauben in die Realität der phänomenalen Welt ins Unrecht setzt. Jedem »hardliner« dieser couleur hat Peter Strawson ins Stammbuch geschrieben: »He must (…) accept the consequence that each of us is a sufferer from a persistent and inescapable illusion and that it is fortunate that this is so, since, if it were not, we should be unable to persue the scientific enterprise itself. Without the illusion of perceiving objects as bearers of sensible qualities, we should not have the illusion of perceiving them as space-occupiers at all; and without that we should have no concept of space and no power to persue our researches into the nature of its occupants. Science is not only the offspring of common sense; it remains its dependant.«[22]

21 Hierzu ausführlicher: M. Seel, Bestimmen und Bestimmenlassen. Anfänge einer medialen Erkenntnistheorie, in: Deutsche Zeitschrift für Philosophie, 46/1998, 351-365.

22 P. F. Strawson, Perception and its Objects, in: G. F. MacDonald (Hg.), Perception and Identity, London 1979, 41-60, 59. Im Blick auf den wissenschaftlichen Realisten fügt Strawson hinzu: »If this means, as he must maintain it does, that our thought is condemned to incoherence, then we can only conclude that incoherence is something we can perfectly well live with and could not perfectly well live without.«

Erscheinen

Die *Erscheinung* eines Gegenstands ist das, was an ihm in feststellender Wahrnehmung erkannt werden kann. Ich verwende diesen Terminus als Inbegriff für die offene Vielheit von Eigenschaften, die an einem Gegenstand in begrifflicher Wahrnehmung diskriminiert werden können – und somit für seine *sinnliche Verfassung*.

Diese Verfassung aber kann unterschiedlich aufgefaßt werden. Sie kann in Aspekten erkennend festgehalten oder aber in einer verweilenden Wahrnehmung vergegenwärtigt werden; sie kann als ein Zusammenhang von Tatsachen oder als ein Zusammensein von Qualitäten zugänglich sein; sie kann in einem partiellen *Soundsosein* oder aber in Zuständen eines jeweiligen *Spiels* ihrer Erscheinungen aufgenommen werden. Beide Auffassungsweisen sind Modi der Begegnung mit der Erscheinung, also mit dem phänomenalen Sein von Objekten. Was in der Differenz dieser Auffassungen zur Wahrnehmung kommt, fasse ich als eine Differenz von *Sosein* und *Erscheinen*. Die Erscheinung eines Gegenstands, heißt das, kann entweder in ihrem Sosein oder in ihrem Erscheinen aufgefaßt werden.

Die phänomenale Wirklichkeit von Objekten liegt in ihrer Erscheinung. Diese Wirklichkeit kann unterschiedlich vernommen werden. Korrelat dieser unterschiedlichen Auffassungsweisen ist zum einen das »Sosein«, zum anderen das »Erscheinen« der phänomenalen Realität: das ist die für meine Betrachtungen grundlegende Konstruktion.

Den Ausdruck »Sosein« verwende ich dabei als eine Abkürzung für das in propositionaler Erkenntnis aspekthaft fixierbare phänomenale Soundsosein eines Gegenstands der Wahrnehmung. Den Ausdruck »Erscheinen« dagegen reserviere ich für die Interaktion der am Gegenstand je gegenwärtig vernehmbaren Erscheinungen. Diese Interaktion ist als ein »Spiel« von Qualitäten zu verstehen, die an einem Gegenstand aus einer jeweiligen Warte und zu einem jeweiligen

Zeitpunkt vernehmbar sind. Der Ausdruck »Spiel« hebt eine Simultaneität und Momentaneität des Gegebenseins von Qualitäten hervor, deren Miteinander und Zueinander sich einer begrifflich feststellenden Wahrnehmung entziehen. Dieses Spiel ist als ein Zugänglichsein einer Vielzahl sinnlich unterscheidbarer Aspekte eines Gegenstands gegeben; es kann wahrnehmend verfolgt, nicht aber erkennend festgehalten werden.

An jedem Gegenstand der Wahrnehmung besteht zu jeder Zeit eine Vielzahl phänomenaler Eigenschaften teils für längere, teils für kürzere Zeit zusammen. Entsprechend kann die globale Erscheinung eines bleibenden Gegenstands als eine Folge von Konstellationen seiner einzelnen Erscheinungen verstanden werden. Um den Modus der ästhetischen von dem der theoretischen Wahrnehmung eindeutig abzugrenzen, ist es nötig, zwei Arten der Gleichzeitigkeit des sinnlich Gegebenen zu unterscheiden: die faktische und die phänomenale Simultaneität der phänomenalen Eigenschaften eines Objekts. Daß ein Gegenstand gleichzeitig viele, aus allen möglichen Positionen erkennbare Wahrnehmungseigenschaften *hat*, dies ist für seine globale sinnliche Erscheinung charakteristisch. Bestimmte (Zusammenhänge) dieser Eigenschaften können in Aussagen über sein Sosein festgehalten werden. Daß aber ein Gegenstand von einer jeweils bestimmten und also begrenzten Position (oder Folge solcher Positionen) aus gleichzeitig viele Wahrnehmungseigenschaften *zeigt* – dies macht sein jeweiliges Erscheinen aus. Im Begriff des Erscheinens sind also keineswegs alle die phänomenalen Eigenschaften angesprochen, die einem gegebenen Gegenstand zu einem jeweiligen Zeitpunkt faktisch *zukommen*. Es handelt sich vielmehr um ein simultanes und momentanes *Erscheinen* dieser Erscheinungen. Hierbei kommt es nicht auf die faktische, hier kommt es auf die phänomenale Simultaneität der an einem Gegenstand sensitiv wahrnehmbaren Aspekte an: auf das Wie ihres Gegebenseins hier und jetzt.

Die kriminologische Untersuchung unseres Balls wird eine

lange Liste von Eigenschaften ergeben, die ihm zwölf Stunden nach der Tat gleichzeitig zugekommen sind (ohne doch gleichzeitig vernehmbar gewesen zu sein). Eine zum selben Zeitpunkt vollzogene ästhetische Wahrnehmung wird eine Vielzahl von Aspekten aufnehmen, die an ihm gleichzeitig vernehmbar waren. Selbst aber, wenn wir um des Arguments willen annehmen, die Liste des Untersuchungsbeamten enthielte genau dieselben Eigenschaften, die auch im Spiel der bloß verweilenden Wahrnehmung waren – die beteiligten Wahrnehmungen und das von ihnen Wahrgenommene wären immer noch höchst verschieden. Denn während die eine den *Bestand* des am Objekt Vorhandenen eruiert, verfolgt die andere das *Spiel* der gleichzeitig am Gegenstand aufscheinenden Erscheinungen. Dies ist eine Differenz im *Gehalt* der jeweiligen Wahrnehmung. Während der eine Betrachter das und das und das sieht und als das und das und das festhält, sieht der andere, der ebenfalls das und das und das sieht, wie sich das und das und das in der Zeit seines Gesehenwerdens zueinander verhält.

Sobald wir von einer jeweiligen (statischen oder veränderlichen) Wahrnehmungsposition aus auf die Gleichzeitigkeit des sinnlich Gegebenen *als* eine Gleichzeitigkeit dieses Gegebenen achten, begegnen wir dem Objekt auf eine besondere Weise, in der es uns auf eine besondere Weise begegnet. Hier kommt eine Fülle sinnlicher Kontraste, Interferenzen und Übergänge, von denen oben (S. 52ff.) bereits die Rede war, hier kommt eine Interaktion der sinnlich wahrnehmbaren Aspekte ins Spiel, die sich der feststellenden Bestimmung entzieht. Das Erscheinen ist ein Prozeß von Erscheinungen, der nicht zur Anschauung kommen kann, solange ein Gegenstand einer erkennenden oder benutzenden Behandlung unterliegt. Es kommt erst zur Wahrnehmung, wenn wir der sinnlichen Präsenz eines Gegenstands um dieser sinnlichen Präsenz willen begegnen – wenn uns daran liegt, ihn in der augenblicklichen Fülle seiner Erscheinungen wahrzunehmen. Das Erscheinen tritt hervor, wird spürbar und vernehmlich, solange wir einen Gegenstand der Wahrnehmung ohne eine Festlegung auf Aspekte seiner Verfassung oder Funktion zur Wirkung kommen lassen.

Wahrnehmungsobjekte sind Gegenstände, die so oder so, (eher) in ihrem Sosein oder (eher) in ihrem Erscheinen aufgenommen werden können. Aber auch ein Gegenstand, der in seinem Erscheinen vernommen wird, hat die (visuellen, akustischen, haptischen, olfaktorischen und geschmacklichen) Erscheinungen, die er nun einmal hat. Der ästhetisch angeschaute Ball ist *derselbe* Gegenstand wie das kriminologisch untersuchte oder mit Füßen traktierte Objekt. Er hat dieselbe sinnliche Verfassung. Die Nähe der Begriffe »Erscheinung« und »Erscheinen« hält gerade diesen Umstand fest. Durch die Aufmerksamkeit für das Erscheinen eines Sinnenobjekts kommt nichts hinzu, was nicht schon da wäre – keine einzige *einzelne* Wahrnehmungseigenschaft, die sich nicht unabhängig von dieser Auffassungsweise ausmachen ließe. Aber durch sie zeigt sich etwas an ihrem Gegenstand, das nur vermöge dieser Art der Aufmerksamkeit zugänglich wird. Das ästhetische Verweilen *läßt etwas in seiner Fülle sein.*[23]

Logische und phänomenale Ordnung

Die sinnliche Verfassung eines Wahrnehmungsobjekts, so hatte es oben geheißen, ist Teil seiner empirischen Verfassung. Sie ist durch das bestimmt, was am Gegenstand als Menge und Zusammenhang seiner Erscheinungen *überhaupt* unterschieden werden kann – im Unterschied dazu, was *jeweils* als das phänomenale Sosein eines Gegenstands bestimmt werden kann. Dies bedeutet, daß der Begriff des Wahrnehmungsob-

23 Folgt man einer von Heidegger inspirierten Überlegung von John Haugeland, kann auch das begriffliche Bestimmen von Gegenständen als ein Seinlassen – ein »letting be« – der Objektivität dieser Gegenstände verstanden werden. J. Haugeland, Truth and Rule-Following, in: ders., Having Thought, Cambridge/Mass.-London 1998, 305-361, 325ff.

jekts in meiner Überlegung von seiner »theoretischen« Bestimmbarkeit her verstanden wird. Er ist ein Inbegriff dessen, was sehend, hörend, tastend, riechend und schmeckend an ihm diskriminiert werden kann. Wenn es zu einer erkennenden Bestimmung seiner sinnlichen Verfassung kommt, wird ihm ein charakteristisches Sosein zugesprochen. Diese soseinsmäßige Erfassung kann jedoch immer nur *Aspekte* seiner Erscheinung betreffen, ohne je eine erschöpfende Bestimmung seiner sinnlichen Wahrnehmbarkeit geben zu können. Dennoch ist es diese seine phänomenale Charakterisierbarkeit, die ein Objekt zu einem Objekt der Wahrnehmung macht.

Auf diesem Begriff der Erscheinung(en) eines Gegenstands ruht derjenige seines ästhetischen Erscheinens auf. Diese logische Abhängigkeit des Begriffs des Erscheinens von dem der sinnlichen Verfassung oder Erscheinung eines Gegenstands darf jedoch nicht zu falschen Schlüssen führen. Der *begriffliche* Primat der theoretischen gegenüber der ästhetischen Konstitution von Objekten der Wahrnehmung nämlich impliziert kein *phänomenologisches* Gefälle, keine Nachrangigkeit im perzeptiven *Gegebensein* dieser Objekte. Es ist keineswegs so, als müßte ein Gegenstand erst erkennend fixiert werden, um anschließend ästhetisch anerkannt werden zu können. Schließlich nimmt die ausschlaggebende Differenz, die ich unter den Stichworten »Sosein« und »Erscheinen« markiere, keine Trennung zwischen einer begrifflichen im Unterschied zu einer nichtbegrifflichen Wahrnehmung vor. Jede der zugehörigen Wahrnehmungen ist immer bereits begrifflich instrumentiert. Die entscheidende Differenz liegt vielmehr in der eintretenden oder ausbleibenden *Fixierung* auf das begriffliche Erkennen. Eine im weitesten Sinn theoretische Wahrnehmung nimmt diese Fixierung vor, die ästhetische Wahrnehmung hingegen hält sich davon frei.

Diese beiden Formen der perzeptiven Auffassung stehen grundsätzlich vor jedem Objekt der Wahrnehmung offen: jene, die sich an ihm bestimmter Tatsachen versichert, und jene, die sich seiner Gegenwart überläßt. Beide nehmen das Objekt in seiner phänomenalen Wirklichkeit auf, aber je auf eine andere Weise. Daher, um es nochmals zu sagen, darf das Erscheinen nicht in einer Opposition zu dem phänomenalen *Sein* von Objekten gedacht werden, sondern lediglich in einer Opposition zu propositional fixierten Aspekten dieses Seins – also in Opposition zu ihrem *Sosein*, wie es durch partielle erkennende Zugriffe bestimmbar ist. Wir haben es bei Objekten der Wahrnehmung mit einem Seienden zu tun, für dessen Sein es unter anderem charakteristisch ist, in einigen oder vielen seiner einzelnen Erscheinungen oder aber in seinem sinnlichen Erscheinen aufgenommen zu werden.

Wenn es nun plausibel war, der Erscheinung eines Gegenstands eine spezifische Objektivität zuzusprechen, so muß dasselbe von seinem Erscheinen gelten. Erscheinungen sind etwas, was am Gegenstand wahrgenommen werden kann: Qualitäten, die dem Gegenstand unabhängig von aktualen Vollzügen der Wahrnehmung zukommen, obwohl sie prinzipiell nur aus der Perspektive einer entsprechenden Wahrnehmung gegeben sein können. Auch das ästhetische Erscheinen kann nur durch eine bestimmte Art der Wahrnehmung von Objekten offenbar werden. Hierbei wiederholt sich das Verhältnis, in dem sinnliche Wahrnehmung und sinnlich wahrgenommener Gegenstand grundsätzlich zueinander stehen. Die besondere Art der Wahrnehmung, der ein Gegenstand hier unterliegt, bahnt einen Weg zu besonderen Zuständen, die am Gegenstand wahrgenommen werden können. Wie bei der feststellenden Wahrnehmung eines Soseins bestehen die Zustände des Erscheinens unabhängig von dem jeweiligen *Vollzug* einer entsprechenden Anschauung. Sie bestehen jedoch nicht unabhängig von der *Möglichkeit* dieser Beachtung. In jedem Moment seines Daliegens auf dem grünen Rasen ist an unserem roten Ball ein Spiel von Erscheinungen vernehmbar, auch wenn niemand da ist, der in ihrer Anschauung verweilen würde. Wenn wir also mit McDowell sagen können, daß von der Erfahrung einer objektiven Realität immer dann die Rede sein kann, wenn das Objekt dieser Erfahrung unabhängig von dem Vollzug dieser Erfahrung besteht, dann ist auch die Erfahrung des Erscheinens eine objektive Erfahrung. Sie ist eine besondere Weise der Teilhabe an der Wirklichkeit ihrer Gegenstände.

Grenzen des Erkennens

Wir dürfen die Wirklichkeit von Objekten der Wahrnehmung zwar mit ihrer begrifflich und praktisch *traktierbaren*, nicht aber mit ihrer begrifflich und sonstwie *traktierten* Verfassung gleichsetzen. Daß der Begriff der sinnlichen Verfassung von Objekten und Ereignissen mit dem ihrer propositionalen *Erkennbarkeit* logisch verbunden ist, bedeutet nicht, daß diese Verfassung mit der jeweils über sie verfügbaren *Erkenntnis* gleichzusetzen wäre. Andernfalls ließe sich die unterschiedliche historische Erschlossenheit der phänomenalen (und sonstigen) Wirklichkeit einschließlich der möglichen Fortschritte und Rückschritte ihrer Erkenntnis gar nicht verstehen.[24] Objekte der Wahrnehmung sind durch singuläre Begriffe vielfach ansprechbar und durch allgemeine Begriffe vielfach charakterisierbar, aber sie sind durch keine denkbare Ansammlung solcher Charakterisierungen erschöpfend bestimmt. Sie sind nicht nur das, als was wir sie jeweils erfassen können. Sie sind auch das, wie sie uns jeweils erscheinen können. Ihre erfahrbare Wirklichkeit überschreitet das, was wir erkennend an ihnen festhalten können.

In der ästhetischen Wahrnehmung wird die Konstellation der Erscheinungen des Wahrgenommenen in einem Prozeß ihres simultanen Erscheinens aufgefaßt. Es eröffnet sich ein Spiel von Erscheinungen. *Ein* solches Spiel. *Das* Spiel der sinnlichen Präsenz eines Gegenstands gibt es sowenig wie *die* Er-

24 Zu den Prämissen der folgenden Überlegung s. M. Seel, Bestimmen und Bestimmenlassen, a.a.O.

kenntnis des Zusammenhangs seiner Erscheinungen. Von einem vollständigen Zugang kann im einen wie im anderen Fall keine Rede sein. Das begriffliche Erkennen kann viele Aspekte der (momentanen oder bleibenden) sinnlichen Verfassung eines Gegenstands festhalten, aber es ist völlig unklar, was es heißen sollte, *alle* diese Aspekte mit propositionaler Bestimmtheit zur Kenntnis zu nehmen. Man könnte einen einfachen Gegenstand wie unseren Ball immer genauer zu beschreiben versuchen – und hätte doch immer nur eine Beschreibung erreicht, die sich *noch* genauer hätte ausführen lassen (nicht zuletzt unter dem Einsatz von Lupen, Kontrastmitteln und anderen technischen Finessen). Zwischen jedes Paar aufeinanderfolgender Sätze einer minutiösen Beschreibung unseres Balls ließe sich immer ein noch minutiöserer Beschreibungssatz stellen – und doch wäre mit dieser bereits unendlichen Folge nur das *Aussehen* jedes der 32 Segmente des Balls beschrieben, nicht jedoch, wie er sich anfühlt, wie er riecht, wie er klingt – und alles dies in unterschiedlicher Umgebung, bei unterschiedlicher Witterung etc. Kein Menschenleben würde ausreichen, um die Erscheinung dieses einzigen Balls zu beschreiben. Sosehr man an unserem Ball mit vollkommen hinreichender Genauigkeit erkennen kann, worauf es in verschiedenen Kontexten jeweils ankommen mag, etwa seine Farbe, seine Größe, sein Gewicht, seinen Luftdruck, seinen Eigentümer – *den Ball* kann man mit deskriptiven Mitteln sowenig erkennen wie irgendein anderes Sinnenobjekt.[25]

Dieser Mangel an Erkennbarkeit ist freilich in keiner relevanten Hinsicht ein Mangel. Er ergibt sich nur in einem Vergleich mit einer schimärischen Vollständigkeit, der die tatsächlichen Leistungen des Erkennens verfehlt. Es liegen hier also keine deskriptiven Defizite vor, die von der ästhetischen

25 Wenn schon die Idee einer vollständigen Beschreibung (der Oberfläche) eines Balls leer ist, gilt dies erst recht für die Idee einer vollständigen Beschreibung der Welt. Zur Kritik an dieser Vorstellung s. H. Putnam, Für eine Erneuerung der Philosophie, Stuttgart 1997, Kap. 5 u. 6.

Wahrnehmung kompensiert werden müßten. Sie tritt nicht in eine Konkurrenz mit einer propositionalen Erfassung ihrer Objekte. Wenn es in Erinnerung an Kant im ersten Teil (S. 19) hieß, die ästhetische Wahrnehmung sei darauf gerichtet, unter Verzicht auf kognitive oder praktische Ergebnisse für die »volle sensitive Gegenwart eines Gegenstands aufmerksam zu sein«, so war damit nicht gemeint, daß es hier um eine überbietende *Erkenntnis* der augenblicklichen Verfassung des Gegenstands gehe. Das gerade nicht. Es geht um eine Wahrnehmung der *Gegenwart* des Objekts, wie sie nur einem Verspüren und Vernehmen zugänglich ist, das sich nicht auf ein gedankliches Festhalten verlegt. Es verweilt in einem sinnlichen Verfolgen.

Natürlich wird im Vollzug dieser Wahrnehmung allerlei erkannt und oft auch festgehalten, einfach weil unsere Sinne in einem hohen Maß informierte Sinne sind. (Wenn meine Hand die Schrammen auf dem Ball spürt, erkenne ich fühlend, daß der Ball Schrammen hat; wer in bewußtem Hören einen Es-Dur-Akkord hört, wird bei entsprechender Kenntnis auch hören, daß dies ein Es-Dur-Akkord ist.) Die begriffliche Instrumentierung aller unserer Sinne bedeutet, daß wir auch in der ästhetischen Wahrnehmung für viele Aspekte der Verfassung ihrer Gegenstände – und somit für ein erkennendes Verhalten ihnen gegenüber – offen sind. Nur sind wir darauf nicht in erster Linie aus, sondern auf eine ungebundene Erfahrung ihrer sinnlichen Präsenz.

Diese Gegenwart eines Wahrnehmungsobjekts aber ist ebenfalls – und ebenso grundsätzlich wie das Ensemble ihrer Erscheinungen – nicht umfassend, sondern allein perspektivisch vernehmbar. Denn dieses Vernehmen geschieht aus einer leiblichen Position, die den Gegenstand nur aus bestimmten Richtungen auffassen kann (wie es bei der Betätigung aller Sinne der Fall ist[26]). Es gehört zur Erfahrung der

26 Selbst Speisen können – auskostend – im Mund hin und her gewendet werden.

Gegenwart eines Sinnenobjekts, daß es sich aus unterschiedlichen Positionen unterschiedlich darbietet, daß es mit den Veränderungen unserer Position ein verändertes Entgegenkommen zeigt. Die perzeptive Begegnung unterliegt einer grundsätzlichen Veränderlichkeit. Variabilität – der Wahrnehmung nicht weniger als ihrer Objekte – ist ihre Natur. Die ästhetisch zugelassene Gegenwart eines Sinnenobjekts ist kein Sosein, das registriert werden soll, sondern ein Geschehen, das immer dann zur Anschauung kommt, wenn wir eine rein erkennungsdienstliche oder verfügungsmächtige Behandlung bleiben lassen, wenn wir uns von der Fixierung auf eine Fixierung des Objekts befreien, wenn wir nicht am Festhalten festhalten. Die Erfahrung der »vollen«, unreduzierten Gegenwart eines Gegenstands ist eine Erfahrung dieses Geschehens.

Dieses Erscheinen ist in einem bestimmten Sinn reicher als alles, was an einem Objekt in begrifflicher Diskriminierung unterschieden werden kann. Allerdings dürfen wir diesen Reichtum nicht in einem *quantitativen* Sinn verstehen, so als könnte in der ästhetischen Anschauung irgendwie *mehr* von dem Gegenstand aufgenommen werden. Der in der ästhetischen Anschauung zugängliche Reichtum der Gegenstände darf nicht als eine Superverfassung verstanden werden, so als käme hier das eigentliche Sein oder das innere Wesen ihrer Objekte ans Licht. Ein armer Tor oder ein raffinierter Konzeptkünstler, der sein Leben mit der Beschreibung eines Balls verbringen würde, würde sicher sehr viel mehr an Erkenntnissen über den Ball zutage fördern als jeder, der in seiner Anschauung einen intensiven ästhetischen Augenblick erlebt hat. Ein emphatischer Kritiker hingegen, der behaupten würde, in Rilkes oben zitiertem Gedicht sei das »Wesen des Balles« ausgesprochen, müßte wohl einräumen, daß damit nicht alles Wesentliche über diese Art Ding gesagt ist, geschweige denn über dieses eine Ding hier. Entscheidend ist vielmehr die *qualitative* Differenz, die dadurch entsteht, daß ein Sinnenobjekt im momentanen und je nach

Wahrnehmungsposition wechselnden Spiel seiner Erscheinungen aufgefaßt wird. So – und nur so – kommt es in seiner Individualität zu Bewußtsein: nicht als ein überschaubarer Zusammenhang, sondern als eine Quelle von Erscheinungen, die gleichzeitig an ihm vernommen, aber weder simultan noch sukzessiv mit Bestimmtheit erfaßt werden können.[27]

Unbestimmbarkeit

Ich bin jetzt in der Lage, Paul Valérys im ersten Stück dieses Buchs zitiertes Wort von der konstitutionellen »Unbestimmbarkeit« der ästhetisch aufgefaßten Dinge und Ereignisse zu erläutern. Freilich werde ich hier nicht noch einmal Valéry kommentieren, sondern allein den Gedanken, der ein Leitmotiv meiner einleitenden Geschichte war.[28]

Eine erste Bedeutung dieser Unbestimmbarkeit ist die weitläufige *Unterbestimmtheit* jedes Wahrnehmungsobjekts durch die zutreffenden Bestimmungen, die wir von seiner sinnlichen und sonstigen Verfassung gewinnen können. Jede Bestimmung, unter der wir ein Objekt erfassen, läßt viele andere Aspekte seiner Verfassung unbeachtet; andernfalls wäre es keine Bestimmung. Auch wenn viele zutreffende Bestimmungen gegeben werden, verhält es sich nicht anders. Jede Bestimmung des Soseins von etwas bleibt abhängig von den theoretischen und praktischen Interessen dieser Bestimmung – abhängig davon, in welcher Weise das Objekt jeweils be-

27 Im Anschluß an Wilhelm von Humboldt und Nietzsche hat Günter Figal diese Wahrnehmung plausibel als einen Widerstreit von »Begrenztheit und Entgrenzung« bestimmt: ders., Ästhetische Individualität. Erörterungen im Hinblick auf Ernst Jünger, in: Individuum. Probleme der Individualität in Kunst, Philosophie und Wissenschaft, Stuttgart 1994, 151-171, 158.

28 Vgl. oben S. 28ff. u. 37.

deutsam wird. Und es können jederzeit neue Interessen, Hinsichten oder Erkenntnisverfahren hinzukommen. In diesem Sinn bleibt jedes Objekt der Wahrnehmung unbestimmbar. Wir können zwar gelegentlich alles jeweils Relevante, aber niemals alles Mögliche an ihm bestimmen.

Eine zweite Bedeutung von Unbestimmbarkeit ist freilich im Kontext der Ästhetik noch wichtiger. Der ästhetische Gegenstand wird in einer Gleichzeitigkeit und einem Zusammenwirken seiner Erscheinungen wahrgenommen, die jeder Beschreibung spotten. Man könnte hier paradox von einer *Überbestimmtheit* des in seiner unreduzierten phänomenalen Präsenz aufgefaßten Gegenstands sprechen. Das Spiel von Erscheinungen macht eine kognitive Verfügung unmöglich – nicht allein wegen der Vielzahl von Aspekten, die an ihm unterschieden, und Interessen, die auf ihn gerichtet werden können, sondern wegen der Gleichzeitigkeit und Augenblicklichkeit von Facetten und Nuancen, in der er hier zur Beachtung kommt. All dies zugleich macht die *Besonderheit* seiner individuellen Erscheinung aus.

In der Tradition – man denke nur an Baumgarten oder Nietzsche – ist immer wieder mit allem Recht betont worden, daß dieses Besondere einem begrifflich erkennenden Zugriff nicht zugänglich ist. Wird ein Objekt unter Verwendung von Allgemeinbegriffen charakterisiert, muß davon abgesehen werden, wie es hier und jetzt erscheint. Das Erkennen muß die jeweilige und oft wechselnde sinnliche Präsenz seiner Objekte ignorieren. Dies bedeutet freilich weder eine Verletzung noch eine Vergewaltigung, es beinhaltet keinen Identitätszwang, keine Illusion und keinen Schein, wie seit Schelling und Schopenhauer bis hin zu Heidegger und Adorno immer wieder lamentiert worden ist. Denn anders wäre überhaupt kein Erkennen empirischer Tatsachen möglich – und somit kein verläßlicher, auf korrigierbare Erfahrung gestützter Umgang mit den Gegebenheiten der menschlichen Umwelt. Propositionales Erkennen kann und darf keine Rücksicht auf das Besondere nehmen. Diese ethisch ganz unverdächtige Rücksichtslosigkeit ist nichts weniger als eine notwendige Bedingung empirischen Wissens. In allem derartigen Erkennen müssen wir absehen von der Individualität des Erkannten.

Es hat also keinerlei Sinn, die vermeintlich zarte Empirie der ästhetischen Anschauung gegen die vermeintlich harte der begrifflichen Erkenntnis auszuspielen. Denn die Begrenztheit allen distinguierenden Erkennens ist ein Komplement der ästhetischen Wahrnehmung. Der Sinn für das Besondere ist ein begrifflich ausgebildeter Sinn, der die Fixierung auf die begriffliche Fixierung verläßt. Er muß seinen Gegenstand aus allen anderen Objekten herausheben und von ihnen abheben können, um ihn in seiner Individualität würdigen zu können. Für diese Würdigung muß er die Bindung an das begriffliche Erkennen zwar in einem mehr oder weniger hohen Maß lockern, ohne sie doch verlassen zu können. Denn seine Kunst ist es gerade, etwas *Bestimmtes* (und damit vielfach Bestimmbares) in seiner phänomenalen *Unbestimmbarkeit* erscheinen zu lassen.

Auch auf dieses Erscheinen allerdings kann im Zusprechen von Wahrnehmungsprädikaten – also durch Feststellungen – hingewiesen werden. Wir können nicht nur auf Momente der Präsenz des Objekts hinweisen – dieses Rot!, dieser Duft!, dieser Rhythmus! –, wir können manchmal auch Arten der Interferenz dieser Momente zu charakterisieren versuchen. Wir sprechen dann etwa vom »Schillern« einer Farbfläche, vom »Flirren« der sonnenbeschienenen Straße, vom »Tosen« des Meeres oder von dem »vollen« Klang eines Orchesters. Was damit jedoch charakterisiert wird, sind nicht länger einzelne Eigenschaften von Dingen oder Ereignissen, sondern ihr *Zusammenspiel* innerhalb einer und für eine Wahrnehmung, die auf eine isolierende Fixierung der Objektqualitäten verzichtet. Diese Feststellungen fungieren (wie auch komplexe Interpretationen von Werken der Kunst) weniger als Erkenntnisse *über* das Objekt, sondern eher als Hinweise *auf* das Objekt, als gleichsam *deiktische* Kennzeichnungen.[29] Sie rufen in Erinnerung oder bringen zu Bewußtsein, wie der Gegenstand im Vollzug einer verweilenden Aufmerksamkeit gegenwärtig ist. Es handelt sich hier um Charakterisierungen, die in ihrer Bestimmtheit gerade die *Unbestimmbarkeit* des ästhetisch aufgefaßten Gegenstands anzeigen.[30]

Diese Verschränkung von Bestimmbarkeit und Unbestimmbarkeit kennzeichnet alles seiner selbst bewußte Verhalten, sei es eher theoretisch oder ästhetisch oder praktisch orientiert.[31] Die jeweilige *Art* der Verschränkung macht den Unterschied. In der ästhetischen Hinwendung werden Objekte – nach Valérys Wort – mit erhöhter Aufmerksamkeit für das an ihnen Unbestimmbare wahrgenommen. Wir dürfen das elementare ästhetische Erscheinen nicht mit Platon (Phaidros 250c-d) und vielen Späteren als das Hervorscheinen einer selbst nicht sinnlichen *Idee* des Schönen verstehen – und somit als Bekanntschaft mit einer Wahrheit, die über das Erscheinen erhaben ist. Der Grundbegriff des Erscheinens ist nicht das Erscheinen *von etwas*, sondern das Erscheinen, *Punktum*. In der Beachtung dieses Erscheinens kommt es auch nicht zu einem Eintritt in eine vorbegriffliche Sphäre, nicht

29 Dies verhält sich auch dann so, wenn die Interpretation eines Kunstwerks auf eine Erkenntnis hinweist, die durch dieses Werk *vermittelt* wird. Es ist also durchaus legitim, von »ästhetischer Erkenntnis« zu sprechen, solange diese nicht mit Erkenntnissen *über* das Werk gleichgesetzt wird; hierauf werde ich in Kapitel 6 zurückkommen. Wie man ihn aber auch faßt, der Begriff der ästhetischen Erkenntnis läßt sich allein in Abhebung von einem Begriff der propositionalen Erkenntnis erläutern, auf den ich mich hier beschränke.

30 Nur wenn sie so gebraucht werden, werden die entsprechenden Prädikate als »ästhetische Prädikate« gebraucht. Es ist daher irreführend, ästhetische von anderen Wahrnehmungsprädikaten unabhängig von ihrer Gebrauchsweise abheben zu wollen. Denn grundsätzlich kann *jedes* Wahrnehmungsprädikat so gebraucht werden – etwa wenn wir eine Skulptur als »ungeheuer leicht«, ein Bild von Yves Klein als »ungeheuer blau« oder ein Stück Rockmusik als »ungeheuer laut« bezeichnen.

31 M. Seel, Bestimmen und Bestimmenlassen, a.a.O.

zu einer Begegnung mit einem »rohen Sein«, genausowenig zu einer Bekanntschaft mit einem hinter allen Formen waltenden »Chaos«. Fundamentalistische Deutungen dieser und anderer Art scheitern an dem einfachen Umstand, daß ein einsichtiger Begriff des Erscheinens von dem der Erscheinung abhängig bleibt.[32] Kein Erscheinen ohne Erscheinungen. Unbestimmbarkeit geht mit Bestimmbarkeit zusammen. Nur wo Bestimmbarkeit ist, kann Interesse für Unbestimmbarkeit entstehen. Nur wo Erscheinungen identifizierbar sind, steht der Gang zum Spiel der Erscheinungen frei.

Ein anderer Vollzug der Wahrnehmung

Nichtästhetische und ästhetische Wahrnehmung unterscheiden sich durch eine andersartige Focussierung. Während die eine auf das gerichtet ist, was an ihren Objekten der Fall ist, achtet die andere auf die Simultaneität und Momentaneität ihrer phänomenalen Zustände. Diese Differenz hat nichts mit einer Beachtung bleibender oder flüchtiger Objektzustände zu tun. Denn auch flüchtige Zustände lassen sich unter jeweiligen Aspekten begrifflich genau fixieren, ebenso wie sich die Simultaneität und Momentaneität auch unveränderlicher Objekte vergegenwärtigen läßt. Die genannte Differenz betrifft vielmehr den jeweiligen *Prozeß* der Wahrnehmung.

Nach einem einleuchtenden Vorschlag von Christoph Menke ist das ästhetische Bewußtsein nicht als eine neben anderen *Klassen*, sondern als ein anderer *Vollzug* der Wahrneh-

32 Eine in diesem Sinn ausdrücklich fundamentalistische Ästhetik des »reinen« Erscheinens entwirft A. Wildermuth, Philosophie des Ästhetischen. Das erscheinungsphilosophische Denken Heinrich Barths, in: G. Hauff / H. R. Schweizer / A. Wildermuth (Hg.), In Erscheinung treten. Heinrich Barths Philosophie des Ästhetischen, Basel 1990, 205–260.

mung zu verstehen.[33] Wir nehmen wahr, und wir spüren unser Wahrnehmen, und wir richten die Aufmerksamkeit auf Bezüge, die der Wahrnehmung ansonsten entgehen. Es tritt eine andere Polung der Wahrnehmung ein. Die Fülle der sprachlichen Unterscheidungen, in deren Perspektive wir die äußere Umgebung tagtäglich wahrnehmen, führt an eine in ihrem Medium nicht zu erfassende phänomenale Fülle heran. Sie eröffnet die Möglichkeit, etwas in seinem Sosein zu identifizieren oder aber in seinem Erscheinen seinzulassen. Der Zugang zu den Erscheinungen *enthält* den Zugang zum Erscheinen des Wahrnehmungsobjekts. Der begrifflich-erkennende Zugang zur Welt enthält den der ästhetischen Begegnung mit ihr.

Er enthält ihn als eine jederzeit offenstehende *Möglichkeit.* Keineswegs enthält der eine *Vollzug* stets auch den anderen. Keineswegs alles begriffliche Erkennen ist ein ästhetisches Vernehmen oder wird von ihm begleitet. Kein ästhetisches Vernehmen zielt allein auf ein begriffliches Erkennen, wie sehr es auch von ihm begleitet sein mag. Das ästhetische Verhalten verfolgt ein anderes Telos als das theoretische. Es will nicht eine Verfassung der Welt eruieren, es will sich ihrer Gegenwart aussetzen.

Das Preisgeben der Fixierung auf ein theoretisches (oder

33 »Die ästhetischen Vollzüge sind nicht eine andere Klasse von Vollzügen *neben* der nicht-ästhetischen. Sie sind (...) vielmehr solche Akte sinnlichen Erfassens, in deren Vollzug wir der Kräfte gewahr sind, die in ihnen wirken. (...) Die Kräfte und ihr Wirken treten in den ästhetischen Vollzügen nur hervor, weil die Kräfte in diesen Vollzügen anders wirken. Sie wirken ›frei‹, das heißt: sie wirken nicht gerichtet auf einen bestimmten Zweck. Das stellt sich nach außen in Gestalt ihrer gesteigerten Intensität dar: Das freie Wirken der Kräfte in den ästhetischen Vollzügen erscheint als ein intensiveres Wirken der Kräfte, als Wirken intensiverer Kräfte.« C. Menke, Erkennen, Reflektieren, Machen: Bemerkungen zur Entstehung der Ästhetik, erscheint in: A. Kern / R. Sonderegger / A. Wellmer (Hg.), Falsche Gegensätze. Zeitgenössische Positionen zur Ästhetik, Frankfurt/M. 2001.

praktisches) Bestimmen ist hierbei die initiale Handlung. Wahrnehmung trotz Nichtbestimmenwollens – aus dieser Möglichkeit lebt die ästhetische Anschauung. Wir achten dabei nicht nur auf einzelne Erscheinungen des Gegenstands, genausowenig auf ein illusionäres Insgesamt seiner Erscheinungen, sondern auf das aus einer bestimmten Warte gleichzeitig und augenblicklich Erscheinende.

Ereignis-Objekte

Die Rede von »dem Gegenstand« der ästhetischen Wahrnehmung ist freilich eine Vereinfachung. Wir müssen dem Begriff des Objekts oder Gegenstands eine sehr formale Bedeutung zuweisen, wenn wir ein unverzerrtes Verständnis der ästhetischen Wahrnehmungssituation gewinnen wollen. Denn es sind ja nicht allein Einzeldinge, sondern oft genug Konstellationen von Dingen, die ästhetisch zur Anschauung kommen. Und es sind nicht allein ruhende Dinge, sondern gleichermaßen Ereignisse – und wiederum: Konstellationen von Ereignissen –, die Anlässe der ästhetischen Wahrnehmung sind. Man denke nur an die Aufführung eines Orchesterstücks oder an die Bewegung, den Geruch, den Klang einer großen Stadt. Dies sind keine Objekte, denen die Wahrnehmenden *gegenüber* stünden, dies ist ein komplexes Geschehen, das sie umfängt und umfaßt. Selbst wenn das ästhetische Objekt ein beharrliches Ding ist, haben wir es in der ästhetischen Anschauung nie mit einer statischen Gegebenheit zu tun. Denn die Konstellation von Erscheinungen, die an diesen Dingen erkennbar sind, tritt auch hier in den Zustand eines Spiels, eines Geschehens *am* Gegenstand. Durch die ästhetische Empfänglichkeit für die phänomenale Simultaneität des Gegebenseins von Objekten tritt an diesen eine Prozessualität zutage, wodurch sie den Status ästhetischer Objekte erlangen.

In diesem Sinn wird der ästhetischen Wahrnehmung jedes Objekt zu einem komplexen Ereignis und jedes Ereignis zu einem komplexen Objekt. Auch ein künstlerisches Tafelbild, das optimal ausgeleuchtet ist und in dem daher die Momentaneität seines Erscheinens – anders als bei Objekten unter freiem Himmel – keine dramatische Rolle spielt, muß in der Gleichzeitigkeit und Interferenz seiner Elemente wahrgenommen werden, um als künstlerisches Bild wahrnehmbar zu werden – eine Wahrnehmung, die wiederum nur in einem sukzessiven Betrachten der Bildpartien möglich ist. In diesem Sinn sind alle Künste Zeitkünste. Andererseits spielt bei einer »Zeitkunst« wie der Musik nicht nur der Raum eine außerordentliche Rolle, in dem sich die Musik entfaltet, sondern auch die wechselnden Gleichzeitigkeiten, die sie in der Sukzession ihrer Klänge entäußert. Das ist im Raum der Natur oder der Stadt nicht grundsätzlich anders und auch nicht bei der Versenkung in ein natürliches oder artifizielles Gebilde. Der substantivierte Infinitiv »Erscheinen« soll eben dies zum Ausdruck bringen: Ästhetische Wahrnehmung ist Aufmerksamkeit für das *Geschehen* ihrer Objekte.

Der Begriff des Objekts dieser Wahrnehmung ist formal, insofern er nicht nur einzelne Dinge oder Ereignisse, sondern beliebig komplexe Sequenzen und Konstellationen sinnlich wahrnehmbarer Vorgänge und Zustände umfaßt. Dieser formale Begriff ist weit genug, um das Projekt einer vorerst minimalen Betrachtung zu unterstützen, die sich auf die wenigen Merkmale des ästhetischen Verhältnisses konzentriert, die bei allen seinen Gelegenheiten auffällig sind. Der Ausdruck »ästhetisches Objekt« steht dabei für alles, dem wir in ästhetischer Aufmerksamkeit begegnen können. Die *Analyse* dieser Objekte aber, die ich hier vornehme, handelt immer von einer spezifischen Art der wahrnehmenden *Begegnung* mit ihnen, also von der ästhetischen Wahrnehmungs*situation*. Daran sei hier noch einmal erinnert. Die Ästhetik, so könnte man lakonisch sagen, handelt von Situationen, in denen etwas oder alles zu einem besonderen (objektiven) Ereignis der

Wahrnehmung wird, indem es zu einem besonderen (subjektiven) Ereignis der Wahrnehmung kommt.

Bisher haben wir das ästhetische Objekt nur als einen Anlaß intensiver sinnlicher Wahrnehmung kennengelernt, der beliebigen Wahrnehmungssubjekten zugänglich ist, die über eine entsprechende Sensibilität verfügen. In dieser Wahrnehmung zeigt es sich in einer objektiven Gegenwärtigkeit, die sich von der Objektivität einer auf das Sosein des Wirklichen konzentrierten Erkenntnis signifikant unterscheidet. Aber das ist natürlich bei weitem nicht alles, was sich an und in ästhetischen Objekten ereignen kann. Anschein, Vorschein, selbständiger Schein sowie Imagination und Repräsentation: all das kennzeichnet ästhetische Gegenstände oft in einem hohen Maß – und oft gerade dort, wo wir von ästhetischen Ereignissen besonders hingerissen sind. Aber nichts dergleichen ist notwendig, damit ein Objekt in den Status eines ästhetischen Objekts tritt. Notwendig ist nur, daß wir zu einem Spiel seiner Erscheinungen kommen.

Auf dieses minimal Notwendige habe ich mich bisher konzentriert. Jetzt aber ist es Zeit, diesen ersten Begriff des Ästhetischen für ein Verständnis der Komplexität ästhetischer Situationen zu öffnen.

3. Erscheinen und Schein

Der so weit entwickelte Gedanke läßt verständlich werden, warum der ästhetischen Wahrnehmung oft ein gesteigerter Sinn für das Wirkliche zugesprochen wird. Zwar ist es keine höhere Realität, sondern lediglich eine ansonsten verstellte Dimension der Realität, deren wir in der Aufmerksamkeit für das Erscheinen teilhaftig werden; dennoch wird hier etwas wirklich, oder genauer: in seiner Wirklichkeit gegenwärtig, das der theoretischen und praktischen Weltaneignung verschlossen bleibt. Auf eine modifizierte Weise hat die bisherige

Betrachtung somit der klassischen Intuition entsprochen, daß die ästhetische Erfahrung eine Offenbarung über die Welt bereithalten kann.

Es gibt aber eine andere, entgegengesetzte, in der Tradition ebenso stark verankerte Intuition, der die bisherige Betrachtung noch nicht gerecht geworden ist. Für sie besteht die Macht ästhetischer Erfahrung in der Eröffnung eines Auswegs aus der Faktizität der Wirklichkeit – durch einen Eintritt in eine Sphäre des Scheins. Das liegt insoweit auf der Linie unserer bisherigen Befunde, als eine Konzentration auf das Erscheinen nur durch die Preisgabe einer Sicherung der Fakten möglich ist, die an ihm wahrnehmbar sind. Aber eine Ästhetik des Scheins, ob sie sich nun von Schiller, Nietzsche oder Bloch inspirieren läßt, vertritt eine sehr viel stärkere Auffassung – daß nämlich das Telos der ästhetischen Wahrnehmung überhaupt nicht in einer wie immer gearteten *Hinwendung*, sondern in einer *Transzendierung* des Wirklichen liege.

Auch diese Intuition enthält eine wichtige Einsicht. Auch sie aber muß korrigiert werden, wenn wir ihre Wahrheit aussprechen wollen. Der Gegensatz zwischen einer »Ästhetik des Seins« und einer »Ästhetik des Scheins« nämlich führt in die Irre. Dieser Widerstreit zweier Denkfiguren beherrscht die Reflexion über die Kunst und das Schöne, seit Platon Malerei und Dichtung das Zeugnis einer lediglich scheinhaften Darbietung des Wirklichen ausgestellt hat. Im Gegenzug zu Platon ist es immer wieder zu einer Umwertung dieser Bewertung gekommen, in der gerade der Schein als die ästhetisch zentrale Leistung anerkannt wurde.[34] Erst jedoch, wenn dieser Gegensatz aufgehoben ist, läßt sich das Recht beider Positionen formulieren. Der Anfang bei dem Erscheinen hat uns

34 Zur Rekonstruktion dieser Geschichte s. R. Bubner, Über einige Bedingungen gegenwärtiger Ästhetik, in: ders., Ästhetische Erfahrung, Frankfurt/M. 1989, 9-51. Es ist jedoch zu betonen, daß der Gegensatz zwischen einer »Ästhetik des Seins« und einer »Ästhetik des Scheins« lediglich *Denkfiguren* betrifft, deren Widerstreit in fast allen der großen Ästhetiken, allen voran bei Hegel und Adorno, *ausgetragen* wird.

bisher zu einer Reformulierung der einen Position geführt. Auf der Basis dieser Reformulierung läßt sich aber auch der anderen Position gerecht werden. Meine These in diesem und dem folgenden Kapitel wird sein, daß die Formen eines ästhetischen Scheins als Modi des ästhetischen Erscheinens verstanden werden müssen. Die Macht des ästhetischen Scheins verdankt sich einem Bündnis mit den Prozessen des Erscheinens. Sie gründet in der Gegenwart des Erscheinenden und reicht dennoch weit über Gegenwart und Wirklichkeit hinaus.

Zwei Begriffe, zwei Schritte

Der Begriff des ästhetischen Scheins läßt sich jedoch nicht in einem Schritt analysieren. Denn eigentlich sind es zwei Begriffe, die in der Ästhetik häufig unter dem einen Titel des »Scheins« zusammengefaßt werden. Man könnte von einem illuminativen und einem imaginativen Schein sprechen. Unter einem ästhetischen Schein können sinnliche *Vorspiegelungen* verstanden werden, denen in der Situation ihrer Wahrnehmung keine phänomenale Realität entspricht – oder aber sinnliche *Vorstellungen*, die sich auf reale oder fiktive Welten (weit) außerhalb der Situation der ästhetischen Wahrnehmung beziehen. Im einen Fall ist etwas phänomenal anders gegenwärtig, als es faktisch ist – man denke an den Theaterdonner oder an eine »wie gemalt« erscheinende Szenerie. Im andern Fall wird eine andere Gegenwart vergegenwärtigt als die, die gegenwärtig ist – man denke an die Lektüre von Romanen oder den Besuch im Kino.

So eng diese beiden Fälle – etwa auf der Bühne – verbunden sein können, es sind deutlich verschiedene Fälle einer Transzendierung der situativen Realität, die ebensogut unabhängig voneinander auftreten können. Gerade wenn ihr Verhältnis durchsichtig werden soll, müssen sie auseinandergehalten werden. Deswegen werde ich sie terminologisch eindeutig unterscheiden. Ich werde von Phänomenen des *Scheins* allein dort sprechen, wo etwas sinnlich anders gegenwärtig ist, als es tatsächlich ist. Von Zuständen der *Imagination* hingegen spreche ich überall dort, wo etwas vergegenwärtigt wird, das die wahrnehmbare Gegenwart überschreitet. Weder Schein noch Imagination freilich sind per se ästhetische Zustände. Sie sind es nur, wenn sie in eine Liaison mit dem Erscheinen treten.

Ich werde in diesem Kapitel mit einer Erörterung des ästhetischen Scheins beginnen und mich danach der ästhetischen Imagination zuwenden, der für das ästhetische Bewußtsein ein ungleich größeres Gewicht zukommt. Im vorigen Kapitel habe ich dafür argumentiert, das Erscheinen als etwas zu verstehen, das hier und jetzt tatsächlich wirklich ist; jetzt kommt es darauf an, zu verstehen, wie die ästhetische Offenheit für eine Dimension des Wirklichen ein Offensein für Dimensionen des teilweise oder gänzlich Unwirklichen enthalten kann.

Täuschender oder tragender Schein

In bezug auf alle Wahrnehmungsobjekte können wir uns auf verschiedene Weise täuschen. Wir können sie falsch identifizieren oder falsch bzw. auf eine verzerrende Weise charakterisieren. Geschieht dies in der Situation, in der die betreffenden Gegenstände anwesend sind, so erliegen wir nicht nur einem (durch Fehlerinnerung oder Fehlinformation verursachten) *Irrtum,* sondern einem *Schein.* Etwas erscheint uns so, wie es nicht wirklich ist. Einige der Feststellungen, die wir im Zuge unserer Wahrnehmung treffen, sind unzutreffend. Da die Aufmerksamkeit für das Erscheinen eines Objekts in einem eigentümlichen Verhältnis zu der Erreichbarkeit von Feststellungen über es steht (sie sind ihr erreichbar, aber sie will keine bestimmten erreichen), stellt sich hier die Frage: Wie verhält sich das Erscheinen zu dieser Art Schein?

Der Ball, den wir aus einiger Entfernung zu sehen glaubten, ist gar kein Ball, sondern ein im hohen Gras liegender Fahrradhelm. Der auf dem Gartentisch liegende Hamburger, nach dem Oskar hungrig greift, ist gar kein Hamburger, sondern ein im Geiste Claes Oldenburgs entworfenes Plastik-Spielzeug für Hunde. Der dumpfe Hilfeschrei kommt aus dem Garten und nicht aus dem Keller, wohin der Kommissar unterwegs ist. Das Telefonklingeln kommt aus dem Fernseher und nicht aus dem Gerät, nach dem ich greife. »Unsere Sinne haben uns getäuscht«, können die Beteiligten in allen diesen Fällen sagen. Die fraglichen Erscheinungen sahen aus ihrer Warte anders aus oder hörten sich anders an, als sie waren; sie hatten eine andere sinnliche Verfassung bzw. räumliche Position als die, die ihnen zugeschrieben wurde. Auf die eine oder andere Weise haben sich die Wahrnehmenden hinsichtlich dieser Erscheinungen getäuscht. Der Helm sah aus wie ein Ball, das Spielzeug wie etwas Eßbares, der Schrei hörte sich an, als käme er aus dem Keller, das Klingeln war den Rufzeichen meines Telefons täuschend ähnlich.

Im Erkennen und Verrichten sind dies Fehlleistungen. Sie werden als eine mangelhafte Bestimmung des Gegenstands verbucht. Dies kann schmerzlich sein (ich trete gegen den Helm), tödlich (im Garten ist der Mörder zugange) oder komisch (ich haste zum Telefon). Wie auch immer, die Entdeckung der Täuschung bewirkt in allen diesen Fällen eine Korrektur. Die vorherige Wahrnehmung wird umgehend entwertet und durch eine vermeintlich richtige Ansicht ersetzt. Wo es darum geht, festzustellen, wie etwas ist, oder darum, herbeizuführen, wie etwas sein soll, ist es rational, sich daran zu orientieren, wie die Dinge tatsächlich sind. In der ästhetischen Wahrnehmung hingegen bewirkt die Aufdeckung einer Sinnestäuschung nicht notwendigerweise eine Korrektur dieser Wahrnehmung: Der ansonsten *täuschende* Schein kann hier eine positiv bewertete Wahrnehmung *tragen*.

»Ach so, es ist ein Helm«, könnte ein Betrachter unseres vermeintlichen Balls sagen, »aber von hier sieht es doch aus wie ein Ball.« »Ach so, das ist eine Klanginstallation«, könnte ein Besucher sagen, »ich dachte, es ist ein Wald, der da rauscht«. So enttäuschend das im einen oder anderen Fall auch sein mag, die Entdeckung, worum es sich in Wahrheit handelt, bewirkt im ästhetischen Kontext nicht notwendigerweise eine Entwertung der vorherigen Wahrnehmung. Sie kann als Erweiterung verbucht werden. Dann behält der sinnliche Eindruck einen Wert nicht als ein vermeintliches *Faktum* und auch nicht als ein trügerischer *Anschein* (wie er für einen Wahrnehmungspsychologen interessant sein könnte), sondern als ein für sich selbst bemerkenswerter Aspekt der Präsenz des Objekts – als ein zusätzliches Element seines *Erscheinens*.

Ein Gegenstand scheint diese oder jene Erscheinung zu haben, obwohl er sie nicht wirklich hat. Dem sinnlichen Anschein entspricht hier kein empirisches Sein. Zur stabilen Bildung eines *ästhetischen* Scheins kommt es allerdings erst durch eine *Affirmation* dieses Anscheins. In der ästhetischen Positivierung tritt diese ansonsten trügerische Erscheinung als ein willkommenes Element in das Spiel des phänomenalen Erscheinens ein. Es bereichert das Spiel der Erscheinungen, die am Gegenstand wahrnehmbar sind. Dies bleibt gerade auch dann der Fall, wenn die Wahrnehmenden *wissen*, daß es nicht so ist. »Aber es sieht doch aus (hört, fühlt sich an, riecht) *wie* ...«, können sie einander sagen.[35] Der Fahrradhelm sieht aus wie ein Ball, die Straße wie eine Szene aus einem Kriminalfilm, die Bergformation sieht aus wie eine Skyline (oder umgekehrt), der Verkehrslärm hört sich an wie ein Rauschen der Natur, das Moos fühlt sich an wie Samt, im U-Bahn-Schacht riecht es nach Fliederblüten.

35 Diese Spielart einer Wahrnehmung-wie muß freilich von einer Wahrnehmung bloßer Ähnlichkeiten unterschieden werden, die normalerweise nichts mit sinnlichem Schein zu tun hat. Das ästhetische Wahrnehmen-wie, das auf einen durchschauten Schein gerichtet ist, ist immer ein Wahrnehmen *als ob*.

Natürlich hängt es in diesen einfachen Fällen ganz von den Wahrnehmenden ab, ob diese Formen des Anscheins bei ihnen ein eigenes Interesse erwecken, wie es generell von ihren Reaktionen abhängt, ob ihnen die Erscheinung eines beliebigen Objekts zum Anlaß einer Vergegenwärtigung seines Erscheinens wird. Aber wenn sie in der Beachtung eines solchen durchschauten Anscheins einen eigenen Reiz empfinden, überlassen sie sich Momenten eines ästhetischen Scheins. Sie vollziehen ein freies Wahrnehmen-als, das nicht nur nicht auf eine Feststellung-daß *gerichtet* ist, sondern keinerlei solche Feststellung *enthält*.

Entsprechend möchte ich den ästhetischen Schein definieren: Wir nehmen etwas in einer Situation Gegebenes *als etwas* – in einer bestimmten sinnlich eruierbaren Verfassung oder Lage – wahr, von dem wir wissen (oder wissen können), daß *es nicht so ist*, wie wir es wahrnehmen, und lassen uns auf ein Verweilen bei dem unter anderem so erscheinenden Gegenstand ein. Ästhetischer Schein, mit anderen Worten, besteht in Erscheinungen, die in einem *durchschauten Widerspruch* zum tatsächlichen Sosein von Gegenständen wahrgenommen und willkommen geheißen werden können. Er ist zu unterscheiden von Verhältnissen eines *faktischen* Scheins, bei dem etwas anders erscheint, als es ist, und dessen Wahrnehmung darum, wenn undurchschaut, eine Täuschung, wenn aber durchschaut, ein Irrtum ist.

Dieser bejahte Schein kann jedoch nur ein mehr oder weniger starkes *Element* in einem Spiel von Erscheinungen sein. Denn allein hieraus ergibt sich die Positivierung einer ansonsten irreführenden Wahrnehmung. Der ästhetische Schein bereichert das ästhetische Erscheinen um weitere Aspekte. Wäre es anders, müßten auch *Simulationen* generell als Phänomene eines ästhetischen Scheins verstanden werden. Denn hier liegt ebenfalls ein irreales Gegebensein von etwas vor, das seinen Wert trotz des Wissens um seine Irrealität behält, und mehr noch: das seinen praktischen Wert gerade hierdurch erhält. Ob wir an einen Flugsimulator, an eine dreidimensionale Darstellung inexistenter Werkstoffe oder an den Raum einer virtuellen Bibliothek denken, immer bietet sich der Wahrnehmung eine Vielzahl von Erscheinungen dar, denen keine materielle Realität entspricht. Es wird kein Luftraum durchquert, es wird kein materielles Objekt bewegt, es sind keine im herkömmlichen Sinn greifbaren Bücher da (auch dann nicht, wenn eine perfekte Illusion ihrer Greifbarkeit erzeugt werden könnte). Die erfolgreiche Beherrschung dieser Simulationstechniken basiert durchweg auf einem durchschauten Schein. Dieses Verhältnis allein aber reicht für das Vorliegen eines *ästhetischen* Scheins nicht aus. Dieser tritt erst als Aspekt einer um ihrer selbst willen aufgenommenen Fülle von Erscheinungen zutage. Gewiß, dergleichen kann auch angesichts der genannten Simulationen geschehen; aber dann ist es nicht die Simulation als solche, die einen ästhetischen Schein erzeugt, sondern eine Wahrnehmung, der es weniger auf ihre praktischen Leistungen als vielmehr auf das Spiel ihrer – zum Teil scheinhaften – Erscheinungen ankommt.

Der so verstandene ästhetische Schein ist also kein Widerpart, sondern ein Modus des Erscheinens. Auch in seiner Wahrnehmung sind wir für die simultane und momentane phänomenale Gegebenheit von Objekten aufmerksam, nur daß hier neben den bisher betrachteten Aspekten auch solche ins Spiel kommen, denen keine Erscheinungen am Gegenstand entsprechen. Das Entstehen oder Zulassen eines ästhetischen Scheins *intensiviert* das ästhetische Spiel der Erscheinungen – jedoch ohne es zu regieren.

Darin liegt eine wichtige Auskunft über das ästhetische Interesse. Es zeichnet sich durch eine potentielle *Indifferenz* gegenüber dem Sosein aus. Bisher war nur davon die Rede, daß die ästhetische Wahrnehmung ein anderes *Telos* als das der Bestimmung des Seienden hat. Jetzt wird deutlich, daß zu dieser Ausrichtung auch eine Gleichgültigkeit gegenüber dem Sosein ihrer Gegenstände gehören kann. Diese Indifferenz aber ist eine Sache des Grades. Keine sinnliche Wahrnehmung, auch keine ästhetische, könnte sich an reinen Scheingebilden orientieren: es wäre nichts vorhanden, was in seinem Sosein oder in einem Anschein wahrnehmbar wäre; es wäre nichts da, was im Spiel seiner tatsächlichen und vermeintlichen Erscheinungen aufgefaßt werden könnte. Das Objekt der ästhetischen Wahrnehmung ist niemals eine bloße Illusion. Da *ist* ein Ding, da *ist* ein Klang, da *ist* eine Bewegung, da *ist* eine Szene, die in einigen Aspekten anders erscheinen, als sie tatsächlich sind und unter anderem darum unser Interesse erwecken. Nur an realen Objekten können irreale Aspekte zur Erscheinung kommen.

James Turrell: *Slow Dissolve*

Bevor ich dem Status dieser Irrealität nachgehe, möchte ich ein komplexeres Beispiel ins Auge fassen. Es muß noch klarer werden, was es bedeutet, daß der ästhetische Schein ein Zustand ist, von dem wir wissen *oder wissen können*, daß ihm keine tatsächliche Erscheinung entspricht. Denn auch in ästhetischen Verhältnissen sind Sinnestäuschungen nicht immer (sogleich) durchschaubar. Und keineswegs hängt es immer von der Disposition der Wahrnehmenden ab, ob es zu Bildungen eines ästhetischen Scheins kommt. Gerade im Kontext der Kunst kann die Herstellung eines Scheins ausdrücklich mit Effekten arbeiten, die nicht auf den ersten Blick durchschaubar sind. Der täuschende und der tragende Schein treten dann zusammen auf; die täuschende Erscheinung erweist sich als Phase eines tragenden Scheins.

Im Sprengel Museum Hannover hat der Amerikaner James Turrell 1992 einen Raum eingerichtet, dem er den Namen *Slow Dissolve* gegeben hat. Dieses Werk ist Teil einer Serie von Rauminstallationen, die der Künstler als *Space-Division-Constructions* bezeichnet; unter diesen gehört es zu der Gruppe *Sensing Spaces*. Durch einen dunklen Gang betritt der Besucher einen matt beleuchteten größeren Raum, an dessen Frontseite eine rechteckige violette Bildfläche zu sehen ist.

Jeder, der sich hier auf sein Sehen verläßt, wird zunächst den Eindruck haben, ein monochromes *Bild* vor sich zu sehen. Je näher man dem leuchtenden Segment an der Wand freilich kommt, desto größer werden die Irritationen angesichts der Erscheinung des Bildes. Der Farbausschnitt zeigt eine seltsame Räumlichkeit, die von Ferne an die Farbraumbilder Gotthard Graubners erinnert. Zugleich zeigt er eine mysteriöse Immaterialität, so als hätte sich die Leinwand hinter der Farbe aufgelöst. Wie es sich damit verhält, erkennt man erst, wenn man direkt vor dem bildartigen Ausschnitt steht. Manche wollen es erst glauben, nachdem sie ihre Hand durch das »Bild« hindurchgestreckt haben. Denn da ist kein Bild. Was zunächst wie ein Bild aussah, ist ein Lichteffekt, verursacht durch Neonleuchten, die in einer Höhlung der Wand verdeckt angebracht sind. Die seitlichen Grenzen dieses Raums im Raum, vor dem der Bildeffekt entsteht, überschreiten den Umfang der bildartigen Öffnung deutlich. Was aus der Position einer museumsüblichen Betrachtung wie eine Bild*fläche* aussieht, ist also eigentlich ein Licht- und Farb*raum*, in den man sich tatsächlich hineinbegeben könnte. Es handelt sich um die Illumination eines Bildes, um eine Illumination allerdings, die durchschaut werden will und durchschaut werden kann.

Es ist hier nicht der Ort für eine eingehende Interpretation dieses Werks.[36] Sie müßte darüber sprechen, wie es eine Reflexion über Bildlichkeit inszeniert, indem es Situationen der Bilderfahrung auf eine paradoxe Weise spürbar macht. (Weil die zentrale Erscheinung der Installation kein echtes Bild ist, gewinnt sie eine buchstäbliche Transparenz und Tiefe, wie sie echten Bildern häufig metaphorisch zugeschrieben wird.) So entsteht ein subtiles Experiment mit den räumlichen und af-

36 Vgl. die ausführlichen Interpretationen bei A. Müller, Die ikonische Differenz, München 1997, Kap. 2, u. E. Schürmann, Erscheinen und Wahrnehmen. Eine vergleichende Studie zur Kunst von James Turrell und der Philosophie Merleau-Pontys, München 2000.

fektiven Verhältnissen, den ontologischen Gewißheiten und metaphysischen Bedürfnissen, aus denen heraus wir Bildern der Kunst begegnen.

In unserem Zusammenhang ist vor allem wichtig, daß hier ein ebenso unvermeidlicher wie unausweichlicher Schein besteht. Bei der ersten Begegnung wird jeder den Eindruck eines Bildes haben, wie früh sich die Zweifel auch einstellen mögen. Aber auch wer die Konstruktion des Werks durchschaut hat, wird den illuminierten Wandausschnitt immer wieder *als* ein Bild sehen. Dieser Schein »überlebt« sein Durchschautwerden. Er übt eine Faszination trotz und wegen des Wissens um seine Scheinhaftigkeit aus. Wie oft wir den Raum dieser Installation auch betreten mögen, zunächst einmal sehen wir vor allem eine Fläche, die aus der Entfernung alle Charaktere einer ungerahmten monochromen Leinwand aufweist. Sosehr wir uns beim ersten Mal haben täuschen lassen, die Aufdeckung dieser Täuschung bringt diese Bild-Erscheinung nicht zum Verschwinden. Wie schon Hegel mit Emphase betont hat, ist der ästhetische Schein etwas kategorial anderes als eine perzeptive Illusion.

Der Schein ist wirklich

Ich nehme den Fahrradhelm wahr, als wäre er ein Ball. Ich betrachte die farbige Fläche in Turrells Installation, als wäre sie ein Bild. Ich höre das Geräusch des Preßlufthammers wie einen Beat. Ich lausche dem Gebell eines verzweifelten Hundes, als wäre es eine Saxophon-Improvisation von Anthony Braxton. Dieses Aussehen oder Sichanhören könnte sich aus einer rein idiosynkratischen Reaktion ergeben: *für mich* sieht dergleichen so aus oder hört sich so an. Für die Rede von einem Schein, erst recht von einem ästhetischen Schein, genügt dies wiederum nicht. Im Unterschied zu bloßen Idiosynkrasien und Halluzinationen ist der Schein eine sensorisch *nachvollziehbare* Erscheinung. Es handelt sich nicht lediglich um einen rein subjektiven Eindruck. Es kann vielmehr mit intersubjektivem Anspruch *behauptet* werden, daß etwas aus dieser oder jener Position als etwas erscheint, das es nicht ist (so wie ich dies in meiner Turrell-Beschreibung getan habe). Es kann über das Bestehen oder Nichtbestehen eines Scheins Auseinandersetzungen geben – etwa darüber, ob der Anschein eines Bildes bei Turrell wirklich »unausweichlich«, und das bedeutet, ob er wirklich »da« ist. Der ästhetische Schein ist eine an den jeweiligen Gegenständen offenstehende Möglichkeit der Wahrnehmung, die erkannt oder verkannt, ergriffen oder ausgelassen werden kann.

Wie aber ist das möglich? War nicht soeben von der Irrealität auch des ästhetischen Scheins die Rede? Wie sonst könnte von einem Schein die Rede sein? Wie sollte ein Schein real sein können?

Denken wir an eine Fata Morgana. Hierbei handelt es sich um eine Luftspiegelung, bei der ein weit entfernter Ort in einer nahen Ferne erscheint. Diese Nähe ist ein Schein. Die Erscheinungen aber, die diese Nähe vorspiegeln, sind kein Schein; sie sind tatsächliche Erscheinungen, die von jedem wahrgenommen werden können, der sich an dem entsprechenden Ort befindet. Noch einfacher ist das Beispiel eines Stabes im Wasser. Der Stab ist gerade, dennoch erscheint er unter Wasser, als sei er gekrümmt. Diese Krümmung des Stabes ist ein Schein. Der *Anschein* dieser Krümmung ist jedoch tatsächlich vorhanden – jeder, der Augen im Kopf hat, kann sehen, daß ein ins Wasser gehaltener Stab ein gekrümmtes Aussehen annimmt. So irreal die fragliche Erscheinung ist, das *Sichdarbieten* dieser Erscheinung ist eine allgemein zugängliche Realität.

Wir begegnen hier erneut dem Problem der Objektivität von Erscheinungen. Erscheinungen, so hatte es oben geheißen, sind diskriminierbare sinnliche *Beschaffenheiten* von Objekten der Wahrnehmung. Von diesen Erscheinungen war im vorigen Kapitel nur in der Bedeutung von Qualitäten die Rede, die den jeweiligen Objekten tatsächlich zukommen.

Im Fall eines Scheins aber haben wir es mit Qualitäten zu tun, die den fraglichen Objekten gerade nicht zukommen, obwohl sie sich der Wahrnehmung so präsentieren, als kämen sie ihnen zu. Dieses Sichzeigen von Objekten aber kann wirklich sein, auch wenn das, als was sie sich dabei zeigen, keine Wirklichkeit hat.

Die von Turrell erzeugte Farbfläche sieht *wirklich* so aus, als wäre sie eine Bildfläche, die sie nicht ist. Dies ist eine Aussage darüber, wie dieses Objekt unserem Sehen aus einer bestimmten Entfernung begegnet. In dieser Begegnung erhält das scheinhafte Phänomen eine relative, an die Art dieser Begegnung gebundene Realität. Es gehört insoweit mit zu den Erscheinungen, deren Spiel am Gegenstand wahrnehmbar ist. Es ergibt sich nicht lediglich aus einer privaten Perspektive, sondern für *beliebige* Betrachter. Jenem Lichtraum kommt die Eigenschaft, (immer wieder) *Anschein eines Bildes* zu sein, unabhängig von den Reaktionen bestimmter Museumsbesucher zu. Dieser Anschein erfüllt damit das oben akzeptierte liberale Kriterium einer objektiven Gegebenheit. Er ist allgemein zugänglich – und in diesem Sinn wirklich.

Und doch entspricht dem Bild-Schein kein Bild-Sein. Anders als beispielsweise die Farbe der Lichtzone ist ihr Bildstatus (verstanden als ein Vorhandensein von Farbe auf Leinwand oder einer anderen tragenden Fläche) eine Eigenschaft, die sie nicht wirklich hat. Vielmehr ist der Lichtraum mit artistischem Kalkül so arrangiert, daß er allen Betrachtern zeitweise wie ein Bild erscheint. So ist er ihnen phänomenal gegeben. Dieses *Sichdarbieten* hat Realität, ohne daß die sich für wiederkehrende Augenblicke darbietende *Erscheinung* Wirklichkeit hätte.

Der Situation der ästhetischen Wahrnehmung wächst dadurch oft eine große Bereicherung zu. Selbst die Ansicht des im Wasser gekrümmten Stabes mag es lohnen, ohne weiteres betrachtet zu werden. Denn es kommt ja für die ästhetische Anschauung nicht so sehr auf das Sosein von etwas, sondern auf das Wie seines Erscheinens an. Dabei kann die Realität der wahrnehmbaren Erscheinungen zweitrangig werden, ohne daß die Realität der Begegnung mit ihnen zweitrangig würde. »I don't believe in vampires«, sagt ein dubioser Kinoheld unserer Tage, nachdem er sich an der Seite der obligaten Jungfrau durch Hunderte von ihnen buchstäblich hindurchgearbeitet hat, »but I believe in what I see.«[37] Diese schöne Maxime, ausgesprochen in einem eher mäßigen Film, läßt einen grundlegenden ontologischen Vorbehalt der ästhetischen Wahrnehmung deutlich werden. Es kommt in ihr nicht immer und niemals allein darauf an, wie die Dinge unabhängig von ihrem jeweiligen phänomenalen Sichdarbieten *sind*, aber es kommt ihr immer darauf an, wie sie in einer gegebenen Wahrnehmungssituation *erscheinen,* wobei es unter anderem zur Ausbildung eines ästhetischen *Scheins* kommen kann.

Nicht alles ist Schein

Der tragende sinnliche Schein ist ein wichtiges Element der ästhetischen Wahrnehmung, aber mehr auch nicht. Kein ästhetischer Schein muß im Spiel sein, wenn ein beliebiges Objekt um seiner sinnlichen Präsenz willen vergegenwärtigt wird; ebenso muß kein ästhetischer Schein ins Spiel kommen, damit Kunstwerke irgendeiner Gattung entstehen können. Die Welt der Kunst ist für das Reich des Scheins offen, aber sie ist nicht generell eine Domäne des Scheins.

Diese Aussagen sind wenig radikal, wenn man bedenkt, daß ich mit einem deutlich begrenzten Begriff des ästhetischen Scheins operiere. Dieser betrifft ausschließlich einen sinnlichen Schein, bei dem reale Objekte anders aufgenommen werden, als sie tatsächlich sind, nicht jedoch einen Imaginations-Schein, dem ich mich erst im nächsten Kapitel zu-

37 *From Dusk till Dawn*, USA 1995, Regie: Robert Rodriguez.

wenden werde. Obwohl eine systematische Behandlung der Kunst erst in den Kapiteln 5 und 6 an der Reihe ist, sind einige Stichworte zur Rolle des Scheins in den Künsten hilfreich, um die Kontur dieses Begriffs weiter zu verdeutlichen.

Nur an realen Sinnenobjekten kann ein sinnlicher Schein entstehen. Was für unsere ersten banalen Beispiele festzuhalten war, gilt auch für die Objekte der Kunst. Barnett Newmans Bild *Who's Afraid of Red, Yellow and Blue IV* aus dem Jahr 1969/70 (Nationalgalerie, Berlin), von dem bereits die Rede war (S. 35f.), scheint auf den ersten Blick eben die symmetrische und ausbalancierte Konstruktion zu haben, die es mit großer künstlerischer Kraft negiert. Dieser Schein ist für die Geste des gesamten Werks konstitutiv, aber er beruht auf einer Anordnung der drei Farbzonen, die in einem bestimmten Sinn, abgesehen nämlich von den minimalen, zunächst nicht sichtbaren Überlappungen der farbigen Flächen und von ihrer unterschiedlichen Raumwirkung, buchstäblich eine symmetrische ist. Auf diese Weise verwandelt das Werk einen Aspekt seines Soseins in einen künstlerischen Schein. James Turrells Illumination eines Bildes in *Slow Dissolve* hingegen entsteht im Kontext einer Installation, die durch ein Arrangement von Raum und Licht eine irreale Bilderscheinung erzeugt. Dieses Arrangement ist in jeder Hinsicht höchst real. Der Raum-im-Raum, an dessen vorderer Grenze die Illusion eines Bildes entsteht, ist ebensowenig ein Schein wie die Beleuchtungskörper, die an unterschiedlichen Positionen zu seiner Erzeugung eingesetzt sind. Neben dieser materialen Faktizität ist aber vor allem die mediale ausschlaggebend. Der vom Künstler gestaltete Raum ist eine *Präsentation* seines zentralen Effekts. Er bietet den Schein eines Bildes dar; darin liegt sein artistisches Sein.

Kunstwerke können nicht insgesamt Scheingebilde sein, weil sie Darbietungen sind, die sich scheinhafter Operationen bedienen können, ohne selbst scheinhafte Operationen zu sein.[38] Dies – daß Kunstwerke echte Präsentationen sind, auch wenn sie irreale Erscheinungen präsentieren – könnte trivial erscheinen, aber die Konsequenz ist es nicht: Auch der Kunst-Schein ist nur innerhalb eines ästhetischen Spiels realer Erscheinungen möglich.

Sehen wir im Kino Vampire »auf uns zukommen«, so haben wir es nicht mit einer scheinhaften Begegnung mit fiktionalen Wesen, sondern mit der Darstellung ihrer Bewegung in einem virtuellen Raum zu tun. Die Erscheinungen auf der Leinwand, die wir als ein Treiben von Vampiren auffassen, sind eben dies: ein durch Lichteffekte präsentiertes Sichtummeln von Vampiren. Da *sind* keine Vampire und da *scheinen* auch keine zu sein. Wir sehen eine *Darbietung* von Vampiren. Von dieser sprechen wir, wenn wir sagen, in dem Film *From Dusk till Dawn* seien »haufenweise Vampire zu sehen«. Diese *Figuren* sind hier tatsächlich zu sehen, auch wenn keine tatsächlichen Vampire zu sehen sind. Innerhalb der Bildwelt des Kinos kann es vielfach zu undurchschauten oder durchschauten Illusionen kommen, aber diese Bildwelt ist selbst keine illusionäre Welt.[39]

38 Und wenn es einmal so scheint, als wäre keine Darbietung da – wie etwa bei einigen der Ready-mades von Marcel Duchamp, auf die ich unten (S. 194ff.) zurückkommen werde –, dann nicht wegen eines dramatischen Übermaßes an Schein, sondern wegen (des Scheins) einer dramatischen Abwesenheit von Inszenierung und Schein.

39 Warum illusionistische *Bild*theorien nicht überzeugend sind, erörtere ich in Teil IV dieses Bandes. – Anders als mit Bildern und Filmen verhält es sich mit dem Cyberspace. Der Raum einer virtuell begehbaren Bibliothek z. B. ist weder ein Darstellungsraum noch ein dargestellter Raum, sondern ein virtueller leiblicher Raum, der den Ort ihrer Benutzer zu umgeben *scheint* (obwohl sie wissen, daß es nicht so ist). Entsprechend sind die Bücher, die hier gelesen werden können, keine Repräsentationen von Büchern, sondern virtuelle Bücher. Auch dieser Schein aber baut sich auf den elektronisch erzeugten Erscheinungen auf. Und sobald es zu einer dezidiert *künstlerischen* Konstruktion virtueller Welten käme, käme es wohl zugleich zu einer *Darbietung* der besonderen Räumlichkeit dieser Räume, die in ihrer pragmatischen Nutzung nicht thematisch wird. Vgl. M. Seel, Vor dem Schein kommt das Erscheinen, in ders.: Ethisch-ästhetische Studien, Frankfurt/M. 1996, 104-125.

Als die Zuschauer bei den legendären Kinovorführungen der Brüder Lumière am Ende des 19. Jahrhunderts einen Schrecken bekamen, weil es für sie so aussah, als käme eine Lokomotive direkt auf sie zugefahren (*L'arrivée d'un train en gare de La Ciotat*) war dies kein ästhetischer, sondern ein faktischer Schein. In einem »durchschauten Widerspruch« wahrgenommen, hätte es wohl einen Anlaß zum Staunen, aber keinen zum Erschrecken gegeben.[40] Mit der Ambivalenz von Erstaunen und Erschrecken freilich operiert auch das heutige Action-Kino, etwa wenn sich die Dinosaurier in Steven Spielbergs *Lost World* (USA 1997), durch akustische Effekte vermittelt, »von hinten« durch das hohe Gras anzuschleichen scheinen. Hier wird für einen Moment die Illusion erzeugt, das fiktive filmische Geschehen spiele sich in der Wirklichkeit des Kinosaals ab – was dann einen durchaus realen Schrecken zur Folge hat. Dennoch handelt es sich diesmal weniger um einen faktischen als vielmehr um einen ästhetischen Schein. Denn hier ist das überrumpelnde Ereignis Teil eines eindeutig ästhetischen Wahrnehmungsspiels. Empfindliche Seelen ausgenommen, wird es im Kino niemandem darum gehen, sich vor den filmischen Schocks in Sicherheit zu bringen, sondern sie zu erleben.

Für die Erzeugung eines ästhetischen Scheins gibt es viele filmische Verfahren. Man kann die Bronx so filmen, als wäre sie ein idyllischer Flecken, oder eine Pokerpartie, als wäre sie hektische Aktivität. Ein irrwitzigeres Beispiel ist dieses. In dem Film *Face/Off* von John Woo (USA 1997) läßt sich der eigentlich Gute (dargestellt von John Travolta) das Gesicht und den Körper des eigentlich Bösen (dargestellt von Nicolas Cage) geben, um einen ansonsten unlösbaren Fall zu lösen, was jedoch dadurch erschwert wird, daß der eigentlich Böse

40 Ähnliches passiert heute Kindern, die zum ersten Mal einen 3D-Film sehen: Sie haben zuerst den Eindruck, das in dreidimensionaler Darstellung gezeigte Flugzeug bewege sich tatsächlich auf sie zu; nach drei Minuten *spielen* sie, als wäre es so.

im Gegenzug das Gesicht und den Körper des eigentlich Guten annimmt und alle Spuren dieser Verwandlung verwischt. Die meiste Zeit des Films ist daraufhin der Gute, nun dargestellt von Cage, mit dem Gesicht des Bösen unterwegs, in dem verzweifelten (wie üblich erst nach vielen Irrungen und Wirrungen gelingenden) Versuch, im Kampf mit dem Bösen, nun dargestellt von Travolta, der mit dem Gesicht des Guten unterwegs ist, sein Gesicht zu retten. Seltsamerweise funktioniert das. Man stellt sich vor, daß Travolta nun in der Haut von Cage und Cage nun in der Haut von Travolta steckt, so als hätte die Operation tatsächlich *an den Schaupielern* stattgefunden. (Man sieht hier, wieviel Imagination es manchmal braucht, um einen ästhetischen Schein zu entwickeln oder sich in ihn verwickeln zu lassen.) Entsprechend erleichtert ist der Zuschauer, wenn Travolta, der eigentlich Gute, am Ende wieder »sein« Gesicht erhält – obwohl ein Schaudern darüber bleibt, wie wenig das Gesicht eines Menschen seine Identität verbürgt. Illusionistische Kunststücke dieser Art sind nicht zu verachten, aber kein Spielfilm, Hollywood hin oder her, läßt sich hierauf reduzieren.

Was ich hier für das Kino ein wenig ausbuchstabiert habe, läßt sich analog für das Theater sagen. Die Theaterbühne ist oft *auch* eine Welt des Scheins, aber in erster Linie ist sie der Ort einer Spielhandlung, in deren Rahmen mehr oder weniger bedeutsame Geschehnisse tatsächlich vorgeführt und tatsächlich dargeboten werden. Wenn Hamlet seinen Stiefvater tötet, mag dies – je nach Inszenierung – für die Zuschauer so aussehen, *als ob* dieser tatsächlich umgebracht werde. Im Rahmen der Bühnenhandlung jedenfalls tötet er ihn. Den sinnlichen *Anschein* einer Tötungshandlung braucht es dazu nicht unbedingt; eine szenische Andeutung genügt. Das Geschehen des narrativen Theaters ist über weite Strecken ein Sinngeschehen. Dieses ist nicht als solches ein scheinhaftes Geschehen. Wenn Hamlet seinen Monolog über »Sein oder Nichtsein« spricht und die Darbietung einigermaßen gelingt, so *scheint* er nicht von diesen Fragen bewegt zu sein, sondern er *ist* es. Hamlet, die Figur, zaudert und hadert *tatsächlich*. Der Schauspieler, der den Hamlet gibt, sollte weder das eine noch das andere tun. Erst recht werden wir mit seiner Darbietung unzufrieden sein, wenn er lediglich bewegt zu sein *scheint*. Denn er soll uns ja nicht als Mensch irgendwie erscheinen, er soll uns den Hamlet geben. Hamlet und die anderen Figuren des klassischen Theaters sind in erster Linie Geschöpfe der ästhetischen Imagination, nicht aber Gestalten eines ästhetischen Scheins.[41]

Die Simultaneität des ästhetischen Erscheinens, so ist vorerst festzuhalten, ist hier wie dort – im Kino wie im Theater, in der Plastik wie in der Malerei, in der Musik und erst recht in der Literatur – nicht an Prozesse eines sinnlichen Scheins gebunden. Das Erscheinen irrealer Erscheinungen ist eine wichtige Spielart des ästhetischen Erscheinens, aber es ist kein konstitutiver Faktor der ästhetischen Situation.

4. Erscheinen und Imagination

Ob sich die Wahrnehmung des Erscheinens für Elemente eines Scheins öffnet oder nicht, stets betrifft sie Ereignisse, die unseren Sinnen hier und jetzt gegeben sind. Sie ist immer auf das gegenwärtige Sichdarbieten ihrer Objekte gerichtet. Das bedeutet aber, daß wir mit unserer Untersuchung über den illuminativen Schein noch gar keinen Ausstieg aus der Orientierung an der situativen Realität gefunden haben. Sicher, dem Anschein, daß da ein Bild an der Wand ist, entspricht im Raum der Installation von Turrell keine Wirklichkeit. Zugleich aber bleibt das Faktum dieses Anscheins eine wichtige

41 Im übrigen ist daran zu erinnern, daß das Theater nicht immer ein narratives Sinngeschehen inszeniert, sondern auch – wie gegenwärtig etwa im Musiktheater von Heiner Goebbels – nichtfingierende reale Handlungen auf einem theatralischen Schauplatz präsentieren kann.

Wahrheit über die vom Künstler hergestellte Situation. Der Anschein ist wirklich da, und nur hier ist er da.

Wenn wir also verstehen wollen, warum der ästhetischen Erfahrung nachgesagt wird, daß sie nicht allein einen besonderen Zugang zum Wirklichen, sondern ebenso einen besonderen Ausgang aus ihm eröffnet, müssen wir eine weitere Dimension des Ästhetischen in Betracht ziehen. Diese hat ihre Wurzel in der Macht der Vorstellung, weit über die jeweilige und sogar über jede wirkliche Situation hinauszugehen. Jedoch ist dies kein allein ästhetisches Vermögen. Im Denken und Planen sind Ausgriffe in Vergangenheit und Zukunft, in mögliche und unmögliche Verhältnisse gang und gäbe. Und auch die sinnlichen Vorstellungen, die hierbei beteiligt sind, sind nicht als solche ästhetisch; die ästhetischen stellen vielmehr eine Spielart der sinnlichen Vorstellungen dar. Diese ästhetischen Vorstellungen aber sind ihrerseits keine *Wahrnehmungen* in dem bisher behandelten Sinn, da sie nicht auf eine anwesende, sondern auf eine abwesende Gegenwart bezogen sind.

Dieses Kapitel handelt davon, wie beides, ästhetische Vorstellung und ästhetische Wahrnehmung, in eine enge Verbindung gelangt. An den Objekten, an denen es zu dieser Verbindung kommt, haben wir beides: eine gesteigerte Hinwendung zur Gegenwart und ein gesteigertes Hinausgehen aus ihr, oft sogar: eine intensivierte Anschauung der momentanen und zugleich einer imaginären Gegenwart. Wo diese Verbindung auf die eine oder andere Weise eintritt, spreche ich von *Objekten der Imagination*. Dies sind Objekte, die als besondere Objekte der Wahrnehmung zugleich besondere Objekte der Vorstellung sind. Diese eminente Möglichkeit, wie sie vor allem durch Objekte der Kunst bereitgestellt wird, ist bisher noch gar nicht zur Sprache gekommen. Erst eine Analyse der ästhetischen *Vorstellung* also führt uns zu einem hinreichend differenzierten Begriff der ästhetischen *Wahrnehmung* und ihrer Objekte.

Wir können sinnliche Objekte nicht allein wahrnehmen, wir können sie uns auch vorstellen. Zur sinnlichen Wahrnehmung gehört die Anwesenheit ihrer Objekte, zur sinnlichen Vorstellung jedoch nicht. In diesem Sinn, als einen Kontrastbegriff zu dem der Wahrnehmung, werde ich den Begriff der Vorstellung im folgenden gebrauchen.[42] Während sich Wahrnehmungen auf Objekte und Zustände beziehen, die in der Reichweite ihres Vollzugs vorhanden sind, beziehen sich sinnliche Vorstellungen auf Objekte und Zustände, die sich nicht in der Reichweite der Wahrnehmung befinden – sofern sie denn überhaupt existieren. Im vorstellenden Bewußtsein halten wir uns abwesende Objekte und Situationen in einer mehr oder weniger klaren oder komplexen sinnlichen Verfassung präsent.[43]

Wie das ästhetische Wahrnehmen ein Modus der sinnlichen Wahrnehmung ist, so ist auch das ästhetische Vorstellen ein Modus der sinnlichen Vorstellung. Ästhetische Vorstellungen unterscheiden sich von nichtästhetischen genau darin, daß in ihnen sinnliche Objekte *in ihrem Erscheinen* vorgestellt werden.

Bevor ich dieses neue Verhältnis kommentiere, möchte ich auf eine Konsequenz hinweisen, die uns noch beschäftigen wird. Wie das sinnliche Bewußtsein wesentlich weiter reicht als das der sinnlichen Wahrnehmung, nämlich unter Einschluß des sinnlichen Vorstellens, so reicht auch das ästhetische Bewußtsein wesentlich weiter als das der ästhetischen

42 In einem weiten Sinn verstanden, umfaßt das Wort »Vorstellung« alle Arten geistiger Zustände, in denen etwas als etwas vergegenwärtigt wird: ob es sich um anwesende oder abwesende Bälle oder um schlüssige oder unschlüssige Beweise handelt. Diesem weiten Gebrauch werde ich jedoch nicht folgen.

43 Für Objekte der Vorstellung ist es demnach charakteristisch, »anschaulich-abwesend zu sein«: J.-P. Sartre, Das Imaginäre. Phänomenologische Psychologie der Einbildungskraft, Reinbek 1971, 57.

Wahrnehmung im bisher behandelten Sinn, also der simultanen Aufnahme realer und präsenter Erscheinungen, wie scheinhaft sie auch sein mögen. Auch wenn wir uns auf das wache vorstellende Bewußtsein beschränken, also den Imaginationen des Traums keine eigene Beachtung schenken, zeigt sich hier, daß sich die Domäne des Ästhetischen keineswegs in Zuständen der Wahrnehmung erschöpft. Diese Wahrnehmungszustände aber waren der zentrale Schauplatz der bisherigen Untersuchung – und sie werden es auch im weiteren bleiben. Denn ich werde dafür argumentieren, daß die Wahrnehmung und ihre Objekte in der Tat den zentralen Bereich der Ästhetik ausmachen, auch wenn das ästhetische Vorstellen diesen Bezirk oft und gerne verläßt. Bevor aber das Argument formuliert werden kann, müssen wir noch einmal unseren Horizont erweitern.

Objekte sinnlichen Bewußtseins

Zu den Gegenständen sinnlichen Bewußtseins gehören erstens nicht allein *gegenwärtige*, sondern darüber hinaus *vergangene* und *künftige* Objekte; zweitens nicht allein *reale*, sondern darüber hinaus *irreale* Objekte. Dieses Spektrum von Möglichkeiten müssen wir bei der Unterscheidung von sinnlicher Wahrnehmung und sinnlicher Vorstellung im Auge haben.

Unter *realen Sinnenobjekten* verstehe ich empirische Gegenstände, die in der Reichweite unserer Wahrnehmung waren, sind oder sein könnten. Diese realen Objekte können in der Wahrnehmung präsent sein (wie dieser Ball hier), sie können präsent gewesen sein (wie mein gestriges Frühstück) oder präsent werden (wie das morgige). Entscheidend ist die *Möglichkeit* realer Präsenz. Reale Objekte, heißt das, können durchaus zeitlich oder räumlich unerreichbar sein (wie es für mich das heutige Frühstück von John Travolta ist oder für die derzeitige Menschheit der Frühling auf dem lieblichen Planeten einer weit entfernten Galaxie). Real sind sie, weil sie der wahrnehmenden Begegnung *prinzipiell* zugänglich sind oder zugänglich waren.

Irreale Sinnenobjekte hingegen sind Gegenstände, die nicht (wenigstens prinzipiell) in der Reichweite unserer Wahrnehmung sind. Sie können uns – wie die Dinge, soweit wir wissen, liegen – nicht als empirische Gegebenheiten präsent sein. Das bedeutet, irreale Objekte sind »Objekte« einer besonderen Art. Sie sind nur zusammen mit Vorstellungen von ihnen überhaupt »gegeben«. Ihnen geht die Eigenständigkeit realer Objekte ab. Wir können ihnen nicht *begegnen*. Ihnen kommt keine eigene Gegenwart zu.

Trotzdem sind wir mit vielen irrealen Objekten recht gut vertraut – mit Rosinante, dem Gaul des *Don Quijote*, mit Einhörnern und Vampiren unterschiedlicher Herkunft, mit Italo Calvinos *Unsichtbaren Städten*, mit einem gewissen dänischen Prinzen oder mit der Sonate von Vinteuil aus Prousts *Auf der Suche nach der verlorenen Zeit*. Aber in allen diesen Fällen gibt es eine – literarische oder filmische – *Partitur* (oder eine Reihe solcher Partituren), die sie uns vorstellbar oder anschaubar macht. Diese Quellen unserer durch Literatur oder Film angeleiteten Phantasie sind ihrerseits *reale* Objekte, die unter anderem dazu da sind, unserer Phantasie Nahrung zu geben. Die Bekanntschaft mit Wesen und Welten der Phantasie ist hier immer zugleich eine Begegnung mit literarischen oder filmischen *Werken*. Die in diesen Werken präsentierten irrealen Objekte sind nicht lediglich zusammen mit jeweiligen subjektiven Vorstellungen von ihnen gegeben. Die Geschichte der Rosinante und ihres Besitzers steht in jeder Ausgabe des Romans von Cervantes zu lesen. Während man über diese Partituren weidlich diskutieren kann (»Ist Rosinante nicht eigentlich ein Maultier?«, »Steht Rosinante nicht insgeheim für die Unzulänglichkeit der Sprache?«), läßt sich über die Objekte meiner bloßen Vorstellung kaum debattieren. Höchstens über meine blassen *Auskünfte* ließe sich reden; die Vorstellungen aber, über die ich so Auskunft gebe, entziehen sich einer öffentlichen Beurteilung. Während kollektive Phantasien auf öffentliche Medien (mündliche Überlieferung, Literatur, Kino etc.) angewiesen sind, existieren sie nur als Gebilde einer individuellen Phantasie.

Die Unterscheidung zwischen realen und irrealen Objekten sinnlichen Bewußtseins verhält sich jedoch nicht symmetrisch zu derjenigen zwischen Wahrnehmung und Vorstellung. Denn auch reale Objekte können auf verschiedene Weise Objekte der Vorstellung sein: ich stelle mir die Installation von James Turrell von meinem Schreibtisch aus vor; ich betrachte den farbigen Ausschnitt in der Wand, als wäre es ein monochromes Gemälde von Yves Klein. Der entscheidende Unterschied zwischen sinnlicher Wahrnehmung und sinnlicher Vorstellung (in der hier zugrundegelegten Bedeutung) liegt vielmehr in der Art der *Präsenz* ihrer Objekte. Wahrnehmung bezieht sich auf aktuell *anwesende*, Vorstellung hingegen auf (gegenwärtig oder grundsätzlich) *abwesende* Objekte.

Objekte der Wahrnehmung in diesem Sinn sind Gegenstände, die im Umkreis der sinnlichen Auffassung gegeben sind bzw. gegeben sein könnten. Sie sind phänomenal erreichbare Objekte. Objekte der sinnlichen Vorstellung hingegen sind Gegenstände, die zum Zeitpunkt ihrer Auffassung nicht anwesend sind, sondern in einem erinnernden, erwartenden oder phantasierenden Ausgriff vergegenwärtigt werden. Sie sind phänomenal charakterisierbare, jedoch – gegenwärtig oder überhaupt – unerreichbare Objekte. Die Möglichkeiten eines in dieser Weise vorstellenden Bewußtseins sind außerordentlich komplex. Wir können uns vorstellend auf reale oder irreale Objekte beziehen – auf abwesende Bälle oder nie dagewesene Geschöpfe. Wir können dies erinnernd oder antizipierend tun – im Gedanken an die Äpfel, die letzten Herbst auf dem Rasen lagen und dort bald wieder zu sehen sein werden. Wir können dies konstatierend oder phantasierend tun – in Erinnerung daran, wie etwas tatsächlich war, oder in einer vorstellenden Abwandlung, wie es in dieser oder einer anderen Welt hätte sein können. Wir können allen diesen Vorstellungen eher unterliegen oder sie eher steuernd verfolgen. Und wir können uns das sinnlich Vorgestellte eher in seinem Sosein oder eher in seinem Erscheinen präsent sein lassen.

Wenn ich mich an jenen roten Ball im Garten erinnere, der jetzt längst auf dem Dachboden liegt, so ist dieser ein Objekt der Vorstellung; er ist es ebenfalls, wenn ich wieder einmal diesen Garten betrete und erwarte, daß er immer noch dort liegen werde (ob dies nun so ist oder nicht). Wenn dort aber (diesmal) statt des Balls ein roter Fahrradhelm liegt, ist dieser Helm (den ich im ersten Augenblick für einen Ball halte) ein Objekt der Wahrnehmung; er bleibt es, wenn ich die Täuschung bemerke. Wenn ich aber, der ich glaube, daß dort ein roter Helm liegt (obwohl es in Wahrheit ein Ball ist), mir vorstelle, dort sei ein Ball, so ist das Objekt meines sinnlichen Bewußtseins ein reales *und* ein irreales Objekt – und beidemal ein Ball. Stelle ich mir aber, Rilke lesend, einen Ball *wie diesen* als das Objekt eines kosmischen Spiels vor, so verwandelt er sich wiederum in ein Objekt der Vorstellung. Verweile ich hingegen in einer Betrachtung *dieses* Balls und denke dabei an Rilkes Gedicht, so wird dieser Ball zu einem Objekt *zugleich* meiner Wahrnehmung und meiner Vorstellung. Es handelt sich hier nicht um einen realen und einen vorgestellten Ball wie bei meiner irrtümlichen Projektion der Gestalt eines Balls auf einen vermeintlichen Helm, der in Wahrheit ein Ball war. Vielmehr wird hier der anwesende *reale* Ball zum *Objekt* einer (durch das Gedicht angeregten) ästhetischen Imagination; die Wahrnehmung verweilt bei einem gegebenen Objekt und geht in diesem Verweilen weit über alles unmittelbar Gegebene hinaus.

Diese Modulationen kennzeichnen eine Spannweite des sinnlichen Bewußtseins, die sich das ästhetische Vorstellen häufig bis hin zu einer weitreichenden ontologischen Promiskuität zunutze macht.[44] Es gehört zum Spielraum ästhetischen Bewußtseins, daß wir uns in seiner Dauer nicht immer (nur) bei den real *präsenten* Objekten und nicht immer (nur) bei einer Vergegenwärtigung *realer* Objekte aufhalten. Immer aber zeichnet sich das ästhetische Vorstellen durch eine imaginierte sinnliche *Gegenwärtigkeit* des Vorgestellten aus.

Sinnliche Vorstellungen beziehen sich auf Objekte, die sich nicht in der Reichweite der leiblichen Wahrnehmung befinden. Diese Vorstellungen werden zu *ästhetischen* Vorstellungen, sobald diese Objekte in ihrem Erscheinen imaginiert werden. Die Rede von »Objekten« der Vorstellung ist dabei stets in der am Ende von Kapitel 2 erläuterten *formalen* Bedeutung zu verstehen. Das ästhetische Vorstellen von etwas – einem einzelnen Ding oder Ereignis oder einer Konstellation von Dingen und Ereignissen – werde ich auch abkürzend als *Imagination* bezeichnen. Diese Imagination kann ebenso wie die ästhetische Wahrnehmung jederzeit und überall in Gang kommen. Wie jene ist sie nicht eine Sache allein des visuellen Bewußtseins, sondern umfaßt die Empfänglichkeit aller Sinne; wie jene ist sie auch dort synästhetisch veranlagt, wo die Perspektive *eines* Sinns im Vordergrund steht. Imagination in diesem Sinn bedeutet, sich an ein sichtbares, hörbares, fühlbares, schmeckendes, riechendes Objekt *in seinem Erscheinen* zu erinnern oder es sich vorzustellen. Auch die so verstandene ästhetische Vorstellung ist somit immer eine Vergegenwärtigung von Ereignissen des Erscheinens, von Ereignissen aller-

44 Unter Hinweis auf Husserl und Sartre bestimmt Wolfgang Iser das Verfahren der Imagination einleuchtend als eines der »Modifikation«: ders., Das Fiktive und das Imaginäre. Perspektiven literarischer Anthropologie, Frankfurt/M. 1991, 393 ff., vgl. 345 ff.

dings, die in der (leibzentrierten) Situation dieses Vorstellens nicht gegenwärtig sind.

Ein wichtiges Medium der Imagination ist die Erinnerung. Auch das Erinnern aber steht in der Polarität eines eher nichtästhetischen oder ästhetischen Bezugs. Ich kann mich daran erinnern, was und wo etwas war, oder aber daran, wie es da war. »Der Ball lag mitten auf dem Rasen« wäre eine Auskunft, die ein Zeuge in einem Mordprozeß geben könnte. Dies wäre eine rein faktische Erinnerung. »Der rote Ball auf dem grünen Rasen!« – dieser Satz hingegen könnte eine ästhetische Erinnerung evozieren. So ist es bei vielen Gelegenheiten, bei denen wir uns auf etwas Vergangenes besinnen. Wir können uns die Zeit und den Ort einer Begebenheit in Erinnerung rufen, oder aber, weit darüber hinaus, *wie es war*, zu jener Zeit an jenem Ort zu sein: an die sinnliche Präsenz, die Atmosphäre, das Erleben dieses Ortes. Ich kann überlegen, wann und wo ich zum letzten Mal als Kind an der Nordsee war, oder ich kann erinnernd vergegenwärtigen, wie es für mich, in meinem Erleben, damals dort war. Im Fall biographischer Erinnerungen läßt sich das eine oft gar nicht vom anderen trennen. Die Zeiten und Räume der Vergangenheit sind mit Imaginationen ihrer *vergangenen Gegenwart* durchtränkt. Sie präsentieren sich in einem Licht ihres Erscheinens. Ich vergegenwärtige den Geruch und den Geschmack des Meeres, das Licht der Landschaft, die Nässe der Kleidung, die Kälte des Windes, das Tun und Lassen der Spielkameraden und weiteres mehr – nicht eines nach dem anderen, sondern als ein oszillierendes, vielfach ins Diffuse sich auflösendes Geschehen. Verbunden sind diese imaginierenden Reminiszenzen mit einer Wiedererinnerung an die Erwartungen und Enttäuschungen, an das Hoffen und Bangen, das Gemisch und den Wechsel der Gefühle und Stimmungen, die mich damals beherrschten. Dieses Nachempfinden des Vergangenen ist niemals abgelöst von einer Vorstellung seines Gesichts und Geruchs, seines Geräuschs und Geschmacks. Keine erinnerte Emotionalität ohne erinnerte Sensualität.

Analoges gilt für die anderen zeitlichen Modi einer freien ästhetischen Vorstellung. Ich kann mir vorstellen, wie es an der Nordsee gewesen wäre, wäre ich dorthin noch einmal zurückgekehrt; ich kann mir mit allen Sinnen »ausmalen«, wie es wäre, einem ordentlichen Beruf als New Yorker Börsenmakler nachzugehen, oder wie es sein könnte, auf einem fernen lieblichen Planeten ein neues Leben zu beginnen. Ebenso kann ich die Lebenssituation anderer imaginieren – nicht wie es *für mich* wäre, der Inhaber meines Stammlokals zu sein, sondern wie es *für ihn*, den tatsächlichen Inhaber, wohl ist, tagaus, tagein das Lokal sich füllen und wieder leeren zu sehen. In jedem dieser Fälle ist die Vorstellung der Gegenwart dieser Situationen mit sinnlichen Vorstellungen einer Simultaneität von Gegebenheiten und Ereignissen verbunden, wie es auch bei der ästhetischen Anschauung präsenter Gegenwarten der Fall ist. Keine Vorstellung erlebter Gegenwart ohne Vorstellung ihres Erscheinens.

Imagination und Schein

Wir können aber auch *anwesende* Gegenstände zum Objekt einer imaginativen Wahrnehmung machen. Wir sehen jemanden und stellen uns vor, wie es wäre, mit ihm oder ihr eine Nacht oder ein Leben lang zusammenzusein, wir sehen einen Ball und stellen uns vor, es wäre eine rätselhafte Skulptur, wir hören Alarmsirenen und stellen uns vor, es wäre eine Komposition von Cage. Hier operiert die Imagination in einer mehr oder weniger großen Nähe zur Wahrnehmung eines ästhetischen Scheins – und doch wieder anders. Denn die Imagination ist an keinen Wahrnehmungsschein gebunden. Sie kann sich Freiheiten nehmen, die der Hinwendung zu einem Aufscheinen irrealer Erscheinungen nicht gegeben sind. Etwas muß nicht wie etwas anderes aussehen oder sich anhören, damit wir uns vorstellen können, daß es genau so – nämlich etwas anderes – ist.

Ästhetischer Schein, so hatte es geheißen, liegt vor, wenn wir etwas, das so und so erscheint, *als* etwas wahrnehmen können, ohne zu meinen, *daß* es so ist. Aber es muß *tatsächlich* so erscheinen – der Fahrradhelm wie ein Ball, der Stab gekrümmt, der Lichtraum wie die Fläche eines Bildes. Von dieser eigentümlichen Realität des Scheins kann sich die freie Imagination emanzipieren. Ein Meeresanblick, den ich wie ein Gemälde von Gerhard Richter bestaune und kommentiere, muß in keiner Weise wie ein *Bild* von Richter erscheinen. Das Sirenenkonzert *kann* gar nicht wie eine Komposition von Cage erscheinen, da es keine vergleichbare Komposition von ihm gibt. Trotzdem können wir es als ein Konzert à la Cage imaginieren. Und auch wenn sie von sinnlichen Gegebenheiten ihren Ausgang nimmt, kann sich die Kraft der ästhetischen Vorstellung jederzeit von allem konkreten sinnlichen Anschein und Erscheinen emanzipieren. Ich sehe Gestalten in den Bergformationen und stelle mir die Landschaft als das Zuhause von Fabelwesen vor – unter Ausblendung aller zivilisatorischen Spuren, die sie überreich enthält. Ich sehe den Potsdamer Platz im Jahre 1996 und stelle mir vor, es wäre eine Installation von Ilja Kabakov – unter souveräner Mißachtung der Planungen, denen sein Zustand sich tatsächlich verdankt. Ich nehme ein verwittertes Gemäuer wie ein Relief wahr und entschließe mich, ein Relief dieser Art zu machen – unter strikter Isolation dieser Wand von ihrer Funktion und Umgebung. Die freie Imagination ist unendlicher Modulationen fähig, die über alles hinausgehen können, was in realen Situationen gegeben und möglich ist. Außerdem braucht sie nicht jedesmal einen äußeren Anlaß, um ins Land ihrer Träume zu gelangen. Sie befriedigt unser Bedürfnis nach Schein weit über die Grenzen allen empirischen Seins und Scheins hinaus.

Eine Asymmetrie

Das ästhetische Vorstellen hat eine sehr viel größere und doch eine sehr viel geringere Reichweite als die ästhetische Wahrnehmung. Sie kann über ihre Objekte ganz anders verfügen; aber sie kann an ihren Gegenständen nur ein sehr viel begrenzteres Spiel der Erscheinungen entfachen. Dies zeigt sich, sobald wir eine gravierende Asymmetrie zwischen ästhetischer Wahrnehmung und ästhetischer Vorstellung beachten.

Während die ästhetische Wahrnehmung etwas in *seinem* Erscheinen aufnimmt, vergegenwärtigt die ästhetische Vorstellung etwas in *einem* Erscheinen. Die Objekte einer freien ästhetischen Phantasie haben kein strikt eigensinniges Erscheinen, wie es den Objekten der ästhetischen Wahrnehmung jederzeit zukommt. Gewiß, auch diese können nur aus einer jeweils beschränkten Perspektive wahrgenommen werden; etwas in seinem Erscheinen zu vernehmen bedeutet nicht, es in allen seinen Erscheinungen aufzufassen. Aber die Objekte der ästhetischen Wahrnehmung stehen jederzeit in einem Widerspiel zu ihrem Wahrgenommenwerden. Imaginierte Objekte hingegen zeigen eine weit geringere Varietät ihres Erscheinens. Während ein Objekt der Wahrnehmung fortwährend andere Eindrücke bietet, wenn wir uns in seiner Gegenwart bewegen, stehen die Objekte ästhetischer Vorstellungen stets in der *Regie* dieser Vorstellungen. Da ästhetische Vorstellungen (von Einhörnern, Aliens, Urlaubsorten) vielfach konventionalisiert sind, wäre es jedoch falsch zu sagen, das Vorgestellte stünde generell unter der Regie derer, die sich entsprechende Vorstellungen *machen*; dies hängt vielmehr ganz von der Intensität und Kreativität des jeweiligen Vorstellens ab. Aber das, was dabei vorgestellt wird, ist durch den Akt der Vorstellung sehr viel stärker festgelegt als das, was durch die ästhetische Wahrnehmung eines beliebigen realen Gegenstands zur Erfahrung kommt. Der Gegenstand der Imagination *folgt* den (kollektiven oder kreativen) Vorgaben unserer

Imagination auf eine Weise, in der kein Objekt den Erwartungen einer vollzugsorientierten Wahrnehmung entspricht. Was die ungebundene Imagination in bezug auf unerreichbare Räume, Zeiten und Gestalten an Bewegungsfreiheit gewinnt, verliert sie auf seiten der Besonderheit ihrer Gegenstände. Die erinnernde, antizipierende und phantasierende Vorstellung sinnlich gegebener Objekte schmälert ihre phänomenale Fülle. Dennoch entfaltet auch jedes abwesende Objekt, sobald es in einem Erscheinen imaginativ vergegenwärtigt wird, in einem gewissen Maß *sein* Erscheinen, *wie* ein in der Reichweite der Wahrnehmung vorhandener Gegenstand. Unsere Phantasie *projiziert* eine gewisse phänomenale Autonomie auch auf das bloß vorgestellte Objekt. Auch diese Objekte werden *als* Objekte der Wahrnehmung vorgestellt, in einer Weise, die der Anschauung realer Objekte *analog* ist. Aber dies bleibt eine geliehene Autonomie, die an die vitale Unbestimmbarkeit realer Sinnenobjekte nicht heranreichen kann.

Dies bedeutet auch, daß der *Inhalt* von Wahrnehmungen und Vorstellungen nicht derselbe ist, auch wenn sie demselben Gegenstand gelten – erst recht nicht, wenn es um das *Erscheinen* dieses Gegenstands geht. Meine Wahrnehmung dieses Balls hier im Garten, meine morgige *Erinnerung* an ihn und meine freie Vorstellung eines solchen Balls in einem solchen Garten haben nicht den gleichen Inhalt. Sehe ich ihn hier und jetzt, nehme ich Aspekte auf, die in meiner Erinnerung schon erloschen sein werden; stelle ich mir ihn vor, bleiben Aspekte ausgeblendet oder kommen hinzu, die genau dieser Ansicht des hier im Garten liegenden Balls niemals entsprechen können.[45] Kurzum, es macht einen Unterschied, ob ich ein Objekt *in* einer gegebenen Situation wahrnehme oder ob ich es mir *aus* einer gegebenen Situation vorstelle.

45 Eine Gegenposition vertritt Richard Schanz, Wahrheit, Referenz und Realismus. Eine Studie zur Sprachphilosophie und Metaphysik, Berlin-New York 1996, 364ff.

Die sinnliche *Begegnung* mit dem Objekt wird zu einer vorstellenden *Vergegenwärtigung*, die nicht auf eine Gegenwart des Vorgestellten angewiesen ist und darum an ihm auf einen geringeren Widerstand stößt.

Objekte der Imagination

Die ästhetische Vorstellung macht sich frei von der Gegenwart – und scheint damit in einem Widerspruch zu dem bisher behaupteten emphatischen Gegenwartsbezug der ästhetischen Wahrnehmung zu stehen. Die ästhetische Vorstellung richtet sich auf Objekte des Erscheinens, die keine Objekte der Wahrnehmung sind – und scheint damit der zu Beginn aufgestellten Maxime zu widersprechen, daß alle ästhetischen Objekte Objekte der Anschauung sind. Aber, so lautet meine Antwort: Es handelt sich hierbei einerseits um eine *geliehene* Gegenwart und eine *geliehene* Sinnlichkeit; andererseits findet die ästhetische Vorstellung in der Form einer *gebundenen* Imagination zu einem gesteigerten Bewußtsein von Gegenwart zurück. – Diese Möglichkeit einer *imaginativen* ästhetischen *Wahrnehmung* müssen wir in den Blick nehmen, bevor wir die maßgebliche Rolle der Wahrnehmung für das gesamte ästhetische Bewußtsein neu bestimmen können.

Wie jedes Wahrnehmen ist auch das ästhetische Vorstellen stets ein subjektiver Vollzug. In Wahrnehmungen jedoch wird etwas zugänglich, das unabhängig von ihren Vollzügen besteht. Auch wenn sinnliche *Vorstellungen* häufig auf bestehende Verhältnisse Bezug nehmen – auf Feriengebiete an der Nordsee oder das Ambiente der Wall Street –, so sind doch ihre eigentlichen, durch das Vorstellen vielfach modifizierten Objekte für andere nicht zugänglich. Sosehr ich meine Erinnerungen an die Nordsee oder meine Phantasien eines Lebens als Börsenmakler mit anderen teilen kann, das in der Vorstellung dieser Situationen Imaginierte kann ich mit niemandem teilen, soviel ich über sie auch sprechen mag, sosehr andere meine Phantasien auch (wie sie glauben) »nachvollziehen« können. *Imaginierte Objekte* haben keine Objektivität.

Mit *Objekten der Imagination* aber steht es anders. Denken wir an die oben erwähnten literarischen und filmischen »Partituren« eines ästhetischen Vorstellens – an den *Don Quijote*, an *Auf der Suche nach der verlorenen Zeit*, an *Nosferatu* oder die Episoden von *Star Wars*. Wie imaginativ die Wahrnehmung dieser Objekte sein mag, auch ihre Vollzüge sind subjektiv. Aber das, *was* hier wahrgenommen wird, ist es nicht. Ihm kommt die in Kapitel 2 beschriebene Objektivität ästhetischer Gegenstände zu. Es handelt sich um *gestaltete* Imaginationen, die Objekte einer ästhetischen Wahrnehmung sind, die ihrerseits ein imaginatives *Mitgehen* verlangen.

Dies ist der Schauplatz, an dem sich die beiden gegenläufigen Bewegungen des ästhetischen Bewußtseins treffen. Dies ist der Schauplatz einer Vertiefung in die Wirklichkeit des augenblicklich Erscheinenden und zugleich einer Überschreitung aller unmittelbaren Wirklichkeit. Hier sind Objekte, die ein Spiel von Erscheinungen entfachen, das die Vorstellung weit über das Spiel der anwesenden Erscheinungen hinaus trägt. Hier ist eine Wahrnehmung, die ihre Objekte in ihrer Besonderheit ernst nimmt, indem sie sich von ihnen in eine andere Gegenwart leiten läßt. Hier ist eine Imagination, die sich an eine Choreographie realer Prozesse des Erscheinens bindet und an ihnen in Situationen eines erweiterten oder unerreichbaren Daseins findet.

Ein einfaches Beispiel ist ein Satz aus Raymond Chandlers 1953 erschienenem Roman *The Long Goodbye*, den Peter Handke seinerzeit als Motto seines Meta-Kriminalromans *Der Hausierer* zitiert hat. »Es gibt nichts, was leerer aussieht als ein leeres Schwimmbecken.«[46] Das ist eine schöne Sentenz, die zwischen Anschaulichkeit und Sinnlosigkeit elegant die

46 P. Handke, Der Hausierer, Frankfurt/M. 1967. Handke zitiert aus der Übersetzung von Peter Fischer: R. Chandler, Der lange Abschied, Nürnberg 1954.

Schwebe hält. Man stellt sich einen Swimmingpool vor und sinniert, warum gerade er ein Optimum der Leere darstellen soll. (In dem Kriminalroman, in dem er steht, spielen natürlich noch andere Konnotationen herein.) Zugleich *hat* der Satz etwas von dem Zustand, von dem er spricht. Der zweifach verwendete (und einmal gesteigerte) Ausdruck »leer« stellt eine Fülle flacher Laute zusammen, die so etwas wie ein Klangbild des Zustands ergeben, von dem die Rede ist. Auf diese Weise ist die durch den Satz in Gang gebrachte Imagination von dem Satz nicht einfach erzeugt oder angestoßen, wie das auch ein leerer Swimmingpool bewerkstelligen könnte, sie ist vielmehr an eine Vergegenwärtigung dieses Satzes *gebunden*. Die metaphysische Leere des Pools spiegelt sich in der artifiziellen Leere des Satzes.

Wer das für eine Überinterpretation hält, lese das amerikanische Original. »Off to my left there was an empty swimming-pool«, heißt es bei Chandler, »and nothing ever looks emptier than an empty swimming-pool.«[47] Konzentrieren wir uns erneut auf den zweiten Halbsatz: »Nothing ever looks emptier than an empty swimming-pool.« Hier ist es weniger das zweifache »empty«, das im Vordergrund steht, sondern der Kontrast zwischen einerseits dem Wort und der vorgestellten Sache der »emptyness«, auf deren Seite sich das energische »ever« schlägt, und den volltönenden, sinnliche und sonstige Erfüllung versprechenden, am Ende noch einmal effektvoll gebündelten O-Lauten andererseits, von denen der Satz randvoll ist (zumal wenn man bedenkt, daß das letzte Wort vor dem Halbsatz wieder das Wort »pool« ist). Die Vorstellung der fehlenden Fülle (das heißt auch: des fehlenden

47 R. Chandler, The Long Goodbye, London 1979, 91. In der 1975 erschienenen deutschen Neuübersetzung nimmt Hans Wollschläger die zuspitzende Teilung des Satzes durch den früheren Übersetzer zurück und läßt die O-Laute des Originals stehen: »Zu meiner Linken lag ein leerer Swimming-Pool, und es gibt überhaupt nichts, was leerer aussieht als ein leerer Swimming-Pool.« R. Chandler, Der lange Abschied, Zürich 1975, 122f.

Wechsels von Wärme und Kühle, von Anspannung und Entspannung, also – in Chandlers Kalifornien – eines fehlenden, leblos gewordenen Lebens) wird hier von dem Widerstreit zwischen einer E-Musik mit einer O-Musik getragen und so in einer mehrfach zweideutigen – und darum nebenbei komischen – Schwebe gehalten. Die Intensität der Vorstellung, die der Satz wachzurufen vermag, hängt an der Suggestivität der Formulierung, mit der er es tut. Die Aufmerksamkeit für die *Imagination* dieses Satzes ist gleichbedeutend mit der lesenden oder hörenden Aufmerksamkeit für die Imagination dieses *Satzes*. Er setzt eine imaginative Vergegenwärtigung frei, die von dem semantischen, rhythmischen und akustischen Arrangement genau dieser Worte zu einer prägnanten Vorstellung der Sache geleitet wird.[48] Das Erscheinen des sprachlichen Gegenstands läßt eine abwesende Gegenwart erscheinen.

Schon dieser eine Satz ist ein veritables Objekt der Imagination; erst recht der Roman, in dem er steht. Ebenso trifft dies auf viele andere Romane und Erzählungen zu, die im Rhythmus ihrer Sätze eine nicht existente Welt entstehen lassen. Auch auf viele Formen der Musik trifft zu, daß sie in der Folge ihrer Klänge seelische Zustände nicht etwa (nur) erzeugen, sondern so charakterisieren, wie sie nicht in der gegenwärtigen, sondern in *möglichen* Situationen beherrschend sein könnten. Analog bieten die Bewegungen des Tanzes oft eine imaginäre Wirklichkeit dar, die von Anfang bis Ende von den sichtbaren und hörbaren Ereignissen eines Bühnengeschehens getragen ist. Der Darsteller, der den Hamlet gibt, muß nicht Hamlet sein oder zu sein scheinen, er muß uns nur eine überraschende und reiche Vorstellung des Hamlet geben. Die meisten Darbietungen im Theater sind *Vorstellungen* genau

48 Daß dabei jeder Leser *seine* Vorstellung von einem leeren Pool entwickelt, tut nichts zur Sache, solange sie alle *eine* Vorstellung gewinnen, in der Bedeutungsleere und Bedeutungsfülle einander unheilschwanger die Waage halten.

darin, daß sie im Zeitraum ihrer Inszenierung einen Raum der Imagination entstehen lassen. Ähnlich, aber doch wieder anders entwerfen die Bilder der Kunst und die Bewegungsbilder des Kinos oft Imaginationen einer Gegenwart, vor denen die Betrachter in der Gegenwart dieser Objekte zu ihrem Glück oder Unglück sicher sind.

Imagination, Interpretation, Reflexion

Viele Kunstwerke verfahren auf diese Weise. Aber nicht alle. Barnett Newmans *Who's Afraid of Red, Yellow and Blue IV* – das uns nicht zuletzt darum durch dieses Buch begleitet – verzichtet auf die Imagination einer grundsätzlich anderen Situation als der, die es für den Betrachter erzeugt. Dennoch kann es als ein Objekt der Imagination gelten, da es die anschauliche Dramatisierung einer künstlerischen und kulturellen Dynamik ist, die weit über die Situation der Wahrnehmung dieses Bildwerks hinaus wirksam ist. Das Kunstwerk selbst ist hier Teil einer von ihm exponierten allgemeineren Situation. Das dem Betrachter gegenwärtige Objekt wird zum Zeichen einer weit über die Situation seiner Wahrnehmung hinausreichenden Gegenwart. Die von dem Bild in Gang gesetzte Imagination bezieht sich in diesem Fall nicht auf ein *anderes* Weltverhältnis als das, das in der mitvollziehenden Wahrnehmung des Bildes entsteht; vielmehr erfaßt sie das Bild als *Exemplifikation* eines allgemeinen, unter anderem in der Situation vor dem Bild gegebenen Verhältnisses.[49] Das reale Kunst-Objekt verweist hier nicht auf irreale oder aktuell unzugängliche Objekte und Situationen, sondern exponiert einen generellen Zustand, der durch ein interpretatives Verweilen in *seiner* Gegenwart erfahren werden kann.

49 Zu diesem Begriff der künstlerischen Exemplifikation s. N. Goodman, Sprachen der Kunst. Entwurf einer Symboltheorie, Frankfurt/M. 1995, Kap. 2.

Auch dieses Interpretieren ist ein Imaginieren. Denn auch hier wird, wie es bereits zu Beginn des dritten Kapitels (S. 103) hieß, etwas vergegenwärtigt, »das die wahrnehmbare Gegenwart überschreitet«. Doch zeigt sich jetzt, daß sich der imaginative Bezug auf eine *andere* Gegenwart, von dem bisher die Rede war, auch in einem Bezug auf eine gegenüber der konkreten Wahrnehmungssituation *erweiterten* Gegenwart erfüllen kann. Hier werden keine abwesenden Objekte zur Vorstellung gebracht, hier wird ein künstlerisches Objekt dargeboten, das sich zum Schauplatz der anschaulichen Vergegenwärtigung einer allgemeinen, nicht an seine Präsenz gebundenen Situation erhebt. Die Überschreitung der gegebenen Situation liegt hier *in* der künstlerisch arrangierten Situation selbst – im Aufweis eines über diese Situation hinausreichenden, gleichwohl in ihr wirksamen Sinnprozesses.

Daß Objekte der Kunst eine Situation vor Augen führen, an der sie selbst Anteil haben, ist keineswegs an die sogenannte »abstrakte« moderne Kunst gebunden. Die in rituellen Funktionen stehende christliche Malerei oder Plastik etwa hatte immer auch diesen Sinn: nicht nur *Zeichen*, sondern darüber hinaus *Anzeichen* des in ihnen gestalteten Sinns zu sein. Jedoch sind es bestimmte Entwicklungen der modernen Kunst, in denen das Wachrufen menschlicher *Gegenwarten* von der Darstellung von Dingen und Ereignissen *in* diesen Gegenwarten *isoliert* worden ist. Hier ist eine ästhetische Vorstellung am Werk, die sich nicht in einem Bewußtsein des Erscheinens abwesender Ereignisse, sondern allein in einer anschaulichen Vergegenwärtigung von Sinnprozessen erfüllt. In Kontexten einer »gegenständlichen« Kunst dagegen haben wir es meist mit *beiden* Formen der Imagination zu tun: etwas (z.B. ein Swimmingpool) wird so dargeboten, daß an der Darbietung dieser Sache allgemeine Bezüge sinnenfällig werden (z.B. die gesteigerte Leere leerer Orte eines gesteigerten Vergnügens). Ob aber die von Werken der Kunst initiierte Sinn-Imagination auf unerreichbare oder erreichbare, reale oder irreale, präsente oder impräsente Gegenwarten gerichtet ist, immer hält sie sich bei dem Erscheinen dieser Werke auf und immer eröffnet sie die Anschauung eines Weltverhältnisses, das die augenblickliche Situation der Wahrnehmung überschreitet.

Auch diese künstlerische Legierung von Wahrnehmung und Imagination aber kann mit künstlerischen Mitteln verweigert werden. So verzichten einige der Ready-mades von Marcel Duchamp auf jede Darbietung eines über ihr bloßes Erscheinen hinausreichenden Sinns. Dennoch inszenieren auch sie eine Wahrnehmungssituation, in der *generelle* Möglichkeiten einer erfüllten ästhetischen Imagination ad absurdum geführt werden. Noch in dieser Verweigerung aber liegt ein Bezug auf das imaginative Potential der Kunst. Anders wären die artistische Paradoxie, die List und die Renitenz dieser Objekte gar nicht bemerkbar. Darauf werde ich im sechsten Kapitel zurückkommen, wo ich die Verfassung von Objekten der Kunst, die in die Analyse des ästhetischen Scheins und der ästhetischen Vorstellung zwangsläufig hereinspielt, eigens behandeln werde. Vorläufig kann als Faustregel gelten: Alle Kunstwerke stellen eine besondere Gegenwart her, aber nicht alle bieten die Anschauung einer *anderen* Gegenwart dar.

Alle jedoch müssen in ihrem Kalkül oder ihrer Konstruktion verfolgt und verstanden werden, um als künstlerische Objekte zur Wahrnehmung zu kommen. Dazu bedarf es nicht allein der Anschauung und Imagination, sondern oft genug der Reflexion. Diese ästhetische Reflexion ist in den Prozeß ihrer interpretierenden und imaginierenden Wahrnehmung der Kunstwerke eingeflochten. Erneut haben wir es mit einer Legierung geistiger Energien zu tun. Die verweilende Betrachtung des Bildes von Newman wird zu einer Besinnung auf die Relativität künstlerischer und kultureller Ordnungen nicht allein *führen*, je intensiver sie ausfällt, desto nachdrücklicher wird sie eine solche Reflexion *sein*. Das Auskosten des Satzes von Chandler wird den Leser zu einer exemplarischen Überlegung weniger *veranlassen* als vielmehr ein

Staunen über die abgründige Verwandtschaft von Fülle und Leere *beinhalten.* Entsprechend kann der von Turrell arrangierte Bild-Schein zur Imagination eines begehbaren Bildes weitergeführt werden, die sich auswächst zu einer Reflexion über die Räumlichkeit zweidimensionaler und die Bildlichkeit vieler dreidimensionaler Objekte. Diese Reflexionen stehen nicht neben der ästhetischen Wahrnehmung, sie sind eine wesentliche *Vollzugsform* der Anschauung von Objekten der Kunst. Sie sind es auch dann, wenn Überlegungen der einen oder anderen Art überhaupt erst in die Welt eines Werkes hineinführen – wie es beim Lesen von Musils *Mann ohne Eigenschaften*, der *Recherche* von Proust oder der Romantrilogie von Beckett geschehen kann. Für den Prozeß der kunstbezogenen Wahrnehmung ist es nicht entscheidend, welche dieser Kräfte – das sinnliche Vernehmen, das imaginierende Vorstellen oder die reflektierende Besinnung – jeweils die Führung übernimmt; entscheidend ist vielmehr, daß sie auf die eine oder andere Weise zusammen und dabei über kurz oder lang in *eine* Bewegung kommen.

Wir dürfen ja nicht vergessen, daß die ästhetische Wahrnehmung auch im Gebiet der Kunst auf ein vielfältiges *Wissen* angewiesen ist. Wie in die sinnliche Wahrnehmung ein reiches begriffliches Wissen eingeht, ohne das nichts in seiner über alles Wißbare hinausgehenden Besonderheit erfahren werden könnte, so nimmt auch die Wahrnehmung von Kunstwerken ein reiches historisches sowie theoretisches und praktisches Wissen auf, ohne das diese in *ihrer* Besonderheit nicht zur Erfahrung kommen könnten. Auch hier ist keine Separierung der ästhetischen von der erkennenden Anschauung möglich. Auch hier bleibt der Gedanke einer vollständigen kognitiven Erfassung der fraglichen Gebilde leer. Auch hier kommt es in der ästhetischen Begegnung darauf an, nicht ein Sosein zu vermessen, sondern einem Erscheinen nahe zu sein.

Im Fall der Kunst aber muß man hierbei mancherlei wissen, was für den Genuß eines Augenblicks im Garten nicht benötigt wird. Ich muß die Stationen der Heiligenlegende kennen, um Zugang zur christlichen Malerei gewinnen zu können; es ist hilfreich, von Newmans Opposition zu der Malerei Mondrians zu wissen, um die Operationen seiner *Who's afraid*-Bildserie zu verstehen. Oft setzt uns erst ein von historischen und kunsthistorischen Kenntnissen getragenes Verstehen in die Lage, uns von bestimmten Objekten der Kunst ergreifen zu lassen. Nur durch eine solche interpretative Basis kann häufig gesichert werden, daß unsere auf Kunstwerke gerichtete Imagination ein Mitgehen mit *ihren* Imaginationen ist. Sosehr die Kunst immer auch eine Startbahn für Überlegungen und Imaginationen ist, die weit über die Verfassung ihrer Werke hinausführen können[50], sie ist dieser Ausweg ins Unabsehbare nur, weil sie einen Weg in eine ansonsten unerreichbare (Anschauung von) Gegenwart bahnt.

Fakultative und konstitutive Objekte der Imagination

So nahe es liegt, diese objektgebundene Imagination an Werken der Kunst zu erläutern, sie kann sich auch außerhalb der Präsenz von Kunstwerken vollziehen. Denn Objekte der Imagination können ihren Status in einem *konstitutiven* oder aber in einem *fakultativen* Sinn haben. Sie haben ihn in einem konstitutiven Sinn, wenn sie eigens für ein imaginatives Wahrgenommenwerden gemacht (und dafür auch geeignet) sind. Sie erhalten ihn in einem fakultativen Sinn, wenn sie eine Konstellation von Erscheinungen sind, die inspirierten Personen ein imaginatives Wahrnehmungsspiel ermöglicht, obwohl sie nicht eigens dafür gemacht oder geeignet sind. Jeder belie-

50 »Ich bin nicht notwendig durch den Text der Lust *gefesselt*; es kann eine flüchtige, komplexe, geistesabwesende Handlung sein: eine plötzliche Kopfbewegung, wie die eines Vogels, der nicht hört, was wir hören, der hört, was wir nicht hören.« R. Barthes, Die Lust am Text, Frankfurt/M. 1974, 38.

bige leere Swimmingpool kann Reminiszenzen an Chandlers melancholisches Sprachbild wecken. Ebenso konnte die wie eine ungewöhnliche Kabakov-Installation wahrgenommene Großbaustelle am Potsdamer Platz in den Jahren 1994-1997 den Status eines fakultativen Objekts der Imagination gewinnen. Ilja Kabakovs die südliche Deichtorhalle in Hamburg ausfüllende Installation *Der Lesesaal* aus dem Jahr 1996 hingegen hatte für die Zeit ihres Bestehens einen konstitutiven Status: sie war dafür gemacht und in hohem Maß dafür geeignet, als ein Objekt der Imagination erkundet zu werden.

Oft ist es keine *eindeutig* kunstanaloge Wahrnehmung, durch die bestimmte Orte zu fakultativen Objekten der Imagination werden. Man denke an Manhattan oder an das Forum Romanum, die hierfür eine dauerhafte Gelegenheit bieten, ohne daß bestimmte Gemälde oder Filme die Wahrnehmung dominierten, wie sehr ihre Aura auch durch eine Vielzahl von Gemälden und Filmen imprägniert sein mag; man denke an Landschaften, die wie Kulissen einer imaginären Inszenierung aussehen, ohne daß dabei an einen bestimmten theatralischen Stil gedacht sein müßte; man denke an Orte der eigenen Vergangenheit, die wie das persönliche Combray erlebt werden können (drei Kirchtürme und eine Weißdornhecke finden sich fast überall), ohne daß es eine Übereinstimmung zwischen dem fiktiven Ort von Marcels Kindheit und dem realen Ort der eigenen Herkunft gäbe. Wie eng oder locker, eindeutig oder unbestimmt die Beziehung auf reale oder ihrerseits imaginierte Kunstwerke bei der Wahrnehmung eines fakultativen Objekts der Imagination auch sein mag, Analogien zur Kunst sind hierbei immer im Spiel, allerdings nicht immer in bewußter Weise. Werke der Kunst sind das zentrale, weit über die Anschauung von Kunstwerken hinaus einflußreiche Modell der gebundenen Imagination. Sie sind dieses Modell für die *Theorie* der gebundenen Imagination, weil sie es für ihre *Praxis* sind. Am Umgang mit Objekten der Kunst haben wir gelernt, Dinge und

Ereignisse der menschlichen Welt zu Objekten der Imagination zu erheben.[51]

In der Konsequenz bedeutet dies, daß die an die Wahrnehmung realer Objekte *gebundene* Imagination der freien, nicht an die Wahrnehmung vorhandener Sinnenobjekte angeschlossenen und darum *ungebundenen* Imagination die entscheidenden Modelle liefert. Wer Werke von Marcel Proust oder Claude Simon liest, verleiht seinen biographischen Erinnerungen einen anderen Takt und einen anderen Ton. Wer mit Filmserien wie der über das *Raumschiff Enterprise* vertraut ist, wird die fernere Zukunft in einer von der Bildwelt dieser Filme inspirierten Weise imaginieren. Bei den Hörern klassischer Musik ist die Vorstellung erfreulicher und unerfreulicher Situationen akustisch anders codiert als bei den Anhängern des Jazz (wo bei dem einen Chopin im Spiel ist, hört der andere einen Blues – und ein Dritter Tiraden des Rap). Wer im TV auf Arztserien fixiert ist, wird einem drohenden Sanatoriumsaufenthalt mit anderen Imaginationen entgegensehen als ein Leser des *Zauberberg*. Und so fort. Nicht erst im »Medienzeitalter« ist die Phantasie der Menschen mit Formaten der elitären und populären ästhetischen Produktion reichlich ausgestattet; aber sie ist es heute erst recht. Sie ist es so sehr, daß die *ungebundenen* Imaginationen, die unser Leben begleiten, als Variationen der *gebundenen* ästhetischen Imaginationen verstanden werden müssen, die ihre Vorlagen überall findet. Frei ist die freie Imagination in der Wahl der Zeiten und Gelegenheiten, zu denen sie sich abspielt; sie ist frei auch für eine Variation und Kombination der Vorlagen, auf die sie sich meist stillschweigend stützt; aber sie bleibt gelenkt durch die vorwiegend akustischen, visuellen und narrativen Muster, die sich der *artistischen* Imagination von Künstlern oder Werbeleuten verdanken.

51 Zu diesem Thema s. ausführlich: M. Seel, Eine Ästhetik der Natur, Frankfurt/M. 1991, Kap. 3: »Natur als Schauplatz der Imagination«, 135-184.

Die imaginierten, in ihrem Erscheinen nur vorgestellten Objekte, mit einem Wort, sind Ausgeburten der Objekte der Imagination. Sie stammen von realen Objekten des Erscheinens ab, die Anlässe einer Vergegenwärtigung weitreichender oder unerreichbarer Situationen sind. Aus deren Anschauung beziehen sie ihre Nahrung. Sie haben ihre Wurzeln nicht in der bloßen Kraft der *Vorstellung*, sondern in Prozessen der ästhetischen *Wahrnehmung*.

Ein Primat der Wahrnehmung

Dies dürfte nicht allein von den ästhetischen, sondern von allen sinnlichen Vorstellungen gelten. Sie sind aus dem Arsenal der wahrnehmbaren Erscheinungen gebildet. Der Käfer in Kafkas *Die Verwandlung* ist einem Käfer nachgebildet, auch wenn es eine in der Natur unbekannte Ausgabe ist, über die der Erzähler keine weiteren Auskünfte erteilt. Noch die phantasiereich gestalteten Aliens in Filmen wie *Men in Black* (USA 1997, Regie: Barry Sonnenfeld) sind erkennbar von dieser Welt, auch wenn sie in vermischten, verdrehten, gedehnten und sonstwie verkehrten Formen der bekannten Spezies daherkommen. Würde sich die künstlerische Imagination ganz aus der Welt der menschlichen Wahrnehmung entfernen, könnte sie die Imagination der Menschen nicht länger fesseln.

Darüber hinaus ist das Vermögen der Vorstellung aus internen Gründen mit dem der Wahrnehmung verbunden. Denn was wir uns sinnlich vorstellen, obwohl es den Sinnen nicht aktuell gegeben ist, sind Objekte, *wie sie wahrnehmbar wären* zu Zeiten und an Orten, an denen wir nicht sind oder sein können. Der Begriff der sinnlichen Vorstellung ist daher grundsätzlich von dem der sinnlichen Wahrnehmung abhängig. Entsprechend bleibt der Begriff der ästhetischen Vorstellung, um den es hier ging, abkünftig gegenüber dem zuvor entwickelten Begriff der ästhetischen Wahrnehmung. Dennoch müssen wir rückblickend überlegen, wie sich dieser bisherige Begriff der ästhetischen Wahrnehmung zu dem der ästhetischen Vorstellung verhält.

Das wichtigste Ergebnis ist, daß die ästhetische Wahrnehmung Prozesse der »gebundenen« ästhetischen Imagination einschließen kann. Die konstitutiven oder fakultativen »Objekte der Imagination« sind Objekte der *Wahrnehmung*, die zugleich eine *vorstellende* Aufnahme erlauben oder verlangen. Die ästhetische Wahrnehmung ist grundsätzlich für eine imaginierende Ausführung, Fortführung oder Erweiterung offen.

Um eine zugleich imaginierende *Ausführung* handelt es sich überall dort, wo die Wahrnehmung eines Gegenstands als eines *ästhetischen* Geschehens von Anfang an ein imaginierendes Mitgehen verlangt, etwa bei einer Darbietung des *Hamlet*, bei der Vorführung eines narrativen Films, bei der Betrachtung vieler künstlerischer Bilder oder beim Hören einer ausdrucksstarken Musik; ohne eine in der Gegenwart der Darbietung vollzogene Imagination der Gegenwart des Dargebotenen könnte die jeweilige Darbietung nicht als eine *künstlerische* Präsentation wahrgenommen werden. Um eine imaginativ ausgeführte Wahrnehmung aber handelt es sich auch bei dem Mitvollzug von abstrakten Weltverhältnissen, die in der Gestaltung ungegenständlicher Kunstwerke (wie Newmans Triptychon) anschaulich werden. Um eine imaginierende *Fortführung* der ästhetischen Wahrnehmung handelt es sich überall dort, wo Gegenstände, die schon ästhetisch auffällig sind, auch noch als Objekte der Imagination behandelt werden, man denke an unseren »cum Rilke« wahrgenommenen Ball. Um eine imaginierende *Erweiterung* der ästhetischen Wahrnehmung schließlich handelt es sich überall da, wo diese zum Ausgangspunkt einer imaginierenden Tätigkeit wird, die sich nicht länger (eng) an die Anschauung des anfänglichen Gegenstands hält. Die ästhetische Wahrnehmung kann hier, im Ausgang von einem ästhetischen Objekt, zu einem ungebundenen, durch dieses nur noch *veranlaßten* Phantasieren übergehen.

Obwohl aber das ästhetische Vorstellen auf alle diese Weisen in die ästhetische Wahrnehmung eingebettet oder an sie angeschlossen sein kann, reicht das ästhetische *Bewußtsein* deutlich über den Kreis der Wahrnehmung hinaus. Trotz der logischen Abhängigkeit des Begriffs der Vorstellung von dem der Wahrnehmung kann sich das Vorstellen unabhängig von Prozessen der Wahrnehmung vollziehen. In den Zeiträumen ästhetischen Bewußtseins gewärtigen wir etwas in seinem Erscheinen, sei dies ein raumzeitlich erreichbares oder unerreichbares, reales oder irreales Objekt – und das bedeutet: ob es nun ein sinnlich präsenter Gegenstand der *Wahrnehmung* ist oder nicht. Die ästhetische Wahrnehmungssituation, die im Zentrum meiner Betrachtungen steht, ist eine somit zwar sehr allgemeine, aber immer noch eine begrenzte ästhetische Situation.

Aber sie ist die für alle ästhetischen Verhältnisse *paradigmatische* Situation. Im Blick auf diese Situation muß der Zusammenhang von ästhetischem Objekt und ästhetischer Wahrnehmung entfaltet werden, von dem – trotz der charakteristischen Unterschiede – auch derjenige der ästhetischen Vorstellung und ihrer Objekte zehrt. Nur im Blick auf diese Situation haben wir es aufseiten der ästhetischen Objekte mit intersubjektiv zugänglichen Dingen, Ereignissen und Situationen zu tun – also mit Fällen einer *Objektivität* ästhetischer Gegenstände, die nicht in einem Belieben unserer sinnlichen Auffassung stehen. Und so sehr die Prozesse einer freien ästhetischen Vorstellung eine gravierende Modifikation dieser Situation darstellen, da es hier keine Objektivität und keine phänomenale Autonomie der intentionalen Gegenstände gibt, so sehr handelt es sich dennoch um eine *Modifikation* der grundlegenden ästhetischen Situation. Deswegen werde ich den Begriff des *ästhetischen Objekts* auch weiterhin für diejenigen Gegenstände reservieren, die in dieser für alles ästhetische Bewußtsein paradigmatischen Situation zur Anschauung kommen. So verstanden sind nicht alle ästhetisch *vorgestellten* Objekte zugleich ästhetische *Objekte*.

Zusammen mit den ästhetischen Objekten der Wahrnehmung aber müssen die Modifikationen verstanden werden, denen diese im vorstellenden Bewußtsein unterliegen können. Denn an den Objekten der Imagination hat sich gezeigt, daß der Begriff der ästhetischen Wahrnehmung *von sich aus* nach einer Analyse der ästhetischen Vorstellung verlangt, wenn nicht jene herausragenden Gegenstände verfehlt werden sollen, die gerade für eine imaginative ästhetische Wahrnehmung da sind. Ästhetische Wahrnehmung ist für ästhetische Imaginationen grundsätzlich offen. Dies ist ein entscheidender Zug ihrer Konstitution. Darum ist der von ihr vollzogene *Rückgang* auf die Gegenwart oft zugleich ein *Hinausgehen* über sie. Das Geschehen der ästhetischen Wahrnehmung vermag das Bedürfnis nach Sein, die Lust auf das Hier und Jetzt, ebenso zu stillen wie das Bedürfnis nach Schein, die Lust auf ein anderes Hier und ein anderes Jetzt. Oft genug tun sich beide zu dem Verlangen nach einer Anschauung realer und irrealer Gegenwart zusammen, das vielleicht die stärkste Triebkraft der ästhetischen Wahrnehmung ist.

5. Situationen des Erscheinens

Wir haben mittlerweile einen Begriff der ästhetischen Wahrnehmung gewonnen, der wesentlich differenzierter und reicher ist als der im ersten Kapitel entworfene und im zweiten Kapitel explizierte minimale Begriff. Auch dieses erweiterte Verständnis aber hebt allgemeine Grundzüge der ästhetischen Situation hervor, ohne die Unterschiedlichkeit dieser Situationen eigens zu thematisieren. Seine Kommentierung mußte die Breite der ästhetischen Praxis zwar berücksichtigen, konnte ihr aber theoretisch noch nicht gerecht werden. Die Pluralität der ästhetischen Situationen wurde bisher allein durch die Streuung der Beispiele vertreten. Sie konnte noch nicht systematisch behandelt werden. Auf dem Weg von einem minimalen zu einem umfassenden Begriff der ästhetischen Wahrnehmungssituation fehlt daher noch ein entscheidender Schritt.

Dieser Schritt ist nicht so groß, wie es vielleicht den Anschein hat. Denn die zusammengehörigen Begriffe des ästhetischen Objekts und der ästhetischen Wahrnehmung, bei denen wir angekommen sind, tragen die nötigen Differenzierungen bereits in sich. Je nachdem, ob und auf welche Weise die Aufmerksamkeit für das Erscheinende zugleich für die Sensationen eines sinnlichen oder imaginativen Scheins sowie für den Mitvollzug von Darbietungen offen ist, die im Medium des Erscheinens operieren, trifft sie auf andere Arten ästhetischer Objekte. Drei grundlegende Dimensionen dieses Erscheinens werde ich in diesem Kapitel vorstellen. Erst mit ihrer Differenzierung ist ein umfassendes Verständnis der ästhetischen Wahrnehmungssituation erreicht. Erst im Bewußtsein der Verschiedenheit der möglichen Objekte des Erscheinens läßt sich der Spielraum des ästhetischen Bewußtseins ermessen. Erst in Kenntnis dieses Spielraums läßt sich der emphatische Gegenwartsbezug der ästhetischen Wahrnehmung aufklären.

Zwischenbilanz

Ich beginne mit einem kurzen Resümee, das in Erinnerung rufen soll, was in der bisherigen Analyse gesichert worden ist. Ästhetische Wahrnehmung ist Wahrnehmung von etwas in seinem Erscheinen, um dieses Erscheinens willen. Ästhetische Objekte sind die Objekte dieser Wahrnehmung. Für die Plausibilität dieser minimalen Charakterisierung ist es entscheidend, daß in ihr die konstitutive *Offenheit* der ästhetischen Wahrnehmung betont und beachtet wird. Ihre wichtigsten Aspekte sind:

i. Ästhetische Wahrnehmung ist offen für das simultane und

momentane Spiel der Erscheinungen an ihren Gegenständen: sie ist offen für die jeweilige phänomenale Besonderheit ihrer Gegenstände und damit für das, was in jeder Bestimmung (und jeder Anzahl von Bestimmungen) eines Gegenstands der Wahrnehmung unterbestimmt bleibt.

ii. Darin ist sie zugleich offen für eine Interaktion des sinnlichen Vernehmens auch dort, wo es vorwiegend *ein* Sinn ist, mit dem die Präsenz der fraglichen Objekte aufgenommen wird. Sie ist ein grundsätzlich synästhetisches Vernehmen.

iii. In dieser latent oder manifest synästhetischen Aufmerksamkeit für das Erscheinende zeichnet die ästhetische Wahrnehmung eine Offenheit für die unmittelbare Gegenwart der Situation ihres Vollzugs aus, verstanden als je augenblickliche Konstellation der Dinge und Ereignisse, in deren Umgebung sie sich abspielt (oder auch nur: verstanden als sinnenfällige Besonderheit des einzelnen Dings oder Ereignisses, auf das sie sich konzentriert).

iv. Die ästhetische Wahrnehmung ist des weiteren offen für Phänomene eines nicht-illusionären (trotz Durchschaubarkeit sich erhaltenden) Scheins, die sie als zusätzliche Aspekte der Begegnung mit dem Gegenstand und damit als eine Intensivierung ihrer Verläufe anerkennt.

v. Diese Wahrnehmung ist außerdem jederzeit für eine imaginative Ausführung, Fortführung und Erweiterung offen: für ein sinnliches Vorstellen, das die Gegenwart des realen und präsenten Anschauungsgegenstands mit einer Vergegenwärtigung sei es allgemeiner, sei es irrealer, sei es räumlich und zeitlich unerreichbarer Verhältnisse auflädt (und damit wiederum bereichert).

vi. Als eine unreduzierte sinnliche Wahrnehmung ist das ästhetische Vernehmen nicht allein mit Begriffen reich instrumentiert, die sie in ihrem Spiel hält, sie ist auch offen für reflexive Bewegungen, mit denen sie Kalküle und Konstruktionen von Objekten des Erscheinens eruiert. Dabei verwendet und erzeugt sie vielerlei (historisches, kunsthistorisches und theoretisches) Wissen, das dazu dient, im Prozeß der

Wahrnehmung komplexen Prozessen am Gegenstand dieser Wahrnehmung auf die Spur zu kommen.

Ästhetische Wahrnehmung, so verstanden, bildet keine Alternative zur sinnlichen Wahrnehmung. Sie ist ein spezifischer Vollzug dieser Wahrnehmung. Sie ist diejenige sinnliche Wahrnehmung, die sich in ihren Verläufen für einige oder alle (mindestens aber für die ersten drei) der genannten Aspekte und Bezüge *öffnet*.

Für einige oder alle dieser Aspekte *offen* zu sein – dies ließe sich grundsätzlich auch von der sinnlichen Wahrnehmung *im allgemeinen* sagen. Gerade deswegen liegt ja die ästhetische Wahrnehmung überall nahe, wo überhaupt wahrgenommen wird. Aber was dort, für alle Wahrnehmung, nur grundsätzlich gilt, gilt hier, für die ästhetische, jederzeit. Das macht ihre besondere Stellung aus. Auf die eine oder andere Weise realisiert sie die genannten Modifikationen. Sie ist durch eine *aktive* Offenheit für (einige oder alle) der aufgelisteten Aspekte gekennzeichnet. Sie tritt aus einer Fixierung auf eine theoretische oder praktische Verfügung über ihre Objekte heraus. Sie nimmt ihre Objekte unabhängig von solchen Funktionalisierungen in ihrer phänomenalen Gegenwärtigkeit wahr. Sie ist hier und jetzt für das Spiel der ihr zugänglichen Erscheinungen offen.

Drei Dimensionen

Diese Wahrnehmung kann an ihren Gegenständen auf ein ganz unterschiedliches Erscheinen treffen – auch das gehört zu ihrer Offenheit für das Erscheinende. Wenn wir uns ganz auf das sinnliche Gegenwärtigsein von etwas beschränken, kommt es in seinem *bloßen* Erscheinen zur Wahrnehmung. Sobald die phänomenale Präsenz eines Objekts oder einer Situation als Widerschein einer Lebenssituation aufgefaßt wird, tritt ein *atmosphärisches* Erscheinen in den Vordergrund der Beachtung. Werden Objekte der Wahrnehmung hingegen als (meist imaginative) Darbietungen einer besonderen Art verstanden, haben wir es mit Formen eines *artistischen* Erscheinens zu tun.

Die sinnliche Verfassung von Wahrnehmungsobjekten kann also auf dreierlei Weise in eine ästhetische Gegenwärtigkeit treten.[52] Die Unterscheidung dreier Arten des Erscheinens ist keine rein analytische Unterscheidung. Wir können Oskars Ball bloß in seinem Erscheinen betrachten, unter Absehung von den atmosphärischen Bezügen, in denen er steht. Wir können ihn andererseits in der Fülle dieser Bezüge wahrnehmen, sagen wir, in einem Leuchten der Stille, in der der Garten liegt, seit das Spiel der Kinder vorbei ist. (Diese Situation ändert sich vollkommen, wenn der Ball noch im Gras liegt, nachdem das Kind längst aus dem Haus ist; oder wenn er hinter den Absperrungen der Spurensicherung ein vorläufiges Dasein als Objekt einer kriminalistischen Beweisaufnahme fristet.) Schließlich können wir den – sichtbar luftleeren – Ball betrachten, als wäre es eine Plastik von Claes Oldenburg, wodurch er sich unter anderem in ein *witziges* Objekt verwandelt, das seinen schlappen Charme auch an ganz *anderen* Orten als in diesem Garten entfalten könnte. Sosehr aber ästhetische Objekte den einen ästhetischen Status auch unabhängig von dem anderen gewinnen können, meist sind die Grenzen fließend. Zumal die bedeutenden Objekte eines artistischen Erscheinens sind meist zugleich herausragende Objekte eines atmosphärischen und eines bloßen Erscheinens. Die unterschiedlichen Dimensionen des Ästhetischen können ineinander übergehen, sie können miteinander koexistieren, aber sie können auch in Spannung zueinander stehen. *Ein* Objekt der Wahrnehmung kann ein mehrdimen-

52 Mit kleinen Änderungen nehme ich hier meine Unterscheidung zwischen »Kontemplation«, »Korrespondenz« und »Imagination« als den drei maßgeblichen Dimensionen des Ästhetischen auf: M. Seel, Eine Ästhetik der Natur, Frankfurt/M. 1991, Kap. 1-3, vgl. auch die Zusammenfassung 235-246.

sionales Objekt der *ästhetischen* Wahrnehmung sein. Analoges gilt von den Dimensionen der *Gegenwart*, deren wir in der ästhetischen Anschauung innewerden. Die bloße, die atmosphärische und die artistische Präsenz von Sinnenobjekten geben jeweils eine andere »Zeit für den Augenblick« und damit eine Zeit für einen jeweils anderen Augenblick frei. Aber auch diese Augenblicke können einander ablösen, überlagern, untereinander changieren oder – zumal in der Wahrnehmung von Kunst – in *eine* spannungsreiche Zeitdauer fallen.

Bloßes Erscheinen

Wir achten auf das bloße Erscheinen eines Gegenstands, wenn wir auf nichts weiter als auf die Fülle seines momentanen und simultanen Gegebenseins achten, einschließlich der Effekte eines tragenden sinnlichen Scheins, die sich dabei einstellen mögen. Man könnte sagen: Wir lassen den Gegenstand rein in seinem sinnlichen Erscheinen sein. Wir lassen uns von der bloßen Präsenz der an ihm koexistierenden und interferierenden Erscheinungen fesseln. Ich werde diese Form der sensitiven Begegnung auch als *kontemplative* ästhetische Wahrnehmung bezeichnen.

Dies ist eine *spezielle* Form der ästhetischen Wahrnehmung, nicht etwa ihre Grundform. Denn daß im Verlauf einer ästhetischen Anschauung *nichts weiter* zur Wahrnehmung kommt als die pure Phänomenalität ihrer Gegenstände, ist eine *besondere* Art ihrer Aktualisierung. Die *Simultaneität* der am Gegenstand vernehmbaren Erscheinungen wird hier in einer strikten *Momentaneität* wahrgenommen. Das Vernehmen der Gegenstände bleibt bei dieser radikalen Vergegenwärtigung stehen; dieses Stehenbleiben macht ihren Eigensinn aus. Während das in den ersten beiden Kapiteln entwickelte minimale Verständnis einen *generellen* Grundzug der ästhetischen Wahrnehmung herausgearbeitet hat, handelt es sich hier um einen *unter anderen*

Modi der ästhetischen Begegnung. Die Focussierung auf das Erscheinende, das sie mit den reicheren Formen der ästhetischen Anschauung teilt, ist schon alles, worum es der kontemplativen ästhetischen Wahrnehmung geht.

Dies aber schließt eine hohe Empfänglichkeit für die Attraktionen des ästhetischen Scheins ein. Die tendenzielle »ontologische Indifferenz« der ästhetischen Wahrnehmung wird hier auf eine Spitze getrieben. In dem Gebanntsein durch das bloße Erscheinen nehmen wir alles so, wie es jetzt gerade erscheint, gleichgültig, wie es um seine tatsächliche sinnliche Verfassung steht. Gegenüber dem Umfang der minimalen Charakterisierung der ästhetischen Situation können also jederzeit Elemente des Scheins ins Spiel kommen; dies zeigt erneut, daß diese erste Charakterisierung noch keiner *bestimmten* Form der ästhetischen Wahrnehmung galt. Aber die Komponenten des Scheins können kommen und gehen oder ganz fehlen; das bloße Erscheinen *ist* kein Schein, wie sehr es auch Elemente eines tragenden Scheins *enthalten* mag.

Die ästhetische Kontemplation verweilt bei den Phänomenen – ohne Imagination und ohne Reflexion. Sie geht in keiner Weise über die Gegenwart hinaus, sie geht nicht ins Exemplarische oder Allgemeine, sie sucht und findet keinen Sinn; sie bleibt in einem leiblichen Vernehmen der sinnlichen Präsenz ihrer Gegenstände stehen. Dies schließt ein intensives sinnliches Sich-selbst-Verspüren der Subjekte dieser Wahrnehmung ein, aber wiederum – ohne die Ambition eines über den Augenblick hinausreichenden Verstehens, ohne die Ambition einer Transzendierung des Hier und des Jetzt. Nur in der Vergegenwärtigung des bloßen Erscheinens können wir uns derart *ausschließlich* auf eine Anschauung des Gegenwärtigen verlegen. Hier zählt nichts als das Vernehmen der momentanen Gleichzeitigkeit des sinnlich Vernehmbaren. Jedoch ist dies nur *ein* Begriff der ästhetischen Gegenwart. Den beiden anderen Dimensionen entsprechen zwei weitere Begriffe des ästhetischen Sinns für den Augenblick.

Etwas zeigt sich in einem atmosphärischen Erscheinen, wenn es für die Wahrnehmenden in einer existentiellen Bedeutsamkeit anschaulich wird. So erinnert der Ball an das Lärmen der Kinder, die längst abwesend sind; so inszeniert eine Wohnungseinrichtung einen Wohlstand, dem man ansehen kann, daß er trügerisch ist. Atmosphäre ist ein sinnlich und affektiv spürbares und darin existentiell bedeutsames Artikuliertsein von realisierten oder nicht realisierten Lebensmöglichkeiten. In der Gestalt, die sie *haben*, *geben* die Objekte dieses Erscheinens der jeweiligen Situation eine charakteristische Gestalt – und zwar so, daß dieser von ihnen (mit)geschaffene Charakter der Situation an ihnen anschaulich wird. Man denke nur daran, wie eine bestimmte Musik die Atmosphäre in einem Raum, wie eine bestimmte Kleidung den Eindruck einer Person, eine bestimmte Architektur den Gestus einer Stadt verändern kann. Lebensumgebungen und Lebensverhältnisse nehmen durch diese Objekte und Stile einen Charakter an, der an ihnen nicht allein zur Erscheinung *kommt*, sondern den sie allein in dieser Fülle ihres Erscheinens *haben*. Das *bloße* Erscheinen verwandelt sich hierbei in ein atmosphärisch *artikuliertes* Erscheinen.

Freilich sind Atmosphären auch dann gegeben, wenn niemand eigens auf sie achtet. Wir sind von der Atmosphäre eines Raums umfangen und spüren sie, auch wenn wir von ihr nichts wissen. Wegen dieser Allseitigkeit hat Gernot Böhme vorgeschlagen, den Begriff der Atmosphäre zu dem Grundbegriff der Ästhetik zu erheben.[53] Die Ästhetik insgesamt soll eine Lehre von den Atmosphären werden – als Theorie einer Dimension der Wahrnehmung, die uns in allen anderen Prozessen des Anschauens, Erkennens und Handelns immer schon begleitet, als Analyse eines ästhetischen Verspürens, das uns

53 G. Böhme, Atmosphäre. Essays zur neuen Ästhetik, Frankfurt/M. 1995; ders., Anmutungen. Über das Atmosphärische, Ostfildern 1998.

unabhängig von den Graden seiner Bewußtheit orientiert. Dies ist ein anregender Vorschlag, der jedoch seinerseits erhebliche Eingrenzungen zur Folge hat. Das bloße Erscheinen kann von hier aus überhaupt nicht in den Blick geraten, das besondere Erscheinen der Kunst kann nur verkürzt zur Sprache kommen. Wer die Ästhetik so allgemein anlegt, wie Böhme es tut, hat Schwierigkeiten, den inneren Zäsuren der ästhetischen Praxis gerecht zu werden.

Deswegen arbeite ich mit einem engeren Begriff der ästhetischen Wahrnehmung, für den es maßgeblich ist, daß etwas in seinem Erscheinen *auffällig* wird. Das atmosphärische Erscheinen, von dem ich hier spreche, ist also nicht mit der generellen Spürbarkeit von Atmosphären gleichzusetzen; es ist vielmehr als ein sinnlich-emotionales *Gewahrsein* existentieller Korrespondenzen zu verstehen. Diese Explizitheit des Atmosphärischen ergibt sich, wenn es in seiner ureigenen Domäne eigens wahrgenommen wird: an dem synästhetischen Spiel von Erscheinungen, aus denen es gebildet ist. Atmosphären sind keine ominösen »Halbdinge«, wie es bei Böhme unter Hinweis auf Hermann Schmitz heißt, sie sind ein aus Temperaturen, Gerüchen, Geräuschen, Sichtbarkeiten, Gesten und Symbolen bestehendes Erscheinen einer Situation, das die, die sich in dieser Situation befinden, auf die eine oder andere Weise berührt und betrifft. Sobald sie diesem Spiel affektiv belangvoller Erscheinungen nicht allein positiv oder negativ ausgesetzt sind, sondern darauf aufmerksam werden, nehmen sie ihre Umgebung in einem atmosphärischen Erscheinen wahr.

Daß sich etwas in *einem* atmosphärischen Erscheinen zeigt, kann also durchaus bedeuten, daß sich etwas in *seinem* atmosphärischen Erscheinen zeigt: daß eine bereits *wirksame* Atmosphäre auffällig wird. Es kann aber auch bedeuten, daß sich die Atmosphäre mit der ästhetischen Aufmerksamkeit schlagartig verändert – ich verweile bei dem Anblick des Balls und verfalle in Melancholie bei der Erinnerung an die längst verschwundenen Kinder. Immer zeigt sich oder ergibt sich das

Atmosphärische dabei aus einer Korrespondenz zwischen – längerfristigen oder augenblicklichen – Lebensvorstellungen und Lebenserwartungen und dem, wie eine Situation – längerfristig oder augenblicklich – im Licht dieser Dispositionen erscheint. Deswegen kann man hier auch von einer *korresponsiven* ästhetischen Wahrnehmung sprechen. Auch dies aber ist ein objektives Verhältnis in dem Sinn, daß es von jedem mitvollzogen werden kann, der entsprechende existentielle Affinitäten hat oder kennt.[54]

Anders als bei der Wahrnehmung eines bloßen Erscheinens, die sich ganz auf das sinnliche Gegebensein ihrer Objekte konzentriert und hierin einen *Abstand* zu allen Sinngebungen findet, ist die Wahrnehmung atmosphärischer Korrespondenzen immer ein *sinnhaftes* Vernehmen. Hierbei spielen Aspekte des biographischen und historischen Wissens eine oft wichtige Rolle. Die Verwendung ritueller Objekte bei einer religiösen Zeremonie wird mir nichts sagen, wenn ich nicht weiß, was das für Gegenstände sind und wofür sie stehen; die überlegene Aura eines teuren Designer-Stücks gegenüber einem ordinären Ikea-Möbel wird mir nicht aufgehen, wenn ich von solchen feinen Unterschieden keine Kenntnis habe. Das Bewußtsein für Atmosphären aktiviert ein Wissen um kulturelle Bezüge, in denen ihre Wahrnehmung steht. Außerdem schließt es häufig Akte der Imagination mit ein, in denen zugleich eine *andere* Gegenwart phantasiert oder in Erinnerung gerufen wird (die Zeit, als dieser Ball noch ein Mittelpunkt in Oskars Leben war; die Zeit, in der die Enkel den Garten wieder mit Leben erfüllen werden). Dabei können Aspekte der

54 Daß Landschaften, Wohnungen oder Städte eine bestimmte Atmosphäre dauerhaft *haben*, bedeutet, daß sie eine bestimmte Gestimmtheit in ihrer Gegenwart *nahelegen*, wenn nicht andere Interessen und Stimmungen die Empfänglichkeit für die von ihnen entfachten Korrespondenzen überlagern. Sie stehen in einer positiven oder negativen, schönen oder erhabenen *Proportion* zu menschlichen Lebensmöglichkeiten. Dies habe ich ausgeführt in: M. Seel, Eine Ästhetik der Natur, a.a.O., 240-244.

gegenwärtigen Situation auch als fakultative Objekte der Imagination zur Wahrnehmung kommen, etwa wenn eine Landschaft zugleich als Landschaftsbild oder eine städtische Szene zugleich als theatralische Inszenierung wahrgenommen wird. Für das Bewußtsein des atmosphärischen Erscheinens aber bleibt in allen diesen Formen ausschlaggebend, daß die Vergegenwärtigung einer je gegenwärtigen Situation im Vordergrund steht. Sein Zentrum ist das perzeptive Verspüren, wie etwas *in* dieser Situation – oder wie diese *Situation* – mit meinem Wohl und Wehe (positiv oder negativ) korrespondiert oder korrespondieren könnte.[55]

Diese sinnenfällige Verschränkung von Wahrnehmungssituation und Lebenssituation unterscheidet die Gegenwartsorientierung der korresponsiven von derjenigen der kontemplativen ästhetischen Anschauung. Die Lebenssituation eines Menschen reicht über seine raumzeitliche Position hinaus: in die Vergangenheit seiner bisherigen Geschichte (und ihrer Einbettung in die allgemeine Geschichte), in eine von seinen Vorhaben, Hoffnungen und Befürchtungen gefärbte Zukunft.[56] Facetten dieser Lebenssituation werden dem korresponsiven ästhetischen Bewußtsein anschaulich. Wahrnehmend spüren wir dem nach, wie es ist, oder wie es war, oder wie es sein könnte, hier und jetzt, da und dort (gewesen) zu sein. Mit wachem Sinn für das atmosphärische Erscheinen nehmen wir unsere jeweilige konkrete, sinnlich eruierbare Situation als eine vorübergehende *Gestalt unseres Lebens* wahr.

Die Besinnung auf Gegenwart, die sich auch hier ereignet, hat einen deutlich anderen Charakter als im Fall des bloßen Erscheinens. Die Ausschließlichkeit der Konzentration auf das Hier und Jetzt ist hier nicht gegeben; das korresponsive

55 Der Konjunktiv zeigt an, daß Atmosphären auch in dem imaginativen Bewußtsein erfahren werden können, wie sie auf uns wirken würden, wenn wir andere wären, als wir (heute) sind – oder wie sie auf uns gewirkt haben, als wir noch andere waren.

56 Zum Begriff der »Lebenssituation« vgl. M. Seel, Versuch über die Form des Glücks, Frankfurt/M. 1995, 69-74.

Bewußtsein ist für alle – schönen wie schrecklichen – Anklänge vergangener und künftiger Zeiten offen. Sosehr diese beiden Arten ästhetischer Situationen einander ablösen können, miteinander zur Deckung kommen können sie nicht. Die ausschließliche und die einschließende ästhetische Besinnung auf den Augenblick stellen eine Gegenbewegung der ästhetischen Aufmerksamkeit dar.

Artistisches Erscheinen

Kunstwerke sind weder nur Objekte eines *bloßen* noch lediglich eines *atmosphärischen* Erscheinens, obwohl sie beides – und beides in einem eminenten Maß – häufig *auch* sind. Sie haben ein nochmals anderes Erscheinen als die bisher behandelten Arten ästhetischer Objekte. Es braucht keinerlei Kunst oder Bezug auf Kunst, damit ein bloßes oder ein atmosphärisches Spiel von Erscheinungen wahrgenommen werden kann. Auch wenn fakultative und konstitutive Objekte der Imagination für die Atmosphäre eines Ortes nicht selten eine Rolle spielen, so ist doch der *Begriff* der ästhetischen Korrespondenz nicht von derartigen Kunst-Bezügen her zu formulieren. Die Auffälligkeit von Atmosphären ist nicht als solche ein künstlerisches Verhältnis. Dies bedeutet umgekehrt, daß der Status von Kunstwerken mit den Begriffen der ästhetischen Kontemplation und Korrespondenz nicht hinreichend erfaßt werden kann.[57]

Von den anderen Objekten des Erscheinens unterscheiden sich Kunstwerke grundsätzlich dadurch, daß sie *Darbietungen* sind. Nach Arthur Dantos überzeugendem Vorschlag dürfen Objekte der Kunst weder mit »mere real things« noch mit

57 Diese Verhältnisse habe ich eingehender erörtert in: M. Seel, Eine Ästhetik der Natur, a.a.O., 257-266, und ders., Zur ästhetischen Praxis der Kunst, in: ders., Ethisch-ästhetische Studien, Frankfurt/M. 1996, 126-144.

»mere representations« gleichgesetzt werden.[58] Sie sind Sinnenobjekte, die sich von anderen Sinnenobjekten dadurch unterscheiden, daß sie Darbietungen sind; sie sind Darbietungen, die sich von anderen Darbietungen dadurch unterscheiden (das ist nun nicht Dantos, sondern meine Formulierung), daß sie Darbietungen *im Medium des Erscheinens* sind. Es genügt nicht, die Objekte der Kunst von anderen nichtästhetischen Dingen und Darbietungen abzuheben, sie müssen ebenso von den anderen Arten *ästhetischer* Objekte abgehoben werden, also von den Gegenständen eines bloßen und eines atmosphärischen Erscheinens, oder genauer: von jenen Objekten, die *bloß* Objekte eines bloßen und atmosphärischen Erscheinens sind.

Da das nächste Kapitel eigens von der Kunst handeln wird, werde ich diese Differenz hier nur andeuten. Kunstwerke sind *konstellative Darbietungen.* Konstellativ sind Darbietungen, deren Sinn an eine nichtsubstituierbare (durch keine andere Kombination von Elementen ersetzbare) Ausführung ihres Materials gebunden ist. Der entscheidende Unterschied zu anderen Formen der sprachlichen oder sonstigen Darbietung liegt darin, daß es hier auf eine genaue, individuelle Anordnung der Zeichenelemente ankommt – anders als bei der (nicht literarisch verwendeten) Schrift, anders als beim gesprochenen Wort, anders als bei Zeitungsfotos, Verkehrssignalen, Piktogrammen usw.[59] Unter diesem Aspekt der Individualität ihrer Zeichenbildung aber sind Kunstwerke eben-

58 A. Danto, The Transfiguration of the Commonplace, Cambridge/Mass.-London 1981.

59 Gewiß sind bei diesen Symbolisierungen oft *einige* Abfolgen genau festgelegt, etwa die Folge von Worten bei rituellen Aussprüchen oder die Folge der verschiedenfarbigen Signale bei einer Verkehrsampel. Viele andere Parameter – Intonation, Geschwindigkeit, Farbe etc. – können jedoch einer in höherem Maß arbiträren Behandlung unterliegen, als dies selbst bei solchen Kunstwerken der Fall ist, die mit diversen Zufallstechniken operieren (bei denen es immer entscheidend ist, daß sich genau *diese* (Arten von) Erscheinungen einer zufälligen Operation verdanken).

falls Objekte des Erscheinens. Denn die Konfigurationen, aus denen sie ihre Bedeutung gewinnen, sind nur einem verweilenden sinnlichen Vernehmen zugänglich. Im Unterschied zu den Objekten eines *bloßen* oder eines atmosphärisch *artikulierten* sind sie Gebilde eines *artikulierenden* Erscheinens.

Daher ist hier ein besonderer Mitvollzug verlangt. Kunstwerke sind Objekte, die in ihrem performativen Kalkül *verstanden* sein wollen. Dieses Verstehen muß sich nicht verbal vollziehen, es kann sich auch in leiblicher Bewegung entfalten, etwa beim Tanzen zu einer Musik oder bei der mit allen Sinnen tastenden Erkundung einer Rauminstallation; dennoch entfaltet es sich grundsätzlich im Kontext einer interpretativen, imaginativen und manchmal reflexiven Erschließung der künstlerischen Objekte. In dieser Angewiesenheit auf implizites oder explizites Verstehen liegt eine weitere wichtige Differenz zu den ästhetischen Objekten der Kontemplation und der Korrespondenz. Bei diesen gibt es oft nichts zu verstehen. »Ich verstehe diesen Ball nicht«, geäußert im Zuge einer verweilenden Betrachtung, wäre eine ziemlich seltsame Aussage. Und auch im Fall einer Lampe, die die Atmosphäre eines Raums zerstört, würden wir kaum sagen: »Ich verstehe diese Lampe nicht.« Wir würden eher sagen: »Ich verstehe nicht, wie man da so eine Lampe hinstellen kann.« Freilich enthält auch das atmosphärische Bewußtsein meist ein komplexes Verständnis unserer selbst und der Welt; in seiner Empfänglichkeit *zeigt* sich ein existentielles Verstehen. Kenntnis und Verstehen sind auch hier jederzeit im Spiel, jedoch ohne daß die Situationen, die in einer bestimmten Atmosphäre erscheinen, dadurch zu *Objekten* eines besonderen Verstehens würden.

Diejenigen Gegenstände hingegen, denen wir den Status von Kunstwerken zuweisen, sind von vornherein interpretierte und auf Interpretation hin angelegte Objekte. Oft werden sie nur denen zugänglich, die über ein bestimmtes historisches und kunsthistorisches Wissen verfügen. Wer nicht weiß, daß Walter de Marias 1977 vor dem Fridericianum in

Kassel errichtete riesige Skulptur *Der vertikale Erdkilometer* aus einem langen, in die Erde eingebrachten Rohr besteht, wird gar nicht bemerken, daß er sich im Kreis eines Kunstwerks befindet, selbst wenn er direkt auf ihm steht. Wer Thomas Bernhards Roman *Korrektur* nicht auch als eine Parodie auf Hegel und Heidegger zu lesen vermag, liest an einer wichtigen Dimension des Werks vorbei. Alles Wissen und alle Reflexion, alle Interpretation und alle Imagination aber, die es auf seiten der Wahrnehmenden braucht, hat hier den Sinn, das artistische Erscheinen der Werke zum Leben zu erwecken. Nur an oder in diesem Erscheinen können reale oder irreale Gegenwarten der menschlichen Welt zur Darbietung kommen. Nur durch die Aufmerksamkeit für die Konstellationen dieser *Darbietung* können wir der vom künstlerischen Werk *dargebotenen* Konstellationen teilhaftig werden.

Darin liegt die doppelte Gegenwärtigkeit der Objekte der Kunst. Sie stellen eine besondere Gegenwart her und bieten eine besondere Gegenwart dar. Zwar eröffnen nicht alle Objekte der Kunst die Anschauung einer *anderen* Gegenwart als derjenigen, in der sie selbst zur Wahrnehmung kommen. Nicht alle sind in diesem Sinn »Objekte der Imagination«. Aber alle, so wird im folgenden Kapitel deutlich werden, lassen sich als Darbietungen von Gegenwart verstehen, die sich unterschiedlicher Techniken der *Herstellung* einer besonderen Gegenwart bedienen. Die hergestellte und die dargebotene Gegenwart – dies können sehr verschiedene Situationen, aber es kann auch ein und dieselbe Situation sein. Die Begegnung mit gelungenen Objekten der Kunst stellt uns nicht allein in einen Augenblick hinein, wie bei der Wahrnehmung eines bloßen Erscheinens; sie hebt nicht allein Befindlichkeiten und Bezüge aktueller oder potentieller Lebenssituationen hervor, wie dies im Bewußtsein des atmosphärischen Erscheinens geschieht; sie vergegenwärtigt Gegenwarten des menschlichen Lebens *unabhängig* von der jeweiligen Lebenssituation ihrer Betrachter oder Leser oder Hörer. Sie gibt wirkliche und unwirkliche Gegenwarten einer allgemeinen Erfahrung frei. In der Begegnung mit Werken der Kunst *begegnen* wir Gegenwarten des menschlichen Lebens.

Gegenwarten

Das hierbei ausschlaggebende Gegenwartsverhältnis muß selbst als eine Form der menschlichen Begegnung verstanden werden. Die in der ästhetischen Wahrnehmung aufscheinende Gegenwart, so hatte es zu Beginn (S. 61 f.) geheißen, ist nicht einfach eine temporäre Konstellation von Dingen und Ereignissen, sondern eine Art der erfahrenden Begegnung mit ihr; sie ist ein aktuales *Verhältnis* des Menschen zu seiner Lebensumgebung. Mit Heidegger läßt sich von einer *ekstatischen* Gegenwart sprechen, von einer Lage *inmitten* weitreichender räumlicher, zeitlicher und sinnhafter Bezüge.[60] Das Aufscheinen dieser Gegenwart, so hat die Betrachtung der drei Dimensionen des Ästhetischen gezeigt (und wird der Gang durch die Künste im nächsten Kapitel nochmals bestätigen), kann sehr unterschiedliche Ausprägungen finden. Im bloßen Erscheinen tritt eine Situation für einen Moment aus ihren sinnhaften Zuordnungen heraus; im atmosphärischen Erscheinen zeigt sich eine Situation als entgegenkommender oder abweisender Ort des Lebens; im artistischen Erscheinen findet eine Begegnung mit dargebotenen Gegenwarten statt. Immer aber ereignet sich in der Aufmerksamkeit für dieses Erscheinen der Aufschein von etwas, das hier und jetzt gegenwärtig ist. Wie sehr das Erscheinen auch scheinhaft sein mag und wie sehr es imaginativ über die Gegenwart hinausgreifen mag, es ist stets ein Erscheinen realer Präsenz; es ist ein Prozeß, auf den wir nicht achten kön-

60 Heideggers Zeit-Analysen in den §§ 65 ff. von »Sein und Zeit« lassen sich für den Gegenwartsbegriff fruchtbar machen, ohne seine generelle Kritik an der »vulgären Zeit« zu übernehmen.

nen, ohne mit sinnlicher Intensität auf die Gegenwart unserer Existenz zu achten.[61]

Jede Gegenwart des menschlichen Handelns und Erlebens ist eine Verschränkung von Raum und Zeit: ein Raum, in dem sich das Handeln und Erleben vollzieht und eine Zeit, in der sich ihre Sequenzen erstrecken. Jeder dieser Zeiträume, wie groß oder klein er auch sein mag[62], steht im Horizont eines weiteren Raums und einer weiteren, bereits gewesenen oder noch ausstehenden Zeit. Aus der Sicht der Menschen, die sich in diesen Zeiträumen befinden, sind diese Horizonte stets als Sinnhorizonte präsent, das heißt als ein Spielraum zugänglicher oder unzugänglicher, gesicherter oder ungesicherter, erprobter oder erträumter, gewonnener oder verlorener, aussichtsreicher oder aussichtsloser *Möglichkeiten* des Handelns und Verstehens. Unter Gesichtspunkten des Näher- und des Fernerliegenden, des Befürchteten und des Erstrebten, des Bedeutsamen und des Unbedeutenden sind sie nach positiven und negativen, zunehmenden und abnehmenden Relevanzen gestuft. Die Zeiträume, in denen wir uns handelnd bewegen, sind Zeiträume der Welt, wie sie uns etwas angeht oder etwas angehen könnte.

Die Rolle des Unbestimmbaren für unsere Betrachtung wird hier noch einmal von einer anderen Seite deutlich. Jede Gegenwart besteht aus zahllosen ergriffenen und unergriffenen Möglichkeiten des Tuns und Lassens derer, die sich in ihr befinden. Die meisten der in ihr ergriffenen Möglichkei-

61 Insofern handeln auch diese Betrachtungen »von realer Gegenwart« – freilich nicht in der theologischen Bedeutung, die George Steiner aller starken ästhetischen Erfahrung unterlegt (ders., Von realer Gegenwart, München 1990).

62 »Die Weite der Dimension des Jetzt ist verschieden: jetzt in dieser Stunde, jetzt in dieser Sekunde. Diese Verschiedenheit der Weite der Dimension ist nur möglich, weil das Jetzt in sich selbst dimensional«, also eine Verschränkung von Bleibendem und Vergehendem, Vergangenem und Erwartetem und somit ein »Kontinuum des Zeitflusses« ist. M. Heidegger, Die Grundprobleme der Phänomenologie, a.a.O., 352.

ten werden unbemerkt ergriffen, die meisten der in ihr nicht ergriffenen Gelegenheiten werden unbemerkt außer acht gelassen. Heidegger hat dies in *Sein und Zeit* auf das Stichwort einer »Geworfenheit« gebracht, die das Komplement alles »entwerfenden« Verhaltens ist. Alles Sich-Orientieren spielt sich demnach in einem Horizont jeweils unbestimmter Verhältnisse ab, die großteils aktual unbestimmbar bleiben. Die Gegenwart, in der wir uns handelnd bewegen, ist stets von einer Fülle unausgeschöpfter Erkenntnis- und unrealisierter Handlungsmöglichkeiten geprägt. In dieser Verschränkung von Wirklichkeit und Möglichkeit, in der Tatsache, daß jede Gegenwart des Handelns aus bestehenden und nichtbestehenden, ergriffenen und nicht ergriffenen Möglichkeiten des Erkennens und Handelns besteht, liegt eine gemeinsame Wurzel der beiden gegenläufigen Triebkräfte der ästhetischen Wahrnehmung: sich im Wirklichen zu verlieren oder alles (bislang) Wirkliche zu überschreiten. Denn es gehört zu der grundlegenden Verfassung jeder als Gegenwart erlebten Wirklichkeit, eine offene Vielfalt bereitstehender und nicht bereitstehender Gelegenheiten des Verhaltens zu sein: eine Vielfalt von theoretisch und praktisch realisierten (oder doch realisierbaren) Möglichkeiten und ebenso eine Vielfalt von Möglichkeiten, die das aktuelle kognitive und praktische Vermögen (mehr oder weniger weit) übersteigen. Es ist somit ein basales Kennzeichen der menschlichen Lebenswirklichkeit, daß sich alle, die mit ungetrübtem Bewußtsein in ihr stehen, immer zugleich in Vergangenheit und Zukunft, in wahrscheinliche, unwahrscheinliche und bloß vorgestellte Zustände hinaus verwiesen sehen.[63] Der ästhetische Sinn läßt sich daher auch als ein Sinn für die Potentialität derjenigen Wirklichkeiten verstehen, die wir als Gegenwarten unseres Lebens erfahren oder imaginieren.

63 Darum sagt Jean-Paul Sartre mit Recht, daß die Fähigkeit der Vorstellung eine für alle Bewußtseinsleistungen konstitutive Leistung ist: ders., Das Imaginäre, a.a.O., 288f. u. 291f.

Jedoch müssen wir weiter klären, in welchem Sinn sich dieser Sinn auf reale und irreale Gegenwarten richtet. Die Zeiträume, die die Gegenwart menschlichen Daseins bilden, können zum einen als *bleibende* Spielräume des Verhaltens aufgefaßt werden. Der »Vormittag in der Schule« wird für die Schulkinder fünfmal in der Woche Wirklichkeit. Für die Angehörigen der Grundschule Grönlandstraße ist dies jedesmal ein durch wiederholbare Handlungen und Ereignisse gegliederter Vormittag, auch wenn jeder dieser Vormittage für jedes der Kinder im kleinen anders verläuft. Keine Schule – und keine andere Institution – könnte bestehen, wenn sie nicht räumliche und zeitliche Gleichmäßigkeiten des Verhaltens (samt ihrer Üblichkeiten und Traditionen) aufbauen und erhalten könnte. Auch diese werden sich nach und nach ändern, wie sie nach und nach entstanden sind; trotzdem kann man hier von einer bleibenden Gegenwart sprechen, die für Schüler und Lehrer jeden Morgen Wirklichkeit wird.

Diesem Begriff einer sich über längere Zeit erhaltenden Gegenwart steht der Begriff einer jederzeit *vergehenden* Gegenwart gegenüber. Das ist der *Augenblick*, von dem wir wünschen, daß er verweilen oder vergehen möge. In diesem Verständnis ist kein Vormittag in der Schule oder sonstwo derselbe; jeder spielt sich in anderen äußeren und inneren Rhythmen, vor anderen durch Hoffen und Bangen, Neugierde und Überdruß gezogenen Horizonten ab. Nicht bleibend, sondern vergehend sind diese Gegenwarten, weil sie unwiederholbar und unwiederbringlich sind. *So* wird sich dieser Vormittag, diese Nacht, diese Stunde nicht wiederholen; nicht in genau dieser äußeren Umgebung, nicht in genau dieser Stimmung, nicht an genau dieser Stelle der eigenen und der allgemeinen Geschichte. Wie der polar entgegengesetzte Begriff einer *bleibenden* faßt auch dieser Begriff einer *vergehenden* Gegenwart einen zentralen Aspekt der Wirklichkeit des menschlichen Lebens. Wir sind oftmals in derselben Situation, obwohl wir doch niemals in derselben Situation sind: beides trifft auf die Lagen unseres Lebens zu.

Von diesen bleibenden oder vergehenden Situationen kann zusätzlich in einem *abstrakten* oder einem *konkreten* Sinn die Rede sein. Wenn in den Nachrichten von der »gegenwärtigen Lage der deutschen Universitäten« oder dem »gegenwärtigen Zustand der globalen Umweltverschmutzung« die Rede ist, so sind höchst abstrakte Zustände angesprochen. Sie beziehen sich nicht auf einzelne Handlungssituationen in den genannten Bereichen, sondern auf allgemeine Aspekte einer Gesamtheit konkreter Situationen. Wegen dieser Allgemeinheit kann man sich – als Universitätsangehöriger oder Erdenbürger – dauernd in der betreffenden Lage befinden, wie viele verschiedene konkrete Situationen man während der Zeit ihres Bestehens auch durchlaufen mag. Wir befinden uns ständig in vielen allgemeinen Lagen, aber wir befinden uns nur jeweils in einer konkreten Situation (die sich freilich, wie alles, sehr unterschiedlich bestimmen und beschreiben läßt). Während die gegenwärtige »Situation in der Schule Grönlandstraße« eine bleibende abstrakte Gegenwart darstellt, spielt sich das tägliche Leben in dieser Schule in wechselnden konkreten Situationen ab. Episoden einer *konkreten* Gegenwart nenne ich entsprechend Situationen des jeweils aktuellen Erlebens und Handelns, deren Schauplatz im Gebrauch von Wahrnehmungsprädikaten spezifiziert werden kann; es handelt sich um Wahrnehmungssituationen, die ihrerseits wahrnehmbar sind – wie die Pause auf dem Schulhof oder die Mathestunde im Klassenzimmer. Sie sind existentielle Situationen innerhalb eines übergreifenden, sinnhaft gestuften räumlichen und zeitlichen Horizonts. Zeiträume einer *abstrakten* Gegenwart hingegen nenne ich aktuell bestehende Situationen, deren Bestimmung sich einer Isolierung genereller Aspekte konkreter Gegenwarten verdankt; es handelt sich um Lebenssituationen, die als solche nicht wahrnehmbar sind, wie sehr ihre Bestimmung auch auf vielfältige Wahrnehmungen in konkreten Situationen zurückgehen mag.

Abstrakte und konkrete Gegenwarten können ihrerseits mehr oder weniger bleibend oder vergehend sein. Die Beispiele, die ich für abstrakte Gegenwarten gegeben habe, waren solche bleibender Zustände. Die »Gegenwart ästhetischer Augenblicke« hingegen ist ein Abstraktum, das auf vergehende Zustände verweist. Konkrete Gegenwarten hingegen sind bleibende Situationen, solange sie sich an derselben Art von Schauplätzen im Vollzug derselben Art von Handlungen ereignen. In einem bestimmten Sinn sind die Vormittage in der Schule Grönlandstraße immer dieselben – ein Immergleichsein, das denn auch von manchen Kindern heftig beklagt wird (während es andere insgeheim lieben). Dieselben Vormittage können aber, wie gesehen, auch als Episoden jeweils vergehender Gegenwarten verstanden werden. Auch die bleibenden konkreten Gegenwarten, so wird hier deutlich, können als *Abstraktionen* vergehender konkreter Gegenwarten aufgefaßt werden. Wir dürfen allerdings nicht in den Fehler verfallen, nur diese vergehenden Gegenwarten für real zu halten. Denn auch die allgemeinen Aspekte einer Situation, die über die jeweils vergehende Gegenwart hinaus bestehen bleiben, sind durchaus real. Ebenso ist die vergehende Gegenwart nur real, weil sie als ein Vorbeigehen innerhalb konstant bleibender Parameter erfahren werden kann. Ohne die Erfahrung des Vergehens könnte nichts als vorläufig bleibend erkannt werden; ohne die Erfahrung eines wenigstens vorübergehenden Bleibens könnte nichts als vorübergehend erfahren werden; ohne den Wechsel von relativem Bleiben und relativem Vergehen wäre überhaupt keine Erfahrung möglich. Nur in der Koexistenz relativ bleibender und vergehender Zustände ist eine Gegenwart vergänglichen Daseins gegeben.

Arten des Bekanntseins

Der bleibenden Situationen unseres Lebens können wir uns auf viele Arten vergewissern. Wir können sie eigens aufsuchen, durch entsprechende Handlungen wiederherstellen oder durch absichtsvolle Veränderungen erkunden. Auch wo diese praktischen Sondierungen nicht möglich sind (weil die betreffenden Situationen unwiderruflich vergangen oder aus anderen Gründen nicht länger zugänglich sind), können wir sie auf die eine oder andere Weise sprachlich oder bildlich darstellen (oder uns anhand solcher Darstellungen in Erinnerung rufen) und im Medium von Begriffen analysieren. Auf diesen Wegen sind sie bis zu einem gewissen Grad erkennbar und beherrschbar; wir können so ein geschärftes Bewußtsein aktueller oder vergangener Gegenwarten gewinnen. In der heutigen Zeit spielen dabei die elektronischen Medien eine kaum zu unterschätzende Rolle. Durch eine Veröffentlichung allgemein zugänglicher Ereignisse stellen sie in den modernen Gesellschaften eine die lokalen Lebenspraktiken übergreifende, gleichwohl in lokalen Orientierungen verankerte Gegenwart her.[64]

Keine dieser Arten des Bekanntseins mit bleibenden Gegenwarten setzt ein dezidiert ästhetisches Bewußtsein voraus. Um zu wissen, wo ich bin, wie es zur Zeit hiermit und damit steht oder welches meine oder eine allgemeine Situation ist, bedarf es nicht unbedingt einer ästhetischen Anschauung – wie sehr ästhetische Wahrnehmung und Vorstellung auch hierbei erhellend sein mögen. Das jedesmalige *Anderssein* der jederzeit in diesen bleibenden Verhältnissen *vergehenden* Gegenwarten aber entzieht sich einer vorwiegend theoretischen und praktischen, konstruktiven oder rekonstruktiven Bewältigung. Die Vergegenwärtigung dieser innerhalb der allgemeineren Verhältnisse entstehenden und vergehenden besonderen Situationen ist die Domäne der ästhetischen Wahrnehmung. Sie wendet sich konkreten Gegenwarten in ihrer Unwiederholbarkeit, Potentialität und Augenblicklichkeit zu. Sie aktiviert einen Sinn für die unverwechselbare Farbe und Färbung, die unverwechselbare Stimme und Stimmung, den

64 A. Keppler, Verschränkte Gegenwarten. Medien- und Kommunikationssoziologie als Untersuchung kultureller Transformationen, in: Soziologische Revue, Sonderheft Soziologie 2000.

unverwechselbaren Geschmack und den unverwechselbaren Touch einer Situation. Bewußtsein von Gegenwart in diesem Sinn – das Bewußtsein je *besonderer* Gegenwarten – ist ästhetisches Bewußtsein.

Die unterschiedlichen Arten der ästhetischen Wahrnehmung vergegenwärtigen diese Gegenwarten auf unterschiedliche Weise. In der Aufmerksamkeit für das *bloße* Erscheinen werden wir einer Gegenwart unter einer temporären Suspension ihrer Sinnhaftigkeit inne. Was so aufscheint, ist unwiederholbar in der striktesten Bedeutung: eine konkrete Situation in der Momentaneität (einer oder aller) ihrer simultanen Erscheinungen. Natürlich bleibt das Daliegen des Balls auch in der Betrachtung seines bloßen Daliegens ein sinnhafter Zustand: es ist, wie ich weiterhin weiß, Oskars Ball, der da liegt. Aber dieses Wissen und das mit ihm verbundene Befinden werden hier eingeklammert. Im Verlauf der ästhetischen Kontemplation zählt es nicht; was zählt, ist der Augenblick eines radikal disfunktionalen, sinnfremden Erscheinens. Auch diese von der kontemplativen Wahrnehmung vollzogene Absehung von der Bedeutsamkeit ihrer Gegenstände ist eine abstraktive Leistung. Aber sie kann sich nur inmitten der Situation konkreter und vergehender Gegenwarten vollziehen. Diese mit allen Sinnen geleistete Abstraktion führt nicht aus der Konkretheit und Vergänglichkeit des Hier und Jetzt heraus, sondern auf eine extreme Weise in sie hinein.

In der Offenheit für das *atmosphärische* Erscheinen hingegen kommen Dimensionen gerade der existentiellen Sinnhaftigkeit konkreter Gegebenheiten zu Bewußtsein. Dies können wiederholbare oder unwiederholbare Situationen sein; aber auch wo es sich um ein bewußtes Vernehmen *bleibender* existentieller Korrespondenzen handelt, werden diese stets in einem augenblicklichen Spiel ihrer Gestalten erfahren. Die Atmosphäre der Schule Grönlandstraße mag über Jahre hinweg dieselbe sein, die *Erfahrung* dieser Atmosphäre betrifft immer auch eine unverwechselbare *Ausprägung*. (Nur heute tropft der Schnee von den vor den Klassenräumen stehenden Schuhen, während die Handwerker zur Behebung des Rohrbruchs hämmern.) Auch hier ist die Momentaneität des Erscheinens stets eine entscheidende Ingredienz, an der die Verschränkung vergehender und fortbestehender Lebenslagen sinnenfällig wird.

In der Wahrnehmung des *artistischen* Erscheinens schließlich ereignet sich eine Darbietung besonderer Gegenwarten. Diese Darbietungen schaffen oft eine konkrete und bleibende Gegenwart, die immer wieder aufgesucht werden kann. Überall dort aber, wo sie allein durch *Aufführungen* zur Erscheinung kommt, die nicht lediglich durch das Abspielen von Speichermedien (z.B. Filmrollen, Tonbänder oder CDs) ermöglicht wird, ist die künstlerische Darbietung ihrerseits nur für die Dauer einer vergehenden Gegenwart zugänglich. Welche Art von Gegenwart die künstlerische Präsentation aber auch erzeugen mag, sie ist eine Präsentation vergehender Zeit – selbst wenn sie von den Freuden eines ewigen Lebens handelt.[65] Auch die künstlerische Gestaltung einer lähmend oder lauernd *gleichförmigen* Gegenwart, wie wir sie in Ivan A. Gontscharows *Oblomov*, Alain Robbe-Grillets *La Jalousie* oder Aleksandar Tismas *Das Buch Blam* finden, ist stets Darstellung einer Sekunde für Sekunde, Tag für Tag, Monat für Monat oder Jahr für Jahr *vergehenden* Gegenwart, die in ihren lastenden Zügen gerade nicht vergehen will. Auch die künstlerische Gestaltung bleibender und abstrakter Gegenwarten – wie wir sie in Tolstois *Krieg und Frieden* oder in unserem Newman-Bild finden – führt deren Bedeutung in einer Fülle konkreter Szenen oder an der Fülle der durch das Werk geschaffenen Szene vor. Es dürfte ein Gesetz der künstlerischen Darbietung sein, daß sie abstrakte und bleibende Gegenwarten nur vermöge einer Präsentation *vergehender* Gegenwarten präsentieren kann, und dies nur durch die Inszenierung *ihres* – bleibenden oder auch vergehenden – Erscheinens. Dieser Be-

65 Andernfalls wäre dieses Leben den Menschen nicht als freudvoll verständlich zu machen. – Hierauf komme ich im Schlußkapitel zurück.

schränkung entstammen alle ihre Wunder; denn in ihr liegt das, was die künstlerische Darbietung im Unterschied zur repräsentierenden Darstellung vermag.

Ästhetisches Bewußtsein

Davon wird das nächste Kapitel ausführlich sprechen. Zuvor möchte ich das Bild der ästhetischen Wahrnehmungssituation nachzeichnen, das sich aus den zuletzt vorgenommenen Unterscheidungen ergibt.

Der wichtigste Befund ist: Wir haben es nicht mit drei verschiedenen Wahrnehmungssituationen zu tun, die unabhängig voneinander aufgesucht werden könnten; wir haben es vielmehr mit drei Dimensionen *einer* Situation zu tun, in der diese mehr oder weniger stark im Vordergrund stehen. Dies ist ein letzter Aspekt der oben aufgelisteten Transzendenzen der ästhetischen Wahrnehmung: Jede Spielart der ästhetischen Wahrnehmung ist grundsätzlich für einen Übergang zu der anderen offen.[66] Dies bedeutet freilich nicht, daß die Arten dieser Wahrnehmung dabei ineinander aufgehen würden. Sie sind und bleiben differente Modi des ästhetischen Bewußtseins, Modi jedoch, die sich aneinander zu entzünden und zu steigern vermögen. So bringt die Kunst, obwohl sie performative ästhetische Objekte erzeugt, die etwas zur Darbietung bringen, häufig Objekte eines intensiven bloßen und atmosphärischen Erscheinens hervor. So sind die Objekte eines bloßen Erscheinens oft Ausgangspunkt eines Wachwerdens für die Atmosphäre, die sie umgibt, oder für kunstbezogene und künstlerische Imaginationen. So sind die Orte aufscheinender existentieller Korrespondenzen oft zugleich Anlässe einer kontemplativen Befreiung von den eigenen Pas-

66 Die in Kap. 4 kommentierten *fakultativen* »Objekte der Imagination« stellen die Möglichkeit eines jederzeitigen Übergangs zur Wahrnehmung eines *artistischen* Erscheinens sicher.

sionen oder einer imaginativen Erweiterung des Spielraums der eigenen Existenz. In der Situation der ästhetischen Wahrnehmung kreuzen sich die Phänomene eines bloßen, eines atmosphärischen und eines artistischen Erscheinens.

Das ästhetische *Bewußtsein* aber, so haben wir im vorigen Kapitel gesehen, reicht noch sehr viel weiter – es schließt nicht nur den Bereich der ästhetischen Wahrnehmung, sondern überdies den Bereich der ästhetischen Vorstellung ein, ob dieser nun mit Wahrnehmungen verbunden ist oder nicht. Wo immer die Fähigkeit, etwas in seinem Erscheinen wahrzunehmen oder sich vorzustellen, aktualisiert wird, entsteht ästhetisches Bewußtsein. Damit es hierzu kommt, ist keine Begegnung mit anwesenden Wahrnehmungsobjekten notwendig; was jedoch notwendig ist, ist eine *Vorstellung* ihrer Präsenz. In diesem Sinn ist die hier entworfene Theorie der ästhetischen Wahrnehmungssituation zwar keine umfassende, aber doch eine grundlegende Analyse der Leistungen des ästhetischen Bewußtseins, da die Analyse der ästhetischen Vorstellung derjenigen der ästhetischen Wahrnehmung logisch nachgeordnet ist.

Eine zusätzliche Frage kann hier schon beantwortet werden. Sie betrifft die *Permanenz* des ästhetischen Bewußtseins. Wenn das ästhetische Bewußtsein eine so große Bandbreite hat, muß man dann nicht doch sagen, daß Bewußtsein im Grunde immer auch ästhetisches Bewußtsein ist? Liegt es nicht auf der Hand zu folgern, es sei eine stets virulente *Dimension* des Bewußtseins, so wie seine drei soeben unterschiedenen Formen stets virulente Dimensionen des ästhetischen Bewußtseins sind? Könnte man nicht sagen, daß wir immer auch *ästhetisch* auf die Welt reagieren, wenn auch in sehr unterschiedlichen Graden und Arten?

Ich möchte jedoch dabei bleiben, daß ästhetische Wachheit zwar eine jederzeit naheliegende Möglichkeit, aber kein permanenter Zustand des bewußten Daseins der Menschen ist. Dafür fehlt ihnen die Zeit, und mit ihr die Energie, und mit dieser die permanente Irritierbarkeit durch Ereignisse des

Erscheinens. Nicht wenige Handlungen des Überlegens und Vollbringens schließen eine begleitende ästhetische Aufmerksamkeit insofern aus, als sie nur dann sicher gelingen können, wenn es zu keiner Ablenkung von ihren zielorientierten Vollzügen kommt. Man könnte an die Verwandlung eines Elfmeters, die Bewältigung einer schwierigen Rechenaufgabe, die Entschärfung einer Bombe oder an die Beantwortung einer Prüfungsfrage denken. Immer hängt es dabei von der Art der Beanspruchung der Handelnden ab, ob sie in konkreten Situationen für ästhetische Sensationen ansprechbar sind (beim Stand von 4:0 läßt sich ein Elfmeter auch zelebrieren). So oft ästhetisches Bewußtsein beliebige nichtästhetische Vollzüge – vom Autofahren bis zum Halten einer Logikvorlesung – begleiten kann, so oft kann ein solches Bewußtsein wegen einer starken Inanspruchnahme durch Leistungen des Bestimmens und Verfügens ausgeschlossen sein. Die Atmosphären, in denen sich das Handeln vollzieht (und unter deren Einfluß es steht), kommen dann ebensowenig zu Bewußtsein wie die anderen Dimensionen des Erscheinens. Die Gegenwart, in der dieses Handeln steht, in der es sich im Blick auf ein Ziel vertieft und verliert, entzieht sich einer verweilenden Beachtung. Es spielt sich in unübersehbaren Konstellationen ab, zu denen es nicht aufschauen kann und denen es nicht nachhören will. Es *hat* darum nicht weniger Gegenwart als ein Verhalten, das für dergleichen offen ist. Aber es hat weniger – oder eben keinen – Sinn für die konkrete Gegenwart, in der es sich gerade engagiert. Ohne diesen zeitweiligen Entzug des ästhetischen Bewußtseins hätte dieses einen weit geringeren Reiz.

Andererseits aber haben die Betrachtungen dieses Kapitels nochmals deutlich gemacht, wie sehr und wie oft unser Bewußtsein tatsächlich ästhetisch oder ästhetisch gefärbt ist. Nicht nur haben Erinnerungen, Vorstellungen und Träume häufig einen ästhetischen Zug, wenn sie nicht sogar *als* ästhetische Imaginationen vollzogen werden; nicht nur haben viele alltägliche Wahrnehmungen – ob sie dem heutigen Wetter, den flanierenden Passanten, den neuesten Autos oder den ältesten Städten gelten – sehr häufig ästhetische Komponenten, wenn sie nicht sogar für Augenblicke *als* ästhetische Wahrnehmungen realisiert werden; nicht nur sind biographische Reminiszenzen, ethische Reflexionen und theoretische Überlegungen häufig an Modellen und Beispielen der Kunst orientiert, wenn sie nicht sogar durch die Wahrnehmung von Objekten der Kunst zustande kommen. Darin liegt keine zufällige Verfassung dieser oder jener historischen Kultur, sondern eine innere Notwendigkeit der geistigen Orientierung menschlicher Individuen. Ästhetisches Bewußtsein gehört zu ihrem Selbstbewußtsein als in begrenzter Zeit lebender Wesen, die nicht immer Zeit und Raum für eine Wahrnehmung ihrer besonderen Gegenwart haben.

6. Konstellationen der Kunst

Es ist nur eine einzige These, die ich in diesem Kapitel erläutern und gegen einen oft erhobenen Einwand verteidigen will: Kunstwerke sind Objekte eines *anderen Erscheinens*. Sie erfordern eine andere Wahrnehmung als alle anderen Objekte der Wahrnehmung. Der Einwand, der sich dieser Auffassung entgegenstellt, lautet, daß dies wohl auf viele Werke der Kunst zutreffen mag, daß jedoch der Glaube an ein exklusives Erscheinen der Kunst von einer zentralen, auf Marcel Duchamp zurückgehenden Tradition der Kunst des 20. Jahrhunderts eindeutig widerlegt worden sei. Nicht Arten der sinnlichen Präsenz, vielmehr Arten der Konzeption und Interpretation seien für den Kunst-Status von Objekten maßgeblich. Diejenigen (von Arthur Dantos theoretischer Phantasie noch kräftig vermehrten) Kunstobjekte, die nicht anders aussehen oder sich anhören als beliebige nichtkünstlerische Objekte, sollen beweisen, daß Erscheinung und Erscheinen zwar durchaus für die Ästhetik, nicht aber für die Kunsttheorie einen grundlegenden Begriff darstellen. – Ich möchte demgegenüber deutlich machen, daß auch und gerade die Objekte der Kunst von einem Begriff des Erscheinens her gedacht werden müssen. Ich möchte zeigen, daß die Sensualität und die Intellektualität von Kunstwerken *eine* Sache ist.[67]

Material und Medium der Künste

Die meisten Objekte der Kunst entstehen aus einer spezifischen Verwendung eines sinnlichen Materials. Gattungen der Kunst lassen sich unter anderem danach unterscheiden, von welchem Material oder welcher Art der Materialverwendung sie ihren Ausgang nehmen. Dabei erfährt die Sinnlichkeit des Materials, das ein Kunstobjekt mit beliebigen anderen Objekten teilen kann, eine Umwandlung in einen Zustand, den es mit keiner anderen Art von Objekten teilt. Einige Schritte dieser Transformation möchte ich kurz nachvollziehen.

Das konstitutive *Material* einer Kunstart ist eine Voraussetzung, ohne die es kein Werk dieser Kunst geben kann – sein Gebrauch ist für diese Kunst eine conditio sine qua non. »Material« steht dabei nicht für »Materie«, sondern für das, was bearbeitet bzw. womit gearbeitet werden muß, damit von Kunst einer bestimmten Gattung die Rede sein kann. Als Material der Architektur z.B. könnte das relativ Feste (von Stein über Stahl bis zum Stoff) angesehen werden; auch die Plastik greift auf dieses Material zurück (unterschiedliche Künste können das Ausgangsmaterial teilen). Als Material der Musik wären Geräusche und Klänge, als dasjenige der Malerei Fläche, Farbe und Linie zu nennen. Bei den jüngeren

67 Damit wende ich mich indirekt auch gegen die unter anderem von Sartre vertretene Auffassung, Kunstwerke seien »irreale Objekte« (J.-P. Sartre, Das Imaginäre, a.a.O., 191 ff.). Zur exemplarischen Kritik an dieser Vorstellung s. A. Wellmer, Das musikalische Kunstwerk, erscheint in: A. Kern / R. Sonderegger / A. Wellmer (Hg.), Falsche Gegensätze. Zeitgenössische Positionen zur Ästhetik, a.a.O.

Künsten liegen die Antworten weit weniger auf der Hand. Als Material von Installationen müßte wohl der Raum genannt werden, in dem sich ihre Choreographien entfalten. Das unumgängliche Material der Literatur dürfte das Wort (manchmal auch nur der Buchstabe) sein – und zwar: sowohl in seiner graphischen und klanglichen Gestalt als auch in seiner konventionellen Bedeutung. Auf dieses Material greift auch das Sprechtheater zurück, zusammen mit dem menschlichen Leib und seiner Bewegung, den es mit dem Tanz als einen Ausgangspunkt teilt.

Dieses künstlerische Material ist häufig bereits mit Bedeutungen und Vorstellungen kontaminiert, besonders natürlich im Bereich der Sprache; auch in den anderen Künsten aber ist das Ausgangsmaterial keine neutrale Masse, der erst und allein vom Künstler eine Bedeutsamkeit zugewiesen würde. Im historischen, kulturellen und erst recht im speziellen künstlerischen Kontext *haben* bestimmte Materialien immer schon eine mehr oder weniger festliegende Signifikanz oder Symbolik; hierauf wird der Künstler reagieren und hiermit wird er operieren. Aus einem oder vielen solcher bereits aufgeladenen Materialien sind die Objekte der Kunst gemacht; ohne ihre perzeptive Zugänglichkeit könnten die meisten unter ihnen nicht als Kunstwerke erscheinen.[68]

Keine Kunstart freilich ist alleine von ihrem Material her zu verstehen. Die Kontur bestimmter Gattungen ergibt sich erst durch Arten der *Verwendung* der basalen Materialien. So könnte die grundlegende Operation der Architektur als *Raumteilung* bestimmt werden, als eine Einrichtung von Innen/Außen-Differenzen; im Fall der Musik wäre an die Erzeugung von Rhythmen und Klangverhältnissen zu denken (man könnte sagen, sie arbeitet mit Intervallen von Zeiten und Tönen); eine basale Operation der Malerei dürfte in der

68 Ich sage »die meisten unter ihnen«, da es Künste gibt, die mit nichtsinnlichen – »immateriellen« – Materialien operieren: mit Computerprogrammen, die erst auf der Stufe der künstlerischen *Operation* unterschiedliche sinnliche Erscheinungsformen gewinnen.

Herstellung einer Differenz von Bildfläche und Bilderscheinung liegen. Was Installationen betrifft, so könnte man sagen, daß sie eine Differenz erzeugen zwischen dem Raum, *in dem*, und jenem, *als den* sie sich präsentieren. Als Grundoperation der Literatur könnte die Zusammenstellung von Buchstaben und Worten zu graphisch sichtbaren Texten verstanden werden; man könnte sagen, sie arbeitet mit der Differenz von flüchtiger und bleibender Anordnung sprachlicher Mittel.

Diese Differenzen, die aus einer spezifischen Verwendung eines basalen Materials entstehen, können als das primäre *Medium* einer künstlerischen Gestaltung verstanden werden.[69] Es stellt ein weites Spektrum von Möglichkeiten der Kombination von Elementen bereit, aus dem heraus etwas in die Gestalt eines bestimmten Artefakts gebracht werden kann. Auch diese Grundoperationen freilich, wie sie in der spezifischen Behandlung unterschiedlicher Materialien – also im Gebrauch unterschiedlicher Medien – realisiert werden können, führen alleine noch zu keinem Begriff *künstlerischer* Gattungen. Denn mit der Ausnahme des Installationsbeispiels konstituieren die bisher skizzierten Verwendungen zwar eine bestimmte semiotische, ästhetische oder sonstige *Gattung* von Artefakten (Bauwerke, Bilder, Texte), aber noch keine Objekte der Kunst. Trotzdem ist die Nutzung unterschiedlicher Gestaltungsmedien ein wichtiger Schritt der künstlerischen Produktion. Denn die Resultate aller dieser Operationen kann man nicht einfach wahrnehmen, so wie man Steine, Geräusche und Farben wahrnehmen kann. Man muß vielmehr bis zu einem gewissen Grad *verstehen*, welchen Operationen sie sich verdanken oder in welchen Funktionen sie stehen. Dieses Verstehen führt jedoch nicht von der Wahrnehmung weg, sondern vielmehr zu einer Wahrnehmung, die eben dies vermag – ihre Objekte in der Organisation ihres Materials als Er-

69 Den auf G. Bateson und N. Luhmann zurückgehenden Begriff des Mediums, auf den ich mich hier stütze, habe ich genauer erläutert in: M. Seel, Medien der Realität und Realität der Medien, in: S. Krämer (Hg.), Medien – Computer – Realität, Frankfurt/M. 1998, S. 244-268.

zeugnisse einer bestimmten Art von Operationen aufzufassen. Freilich gilt dies bereits für beliebige Artefakte, also keineswegs nur von Objekten der Kunst. Auch zur Wahrnehmung von Autos und Küchenmaschinen gehört das Wissen, wozu sie gemacht und geeignet sind. Von diesen aber unterscheiden sich Kunstwerke grundsätzlich darin, daß sie *Darbietungen* – und zwar wiederum: besondere *Arten* von Darbietungen – sind. Welche Funktionen ihnen auch immer zugeschrieben werden mögen, sie unterscheiden sich von Dingen und Gebrauchsdingen darin, daß sie gemacht sind, um als Präsentationen einer besonderen Art aufgefaßt zu werden. Das ist ihre primäre Funktion. Ihre Materialien sind so organisiert, daß sie *sich* so präsentieren, auf daß wir *etwas* von ihnen präsentiert finden können.

Auf dieses Sich-Präsentieren kommt es an. Künstlerische Objekte stellen sich in der genauen Organisation ihres Materials aus, um auf diese Weise etwas zur Darbietung zu bringen. Zu den Grundoperationen, die ein Objekt einer oder mehreren Gattungen von Artefakten zugehörig sein lassen, muß also eine *spezifische Ausführung* dieser Operationen hinzutreten, damit es zu Gebilden der einen oder anderen *künstlerischen* Gattung – oder zu Objekten einer noch unbekannten künstlerischen Spezies – kommt. Um solche spezifischen Verwendungen einer Kunstform handelt es sich – gegenüber den Formen einer *nichtkünstlerischen* Erzeugung von Bauten, Objekten, Bildern, Texten, Klängen usw. – in allen diesen Fällen, wenn die jeweils erzeugten Objekte oder Ereignisse als Präsentationen im Medium der *individuellen Konstellation* der verwendeten Materialien aufgefaßt werden können. Im Unterschied zu anderen Formen der Darstellung und Zeichenbildung sind Kunstwerke Objekte, die kraft ihres individuellen Erscheinens als Darbietungen menschlicher Verhältnisse fungieren.

So kann ästhetische Literatur als eine Herstellung von Texten verstanden werden, die als Anordnungen bestimmter, an ihrer Stelle nicht austauschbarer Worte auffällig sind – im

Unterschied zu Texten, bei denen dies bis zu einem gewissen Grad der Fall ist. So unterscheiden sich künstlerische Fotografien dadurch von vielen Zeitungsfotos, daß es bei ihnen auf genau diesen Blickwinkel, genau diese Helligkeitswerte, genau diese Tiefenschärfe (usw.) ankommt, während die Begrüßung dieses Präsidenten durch jenen Präsidenten genausogut anders hätte aufgenommen werden können. So unterscheiden sich Bauwerke, die wir als Objekte der Kunst einstufen, von Gebäuden, die lediglich einen Zweck erfüllen (ohne diesem Zweck eine aufschlußreiche und augenfällige Deutung zu geben), dadurch, daß es bei ihrer Wahrnehmung auf viele Details der Ausführung ankommt, die im anderen Fall getrost übersehen werden dürfen. Objekte der Kunst sind anschauliche Darbietungen in dem ganz elementaren Sinn, daß niemand das Dargebotene mitbekommen kann, der nicht für das *sinnliche Medium* dieser Darbietung aufmerksam ist.

Dieses Medium besteht in sinnlich wahrnehmbaren Differenzen, die in das Spiel einer nichtbeliebigen zeichenhaften Konfiguration gebracht worden sind. Wo dieses Spiel auffällig wird, werden Objekte in ihrem artistischen Erscheinen auffällig. Es stellt sich nur ein, wo ein Prozeß von Erscheinungen als Medium einer Darbietung verstanden wird – denn andernfalls hätten wir es nur mit einer Simultaneität von Erscheinungen zu tun, wie es an *jedem* ästhetisch wahrgenommenen Objekt verfolgt werden kann. Weder die Objekte des bloßen noch die des atmosphärischen Erscheinens haben diesen Status künstlerischer Medien: sie sind, was sie in der ästhetischen Wahrnehmung sind, aber sie sind nicht, was sie einer verstehenden und interpretierenden ästhetischen Wahrnehmung *zeigen*.

Eine Ästhetik der Künste ließe sich als eine Theorie des Verhältnisses der künstlerischen Medien schreiben. Dabei dürften keineswegs nur die für eine jeweilige Kunstart *primären* Materialien und Operationen zur Sprache kommen. Von diesen her nämlich ist keine Gattung der Kunst angemessen zu verstehen. Vielmehr müßten alle die in ihrer Grundverfassung *angelegten* Medien zur Sprache kommen, durch die jede Kunstart immer bereits in einem Austausch zu vielen anderen steht. Nur so könnte man der konstitutiven *Intermedialität* der Künste gerecht werden, die durch die von Adorno hellsichtig konstatierte »Verfransung« der Künste im 20. Jahrhundert nicht etwa hervorgebracht, sondern nur drastisch zum Vorschein gebracht wurde.[70] Eine inhärente Beziehungen der Literatur zur Musik etwa liegt darin, daß beide es mit tönendem Material zu tun haben, die Musik immer, die Literatur immer dort, wo sie sich nicht an bildliche Darbietungen annähert. Literatur, die in schriftlicher Form vorliegt, hat immer auch eine bildliche Qualität, wie sie von der Konkreten Poesie nur besonders hervorgetrieben wurde. Diese Möglichkeiten können in der künstlerischen Arbeit ausdrücklich ausgenutzt werden; sie sind aber auch präsent, wo sie nicht genutzt werden. Ebenso haben Bilder eine inhärente Beziehung nicht allein zum Relief, sondern auch zur Plastik. Die Differenz zwischen der Bildfläche und dem, was *in* oder *auf* dieser Fläche dargeboten erscheint, enthält ganz unabhängig von gegenständlich-perspektivischen Darstellungsverfahren eine Spur des Räumlichen, das durch bildliche Operationen zwar paradox negiert, aber nicht zum Verschwinden gebracht werden kann. Frank Stellas »shaped canvases« aus den frühen sechziger Jahren sind hierfür ein Beispiel. Darüber hinaus hat Stella mit seiner Serie *Cones and Pillars* in den achtziger Jahren »Bilder« geschaffen, die sich wie Plastiken in den Raum erstrecken, viel weiter als jedes Relief; er hat damit den Illusionsraum des Bildes umgestülpt und ihn buchstäblich in den Imaginationsraum seiner Betrachtung verlegt. Manche Formen des gegenwärtigen Tanztheaters stellen sich wie ein Sprechtheater ohne gesprochene Worte dar, phasenweise sogar unter Verzicht auf

70 Th. W. Adorno, Die Kunst und die Künste, in: ders., Ohne Leitbild. Parva Aesthetica, Frankfurt/M. 1967, 168-192; ders., Über einige Relationen zwischen Musik und Malerei, in: ders., Gesammelte Schriften, hg. von Rolf Tiedemann, Bd. 16, Frankfurt/M. 1978, 628-642.

musikalische Begleitung (etwa bei Pina Bausch). Hieran zeigt sich, daß auch das Wegnehmen von traditionell vorhandenen Elementen inhärente Beziehungen zutage fördern kann – hier des Sprechtheaters zu einem Theater der Körper, zur Performance, zum malerischen Tableau. In jeder Kunstart, so läßt sich mit einer Formel sagen, bestehen vielfache inhärente Beziehungen zu anderen Künsten, obwohl nicht jede Kunst sie zu allen Künsten unterhält. Diese Beziehungen sind nicht etwas, wodurch die jeweilige Gattung *erweitert* werden kann, sie sind *grundlegend* für ihre Verfassung als eine unter anderen künstlerischen Gattungen.[71]

Konstellative Darbietung

Wann aber gehört ein Wahrnehmungsobjekt einer bestimmten oder (noch) unbestimmten künstlerischen Gattung an? Wann zählt es als Objekt der Kunst? Nun – wenn es für einige oder viele als ein solches zählt. Es gibt keine absolut bestehenden Merkmale, durch die sich Kunstwerke von anderen Objekten unterscheiden würden. Es gibt jedoch Charaktere, durch die sich Objekte der Kunst von anderen Objekten für eine Wahrnehmung unterscheiden, die sie als ein besonderes Medium der Erfahrung anerkennt. Diese Anerkennung ist das eigentliche Thema der Philosophie der Kunst. Sie erörtert, welchen Status Objekte der Wahrnehmung in der Be-

71 Diese hier nur angedeuteten, von vornherein für das Ineinander der Künste offenen Begriffe des Mediums einzelner Kunstarten könnten noch weiter erläutert werden, etwa im Hinblick auf die unterschiedlichen Raum-Zeit-Verhältnisse, die in ihrer Wahrnehmung maßgeblich sind (vgl. hierzu die Erörterungen von N. Luhmann, Kunst der Gesellschaft, a.a.O., 179ff.). Neben den »inhärenten« Beziehungen ließen sich weiterhin »inhaltliche« Beziehungen zwischen Kunstarten (die Werke einer Kunstart beziehen sich auf eine andere – wie bei den zahlreichen Architekturphantasien in Malerei und Literatur) sowie »inklusive« Verhältnisse zwischen ihnen unterscheiden (eine Kunstform kommt in der anderen vor – wie z.B. Bilder in einer Kirche oder einer Installation).

handlung als Kunstwerke gewinnen – und durch welche Behandlung sie diesen Status gewinnen.

Das ist nur noch einmal das interdependente Verhältnis von ästhetischer Wahrnehmung und ästhetischem Objekt, das uns von Anfang an beschäftigt hat. Es besteht auch im Feld der Kunst. Objekte der Kunst sind Objekte, die einer anderen ästhetischen Behandlung unterliegen als die anderen Arten ästhetischer Objekte. Sie sind überdies Objekte, die diese Behandlung verdienen oder nicht verdienen. Im Unterschied zu allen Objekten eines bloßen und manchen Objekten eines atmosphärischen Erscheinens ist der Status von Kunstwerken ein *normativer* Status. Sie sind Objekte, die es *wert* sind, ästhetisch erfahren zu werden – oder die für diese Anerkennung kandidieren. Nur im Rahmen einer solchen Bewertung können sie als Kunstwerke zur Erscheinung kommen. Diese Bewertung bezieht sich auf Charaktere der betreffenden Objekte, die nur in der Perspektive ihrer Anerkennung als Kunstwerke wahrgenommen werden können. Wie bei allen Zuständen des Erscheinens sind dabei die jeweils wahrnehmbaren Verhältnisse in ihrem Bestehen weder an die aktuelle *Einnahme* dieser Perspektive noch an ihre Einnahme durch jemand *Bestimmtes* gebunden. Eine philosophische Betrachtung zur Verfassung der Kunst handelt dabei von einer *besonderen* ästhetischen Perspektive – und zugleich davon, was aus dieser Perspektive erfahren werden kann. Diese Analyse allerdings versucht nicht zu klären, welche Objekte die mit dieser Perspektive verbundenen normativen Erwartungen *erfüllen*; sie sucht vielmehr eine Antwort auf die Frage, *was es heißt,* daß beliebige Objekte die mit einem Kunstanspruch verbundenen Erwartungen erfüllen, man kann auch sagen: welche Funktion sie erfüllen, solange sie eine Funktion als Kunstwerke erfüllen.[72]

72 Die philosophische Ästhetik versucht zu sagen, was Kunstwerke *können*; die Kunstkritik hingegen versucht zu sagen, *welche* es können. – Zum Verfahren der Kunstkritik, auf das ich hier nicht eingehe, vgl. M. Seel, Die Kunst der Entzweiung. Zum Begriff der ästhetischen Rationalität, Frankfurt/M. 1985, Kap. III.

Solange sie als Objekte der *Kunst* behandelt werden, werden sie weder nur als Objekte eines bloßen noch nur als Objekte eines atmosphärischen Erscheinens behandelt. Ihnen kommt der Status konstellativer Darbietungen zu – der Status von Objekten, die im Medium ihres Erscheinens komplexe menschliche Verhältnisse zur Erfahrung bringen. Sie sind darin, in der Sprache Hegels, »geistige Gebilde«. »Der Geist der Kunstwerke«, schreibt Adorno in seiner *Ästhetischen Theorie*, ist Geist, »der durch die Erscheinung erscheint.«[73] Dieser Geist, so führt Adorno aus, mit der die sinnliche Erscheinung eines Werks »infiltriert« ist, kann nicht unabhängig von ihr gedacht werden; er darf mit ihr aber auch nicht gleichgesetzt werden, genausowenig wie mit der Intention des Künstlers. »Wie wenig er dem Geist der Hervorbringenden, höchstenfalls ein Moment in ihm, gleichkommt, läßt daran sich einsehen, daß er durch das Artefakt, seine Probleme, sein Material evoziert wird. Nicht einmal die Erscheinung des Kunstwerks als ganze ist dessen Geist und am letzten die von ihm angeblich verkörperte oder symbolisierte Idee; er ist nicht in unmittelbarer Identität mit seiner Erscheinung dingfest zu machen. Aber er bildet auch keine Schicht unterhalb oder oberhalb der Erscheinung; ihre Supposition wäre nicht minder dinghaft. Sein Ort ist die *Konfiguration* des Erscheinenden.«[74]

Adorno zielt hier ausdrücklich und eindeutig auf eine Differenz zwischen fixierbarer Erscheinung und artistischem Erscheinen. Von ihr her versucht er die besondere Sinnlichkeit von Kunstwerken zu fassen. Der Geist der Werke, heißt es weiter, »formt die Erscheinung wie diese ihn; Lichtquelle, durch welche das Phänomen erglüht, Phänomen im prägnanten Sinn überhaupt wird.«[75] Im letzten Halbsatz freilich geht Hegel auf eine unglückliche Weise mit Adorno durch. Denn daß ein Phänomen nur dann »Phänomen im prägnanten Sinn

73 Th. W. Adorno, Ästhetische Theorie, Frankfurt/M. 1970, 135.

74 Ebd. (meine Hervorhebung).

75 Ebd.

überhaupt wird«, wenn es vom menschlichen Geist durchleuchtet wurde, ist gerade im Kontext der Ästhetik nicht akzeptabel.[76] Viele Objekte eines bloßen Erscheinens sind überhaupt nicht vom Geist infiltriert, man denke an Gebirgsformationen oder die Gräser am Wegrand; aber auch solche, die es auf die eine oder andere Weise sind, weil sie sich menschlicher Herstellung verdanken, wie unser Ball oder eine beliebige Straßenecke, erscheinen für die ästhetische Kontemplation oft in einer Sinnlichkeit, die sich gegenüber allen Zumutungen einer bleibenden Sinnhaftigkeit abweisend verhält. Es ist abwegig, das Kunstwerk als eine Art Superding zu konzipieren, das allein so ist, wie alle Dinge eigentlich sein – oder aufgefaßt sein – wollen. Es ist ebenso abwegig, das Kunstwerk als ein ästhetisches Superding zu konzipieren, das allein so zu sein vermag, wie alle anderen ästhetischen Phänomene eigentlich zu sein hätten. Wir müssen die Angleichung aller sinnlichen Phänomene an ästhetische und aller ästhetischen an die Phänomene der Kunst strikt vermeiden, wenn wir der besonderen Stellung der Kunstwerke unter ihnen allen gerecht werden wollen.

Ein Phänomen wird ganz allgemein zu einem ästhetischen Phänomen, sobald es, mit Adornos Worten, nicht in einer fixen Gestalt, sondern als »Konfigurationen von Erscheinendem« wahrgenommen wird. Dies kann also nicht das gesuchte Merkmal der Differenz von Kunstwerken und anderen ästhetischen Objekten sein. Dennoch enthält die eben zitierte Passage eine prägnante Bestimmung dieser Differenz. Denn bevor sich Adorno zu einer Überverallgemeinerung hinreißen läßt, spricht er nicht einfach von *Objekten*, die Konfigurationen von Erscheinendem *sind*, sondern von dem *Geist* der Kunstwerke, der seinen *Ort* in solchen Konfigurationen *hat*. Darauf läßt sich bauen. Seinen Ort hat der menschliche

76 Adorno läßt sich hier von der Wortbedeutung des griechischen φαίνεσται (scheinen, leuchten) zu einer weitreichenden Behauptung über die Sache verleiten.

Geist in sehr verschiedenen Medien – in den Lauten und der Schrift der Sprache, in Gesten und bildlichen Symbolen, in Zeichensystemen anderer Art; »Geist« oder gehaltvolle Intentionalität besteht gar nicht anders als im Gebrauch dieser unterschiedlichen Artikulationsmedien. Kunst, so führt Adorno aus, ist *eine* Art der Artikulation, Entäußerung oder Darbietung geistiger Gehalte – jene, die sich im Medium des Erscheinens vollzieht und darin an »Konfigurationen von Erscheinendem« gebunden ist.

Diese Darbietungsweise unterscheidet sich von anderen Formen der Darbietung dadurch, daß sie alles, was sie präsentiert, durch eine Präsentation ihres sinnlichen Mediums präsentiert.[77] In einem trivialen Sinn ist dies freilich bei jeder Art des Zeichengebrauchs der Fall. Jeder Satz muß sichtbar oder hörbar sein, um in seiner Aussage verstanden werden zu können. Aber er muß nicht als individuelle Konstellation von Worten auffällig – eigens beachtet und eigens erkundet – werden, um verstanden werden zu können. Alle Arten der Zeichenverwendung *bedürfen* eines sinnlichen Mediums, aber nicht alle *präsentieren* es. Nicht alle präsentieren das, was sie präsentieren, auf dem Weg einer Präsentation ihres Mediums. So aber steht es mit literarischen Sätzen, musikalischen Klängen, künstlerischen Bildern. Diese bieten *etwas* nur dar, indem sie *sich* darbieten. Sie bieten nur dem etwas dar, der sie als eine individuelle (durch keine andere Kombination von Elementen ersetzbare) Konstellation von Erscheinungen wahrnimmt. Diese Wahrnehmung ist auf die Simultaneität eines Zusammenseins oder Zusammen-sich-Ereignens von Erscheinungen gerichtet. Auf dieses Zugleichsein, diese Interaktion, diesen, wie Adorno immer wieder betont hat, *Prozeß* der Kunstwerke muß achten, wer ihre Gehalte erfahren will. Ihre Weltpräsentation vollzieht sich als Selbstpräsentation.

77 Diese an den russischen und tschechischen Formalismus anknüpfende Auffassung vertritt auch N. Luhmann, Die Kunst der Gesellschaft, a.a.O., bes. Kap. III.

Darin liegt ihr Vermögen, ansonsten undarstellbare Verhältnisse zur Darbietung zu bringen. Die Konstellationen des Werks werden zum Zeichen von Konstellationen der Welt. Die Wahrnehmung von Objekten der Kunst ermöglicht nicht allein eine Erinnerung an die bloße Präsenz von Dingen und Ereignissen und auch nicht allein eine Vergegenwärtigung atmosphärisch artikulierter Lebenssituationen, sondern eine *Begegnung mit Gegenwarten* des menschlichen Lebens. Dies ist das oben schon erörterte Verhältnis der künstlerischen Imagination. Ihre Objekte, so hatte es im vierten Kapitel geheißen, schaffen eine besondere Gegenwart, in der eine entfernte oder eine erweiterte Gegenwart zur Darbietung kommt. Diese Gegenwart, mit der uns das Objekt eines artistischen Erscheinens konfrontiert, ist nicht zu lösen von der Gegenwart, die es durch sein Erscheinen erzeugt. Nach den Ausführungen zum Gegenwartsbegriff im fünften Kapitel darf das Geschehen, das im Kunstwerk zur Darbietung kommt, nicht mit äußeren Zuständen der Welt gleichgesetzt werden. Es betrifft vielmehr Arten der menschlichen Involviertheit in reale oder irreale, vergangene, gegenwärtige oder künftige Zustände der Welt. Arten der *Weltbegegnung* werden so zur Darbietung gebracht, wodurch Arten der *Begegnung mit Weltbegegnung* möglich werden. Auf die eine oder andere Weise wird die prozessuale Sinnlichkeit der künstlerischen Objekte zu einem komplexen Zeichen der Prozessualität menschlichen Inderweltseins. Darin besteht ihr artistisches Erscheinen.

Dieses kann eine Leserin in unerreichbare und doch nicht ganz entfernte Welten führen, wie beim Lesen der *Verlorenen Illusionen* von Balzac; es kann einen Leser in eine hautnahe Vergegenwärtigung der Deutungssituation führen, in der er sich beim Lesen eines enigmatischen Texts gerade befindet, wie bei der Lektüre von Kafkas Parabel *Von den Gleichnissen*; es kann einen Betrachter in ein imaginiertes und idealisiertes Venedig führen, wie vor den Bildern Canalettos, oder zu einer Vergegenwärtigung der ästhetischen und kulturellen Situation, in der er bei der Betrachtung von Newmans *Who's Afraid of Red, Yellow and Blue IV* steht; dies kann eine Hörerin in die *Stellar Regions* der Improvisationskunst von John Coltrane führen, die eine musikalisch wie existentiell extreme Balance inmitten von Abstürzen und Aufschwüngen, Beschleunigungen und Verlangsamungen, Harmonien und Disharmonien findet; oder es führt in die Untiefen der von Jimi Hendrix auf der E-Gitarre zelebrierten und zersägten amerikanischen Nationalhymne, einer ambivalenten Apologie des Patriotismus, die zugleich Apologie eines ambivalenten Patriotismus ist.

Man sollte also nicht denken, das hier beschriebene Verhältnis der artistischen Präsentation sei eine Sache nur von Malerei und Literatur, Theater oder Film; es ist eine Sache ebenso der Architektur, des Tanzes und der Musik – von den Kreuzungen aus diesen und anderen Künsten ganz zu schweigen. Man ändere die Musik zu einem Film: das ändert die *Welt* dieses Films. Der Verlauf von Musik ist die Entfaltung einer Konstellation von Ereignissen, die in ihrer eigenen Bewegtheit stets zugleich ein Ausdruck buchstäblicher und metaphorischer menschlicher Bewegtheit ist. Sie zeigt uns ihre und unsere Bewegung; sie bewegt uns und zeigt uns Bewegtheit. Auch hier muß die künstlerisch imaginierte Situation keineswegs mit der realen Situation ihrer Rezeption zusammenfallen; auch hier aber kann dies der Fall sein. Stärker als jede andere Kunst – vielleicht mit Ausnahme des Kinofilms – kann uns Musik in die Zustände versetzen, deren imaginativer Ausdruck sie ist; aber der Charakter der Bewegtheiten, die sie darbietet, kann ebensogut ohne eine Übernahme ihrer Stimmungen erfaßt und erfahren werden. Wahnsinnsarien wie Rockmusik lassen sich mit innerer Ruhe verfolgen. Das für Musik charakteristische Verhältnis von leiblicher und kognitiver Animation hat Albrecht Wellmer bündig resümiert: »Die Erregungskurven der Musik sind immer auch solche des Körpers, eines dunkleren Territoriums zwischen Subjekt und Objekt, das heißt eines mimetisch-affektiv und erotisch in die Welt verwickelten Körpers, wie etwa Roland Barthes es am Beispiel von Schumanns *Kreisleriana* gezeigt hat; zugleich bildet die Musik hierin ein ›Signifikanzfeld‹ (...) für existentiell und verstehend in die Welt involvierte sprachfähige Subjekte.«[78]

Valérys und Chandlers Satz

Der Doppelcharakter von Kunstwerken kann nicht stark genug betont werden. Wie alle anderen ästhetischen Objekte sind sie Ereignisse des Erscheinens; als solchen kommt ihnen eine besondere Gegenwärtigkeit zu. Aber der Prozeß ihres Erscheinens ist ein performativer Prozeß, durch den sie etwas in seiner Gegenwärtigkeit zur Darbietung bringen. Die besondere Präsenz von Kunstobjekten geht zusammen mit einer besonderen Präsentation von Präsenz.

Auch die Charaktere der Unbestimmbarkeit, von denen im Anschluß an Valéry die Rede war, kommen ihnen auf eine zweifache Weise zu (weswegen ihnen Adorno nicht zu Unrecht einen »Rätselcharakter« zugeschrieben hat). Unbestimmbar sind die Kunstwerke selbst; was immer sie darbieten, bieten sie unter Bewahrung seiner Unbestimmbarkeit dar. Wir müssen verstehen, wie das eine an das andere gebunden ist.

»Das Schöne«, so hatte Valéry im Blick auf die Kunst gesagt, »erfordert vielleicht die sklavische Nachahmung dessen, was in den Dingen unbestimmbar ist.« Betont ist hier vor allem der zweite Aspekt: Kunstwerke vergegenwärtigen das in und an den Dingen, was sich einer begrifflich bestimmenden Festlegung entzieht. Das ist, wie ich im zweiten Kapitel erläutert habe, zunächst einmal ihre unreduzierte sinnliche Gegenwärtigkeit. Aber, so müssen wir in Erinnerung an die späteren Kapitel ergänzen, diese sinnliche Präsenz kann atmosphärisch und imaginativ aufgeladen und mit Elementen

78 A. Wellmer, Das musikalische Kunstwerk, a.a.O.; vgl. R. Barthes, Der Körper der Musik, in: ders., Der entgegenkommende und der stumpfe Sinn, Frankfurt/M. 1990, 249-311.

eines tragenden Scheins versehen sein. Hinzu kommt, daß die von der Kunst dargebotenen Situationen keineswegs immer ästhetische Situationen sind; die »Dinge«, die wir in ihnen vergegenwärtigt finden, sind beileibe nicht allein ästhetische Verhältnisse. In ihnen kann ein täuschender Schein ebenso eine Rolle spielen wie alle Arten des menschlichen Involviertseins. Das ganze Spektrum des affektiven, kognitiven und praktischen Gegebenseins von Dingen und Ereignissen kann künstlerisch zur Darbietung kommen. Was immer dabei präsentiert wird, es wird im Modus einer Simultaneität von Charakteren präsentiert, die sich einer Faktum für Faktum diskriminierenden Erfassung entziehen. Man denke nur an die von Chandler in einem Halbsatz evozierte Leerheit des leeren, vergeblich nach Füllung lechzenden Swimmingpools.

Aber es ist ein literarischer *Satz*, der dies zur Vorstellung bringt. Und auch diesem Satz kommt das Merkmal der Unbestimmbarkeit zu, wie erst recht dem Roman, in dem er steht. Wenn Valéry sagt, die Schönheit des Kunstwerks liege in einer *Nachahmung* von Unbestimmbarem, so darf dieser Begriff nicht allzu wörtlich genommen werden. Valéry selbst betont unaufhörlich die konstruktiven Möglichkeiten, den Erfindungcharakter der Kunst. Was der Künstler jedoch erfindet, ist ein sprachliches oder sonstiges Ding, das von der Unbestimmbarkeit aller Dinge nicht allein *kündet*, sondern so sehr an ihr *teilhat*, daß es selbst zu einem Wahrzeichen dieser Unbestimmbarkeit wird. Die gelungenen Objekte der Kunst stellen daher ihrerseits unbestimmbare Objekte vor, die zur Darbietung des an »den Dingen« Unfaßlichen berufen sind. Sie stellen unbestimmbare Objekte dar, könnte man in lakonischer Doppelsinnigkeit sagen. Sie zeigen sich in ihrer und sie zeigen etwas in einer Unbestimmbarkeit – in jener Unbestimmbarkeit, die konstitutiv für die unreduzierte Gegenwärtigkeit von Dingen und Ereignissen ist. Die phänomenale Fülle, in der sie etwas darbieten, läßt sich nur durch artikulierende Objekte präsentieren, an denen diese Fülle ihrerseits unübersehbar ist. Wir können daher ein Kunstwerk *als* Kunstwerk nur wahrnehmen, wenn wir es in seinem Erscheinen ernst nehmen: in seiner prozessierenden Sinnlichkeit, die das Medium der Gehalte ist, die wir im Spiel ihrer Elemente exponiert finden können. »Nothing ever looks emptier than an empty swimming-pool« – nur wer in den schwingenden Klang, in die Wellenbewegung dieses (Halb-)Satzes eintauchen kann, wird die metaphysische Leere des Pools in einer bildlichen Fülle imaginieren können.

Gelungene Kunstwerke, das ist Valérys nun vollständig angeeigneter Gedanke, sind Objekte, die *imaginieren und demonstrieren*, worin die Dinge in unserem Verhältnis zu ihnen unbestimmbar sind. Diese Doppelheit ist wesentlich für alles, was Kunstwerke können. Sie ist ausschlaggebend für die innere Spannung, aus der ihre Erfindungen ihr inneres Leben beziehen. Die Erkundung des sinnlichen Objekts und die interpretierende und imaginierende Erschließung der von ihm dargebotenen Welt ist dabei immer ein fragiles, oft unberechenbares und nicht selten verwirrendes Geschehen, aber es ist *ein* Wahrnehmungsprozeß, in dem und für den sich der Prozeß des artistischen Erscheinens entfaltet. Dieser Prozeß versetzt uns in eine gesteigerte Gegenwart, indem er uns in eine zur Anschauung gesteigerte (anwesende oder abwesende) Gegenwart führt.

Stufen der Sinnlichkeit

Damit ist eigentlich schon alles über die besondere Sinnlichkeit der Objekte der Kunst gesagt. Ihr signifikatives Erscheinen unterscheidet sie grundsätzlich von den anderen Objekten des Erscheinens und auch von allen anderen Objekten der Wahrnehmung – selbst dann, wenn sie einmal dasselbe sinnliche Sosein haben wie diese.

Kehren wir aber noch einmal zu dem auf S. 35 vorgestellten Bild von Barnett Newman zurück. Das großformatige rechteckige Bild ist auf den ersten Blick sehr einfach organisiert: rechts eine große rote, links eine große gelbe, in der Mitte eine eher schmale blaue Fläche. Dies kann man die *visuelle Erscheinung* des Bildes nennen. Für alle, die normal sehen können, sieht es so aus. Das sichtbare Sosein dieses Objekts ist der vorästhetischen Wahrnehmung zugänglich. Anders steht es mit dem *bloßen* Erscheinen – hier: der bloßen Sichtbarkeit – der mehrfarbigen Fläche. Einer flugs identifizierenden Wahrnehmung ist dieses Spiel von Erscheinungen überhaupt nicht zugänglich; es zeigt sich erst einer ästhetisch verweilenden Aufnahme. Hierbei tritt die unterschiedliche Intensität und Räumlichkeit der Farbzonen, ihre Balance und ihr Changieren hervor. Wieder anders bietet sich das Objekt in der Empfänglichkeit für sein *atmosphärisches* Erscheinen dar. Es kann als ein starker, machtvoller, erhebender Akzent des Raums erfahren werden, in dem es angebracht ist. Noch einmal anders kommt die dreifarbige Leinwand dem Betrachter in ihrem artistischen Erscheinen entgegen. Hier erst wird deutlich, daß es sich bei der Leinwand um ein *Bild* handelt, das in einem intensiven Dialog mit anderen künstlerischen Bildern steht (nicht zuletzt mit den anderen Werken der Bild*serie*, zu der es gehört). Hier erst wird die Interaktion der Farben als eine Dramatisierung grundlegender malerischer und menschlicher Möglichkeiten erfahrbar. Hier erst kann das Bild als erhabene Destruktion eines kompositorischen und kulturellen Ordnungssinns wahrgenommen werden.

Dieser zuletzt genannte Charakter des Bildes ist für eine vorkünstlerische – auch für eine vorkünstlerische ästhetische – Wahrnehmung überhaupt nicht da. Aber er *ist* da: für eine Wahrnehmung, die dieses Objekt als ein Bildobjekt und dieses Bildobjekt als eine Imagination der Unkontrollierbarkeit der Farben und der Formen zu sehen vermag, aus denen Bildwerke und andere Institutionen gemacht sind. Mit dieser Wahrnehmung verwandeln sich auch die Korrespondenzen, die das Bild in seinen Raum entsendet; nun färbt das Bild den Raum mit einer spirituellen Energie, von der vorher nichts zu spüren war. Auch die Wahrnehmung des bloßen Zueinanders und Ineinanders der Farben gewinnt jetzt einen anderen Stellenwert; sie wird nun zu einer intensivierenden *Phase* der Bildwahrnehmung, in der die imaginative und die atmosphärische Empfänglichkeit der Betrachter auf die pure Präsenz der miteinander in Kontrast und Konflikt stehenden Farben zurückgeworfen wird.

Ob wir das Objekt nur in einem bloßen, nur in einem atmosphärischen oder aber in einem artistischen Erscheinen (*inklusive* der damit neu gewichteten bloßen und atmosphärischen Präsenz) wahrnehmen, an seiner sinnlichen Erscheinung, seinem soseinsmäßigen »Aussehen«, an seiner visuell sondierbaren Faktizität ändert sich nichts. Es ist dieselbe rote und gelbe und blaue Fläche. Aber es gewinnt ein *anderes Erscheinen*, je nachdem, wie wir es auf uns wirken lassen. Wie uns die Farbfläche jeweils entgegenkommt, wie sie uns jeweils »vorkommt«, hängt dabei jedesmal davon ab, in welcher Einstellung wir zu ihr kommen. Kunstwerke sind Objekte, die in einer bestimmten Weise aufgefaßt werden. Das aber, was in diesen unterschiedlichen Arten der Wahrnehmung zur Erfahrung kommt, ist keine Projektion; es ist nichts, was unsere Betrachtung lediglich hinzufügen würde; es ist nichts, was nicht wirklich da wäre. Vielmehr *entdeckt* jede Begegnungsweise andere Qualitäten und andere Prozesse an ihrem Gegenstand. Jede der im vorigen Kapitel unterschiedenen Perspektiven gewinnt einen anderen Zugang zu der *Wirklichkeit* ihrer Objekte.

Was ich hier in einer Rekapitulation des Newman-Beispiels an der visuellen Wahrnehmung erläutert habe, ließe sich entsprechend für das Hören (und mit einigen Abschwächungen auch für die Nahsinne) darlegen. Es würde sich dabei dasselbe allgemeine Verhältnis von Sinnlichkeit und ästhetischer Sinnlichkeit zeigen. Die *zwei* Arten des sinnlichen Gegebenseins von etwas, die im zweiten Kapitel unter der Überschrift »Sosein vs. Erscheinen« unterschieden wurden, haben auf der Seite des Erscheinens zu einer Unterscheidung von *drei* Arten der phänomenalen Fülle von Wahrnehmungsobjekten geführt. So lassen sich insgesamt *vier* Stufen der Sinnlichkeit unterscheiden. Dem sinnlichen Sosein (das sich seinerseits in Unterarten einteilen ließe, worauf es aber hier nicht ankommt) stehen das bloße, das atmosphärische und das artistische Erscheinen gegenüber. Diese Arten des ästhetischen Erscheinens treten hervor, wenn ein so und so geartetes sinnliches Objekt in der Simultaneität und Momentaneität seiner Erscheinungen und damit in einer unreduzierten phänomenalen Präsenz wahrgenommen wird.

In der Wahrnehmung von etwas als eines Objekts der Kunst wird diese Präsenz auf eine besondere Weise vernommen. Es ist nicht so, daß hier ein Erscheinungsding wäre, dem durch Künstler und Betrachter irgendwelche Interpretationen aufgepfropft wären, wodurch es sich – wie nach einer Taufe – zusätzlich in ein gehaltvolles Objekt der Kunst verwandeln würde. Nein: sobald wir es als ein gelungenes und gehaltvolles Objekt der Kunst sehen (oder hören oder lesen), zeigt sich an ihm ein anderes, sonst nicht zugängliches Erscheinen. Wir *sehen* Verhältnisse (oder hören sie oder erfahren sie im Lesen), die vorher nicht zu sehen (oder zu hören oder im Lesen zu erfahren) waren. Die besondere Wirklichkeit von Kunstwerken spielt sich in besonderen Prozessen ihres Erscheinens ab.

Aber sie zeigen nicht nur ein gegenüber den übrigen ästhetischen Objekten anderes *Erscheinen*, sie entfalten auch ein anderes *Bedeuten*, das sie von der Welt des sonstigen Ausdrucksverhaltens und Zeichengebrauchs trennt. Ihre Bedeutung, ihr Gehalt ist und bleibt an ihre individuelle Gestalt gebunden und damit, wiederum, an ihr spezifisches Erscheinen. Nur am Kunstwerk ist zu erfahren, was in ihm gestaltet ist. Nur in der Gegenwart des Werks ist zu erkennen, was es an Erkenntnis vermitteln kann. Im Unterschied zur empirischen und sonstigen theoretischen Erkenntnis kann diese Erkenntnis nicht in der Form von Aussagen *gesichert* werden. Wenn von *Who's Afraid of Red, Yellow and Blue IV* gesagt wird, es entfalte einen Konflikt zwischen kultureller Ordnung und ihrer Überschreitung, oder sogar, daß es zur Erfahrung bringe, wie jede menschliche Ordnung zugleich die Kräfte ihrer

Überschreitung weckt, so halten diese Sätze keineswegs die *Erfahrung* fest, die am Bild gemacht wurde und die nun unabhängig vom Bild formuliert werden könnte. Höchstens formulieren sie eine Erkenntnis, die aus *Anlaß* der Erfahrung von Newmans Bild gewonnen wurde. Als interpretative Sätze geben sie vor allem einen Hinweis darauf, welche komplexe, durch den Satz *über* das Bild nur angedeutete Erfahrung *an* diesem Bild vollzogen werden kann. Ästhetische Erkenntnis, bedeutet das, kann nicht mit propositionaler Bestimmtheit festgehalten werden. Sie mag zu begrifflich bestimmten Erkenntnissen führen oder bei ihnen ihren Anfang nehmen, aber sie *ist* keine begriffliche Erkenntnis. Denn sie bleibt an das sinnliche und signifikative Geschehen und damit an das spezifische Erscheinen der künstlerischen Objekte gebunden. Alle Kunstwahrnehmung geht von einem Erscheinen und ist auf ein Erscheinen aus.

Dantos Einwand

Eben dies aber ist im 20. Jahrhundert immer wieder bestritten worden. Die Tage des künstlerischen Erscheinens, so lautet eine verbreitete Vermutung, sind längst gezählt. Wichtige Strömungen der modernen Kunst, so erscheint es vielen, verweigern jede sinnliche Ansprache und Animation. Daher sei ein Abschied der Kunstphilosophie von der Ästhetik überfällig. Zum Anwalt dieser Auffassung hat sich vor allem Arthur Danto gemacht. Er hat die Frage nach dem Status von Kunstwerken mit großer Klarheit und Anschaulichkeit gestellt. Aber die Konsequenz, die er zieht, führt am Zustand gerade der neueren Kunst vorbei.[79]

79 Vgl. hierzu M. Seel, Art as Appearance. Two Comments on Arthur C. Danto's *After the End of Art*, in: History and Theory 37/1998, 102-114, und Dantos Replik auf meine Einwände, ebd., 132-134. – Der Topos einer fälligen Trennung von Kunsttheorie und Ästhetik findet sich auch bei N. Luhmann, Die Kunst der Gesellschaft, a.a.O., 493 f.

Dantos Ausgangspunkt ist die Beobachtung, daß seit Duchamp und Warhol Objekte zu Kunstwerken werden, die sich äußerlich in nichts von banalen Alltagsgegenständen abheben. Von zwei phänomenal ununterscheidbaren Objekten – seien es Flaschentrockner, Stühle, Regenschirme, Sandhaufen, Telefonbücher oder Kartons mit Topfreinigern – kann eines ein Kunstwerk sein, während das andere einfach nur ist, was es ist. Also, lautet Dantos Folgerung, kann es nicht das Aussehen der Objekte sein, was für den Kunst-Status verantwortlich ist. Die Gegenstücke erscheinen ja beide gleich. »As far as appearances were concerned«, resümiert Danto, »anything could be an artwork, and it meant that if you were going to find out what art was, you had to turn from sense experience to thought.«[80] Diese theoretische Abkehr von der Sinnlichkeit der Kunst führt zu einer kühnen Diagnose über den Zustand der *visual arts*. »Visuality drops away, as little relevant to the essence of art as beauty proved to have been. For art to exist there does not even have to be an object to look at, and if there are objects in a gallery, they can look like anything at all.«[81] Aus der Geschichte der Kunst seit Duchamp soll folgen: »The connection between art and aesthetics is a matter of historical contingency, and not part of the essence of art.«[82] Über die gegenwärtige Kunst heißt es: »There is one feature of contemporary art that distinguishes it from perhaps all art since 1400, which is that its primary ambitions are not aesthetic.«[83] Vielen Künstlern des 20. Jahrhunderts sei es gelungen, »to extrude the aesthetic from the artistic«[84], zu deutsch: alle sinnliche Verführung aus dem Tempel der Kunst zu vertreiben.

80 A. C. Danto, After the End of Art. Contemporary Art and the Pale of History, Princeton 1997 (dt.: Das Fortleben der Kunst, München 1998), 13.

81 Ebd., 16.

82 Ebd., 25.

83 Ebd., 183.

84 Ebd, 84.

Der Ausdruck »ästhetisch« steht bei Danto vorwiegend für das, was sensitiv wahrnehmbar ist. Für Danto liegt die Würde der neueren Kunst – und letztlich auch aller vorherigen – darin, daß sie über ihr sinnliches Erscheinen immer schon hinaus ist. Kunstobjekte sind demnach grundsätzlich anders, als sie den Sinnen erscheinen. Sie verkörpern Ideen, die ihnen nicht angesehen werden können, sondern ihnen durch Künstler und Betrachter zugeschrieben werden. Wie kunstfeindlich oder – bei Danto – kunstfreundlich diese These aber vorgebracht wird, sie ist grundverkehrt. Außerdem ist sie unnötig, um die von Danto hellsichtig gestellten Fragen nach dem Status einer Kunst in der Nachfolge Duchamps zu beantworten.

Das gesamte Argument unterliegt einem folgenreichen Fehlschluß. Objekte, die phänomenal identisch sind, so nimmt Danto an, sind ästhetisch gleichwertig. Das ist aber nicht der Fall. Dieselbe sinnliche Erscheinung eines Gegenstands, so haben wir am Beispiel des Bildes von Newman gesehen, kann ästhetisch sehr unterschiedlich wirken. Ein und dasselbe *Aussehen* der dreigeteilten Fläche kann ästhetisch auf dreierlei Weise *erscheinen*. Sobald in der Beachtung der Simultaneität der sinnlichen Aspekte eines Objekts eher auf die bloße, die atmosphärische oder die artistische Präsenz dieses Spiels von Erscheinungen geachtet wird, ergibt sich eine andere ästhetische Valenz des Gegenstands. Und gerade für die Kunst gilt, daß ihre Gesten und Gehalte nur in der Dimension eines interpretativ und imaginativ angeeigneten Erscheinens erfahren werden können.

Konfrontiert mit dieser Entgegnung, spielt Danto die Trumpfkarte aus, die bei diesen Gelegenheiten immer ausgespielt wird: Er verweist auf einige der Ready-mades von Duchamp. Hier, so scheint es, wird etwas zum Objekt der Kunst und folglich der Interpretation, ohne jedoch zum Objekt einer an das Erscheinen dieses Objekts gebundenen Imagination zu werden. Hier gibt es viel zu denken, aber nicht wirklich etwas zu sehen – über das hinaus, was bei einem

Ding dieser Art ohnehin zu sehen ist. Unter dem Titel *In Advance of the Broken Arm* hat Marcel Duchamp ein solches Ding 1915 an der Decke seines New Yorker Ateliers angebracht. Es handelt sich um eine Schneeschaufel aus Metall, wie sie damals überall in Gebrauch war. Wie immer man dieses Kunstobjekt deutet, es ist ein klares Gegenbeispiel gegen die Auffassung, alle Kunstwerke seien Objekte der Imagination. Denn dieses künstlerische Objekt verweigert die sinnliche Transformation und imaginative Transzendierung, die man bei anderen Kunstobjekten erwarten kann. Wie Danto richtig sieht, unterscheidet sich die von Duchamp auserwählte Schneeschaufel durch dieses Dementi von allen übrigen Schneeschaufeln dieser Welt, die höchstens einmal den Dienst verweigern, aber nichts dementieren. Aber wie ist diese artistische Verweigerung zu verstehen? Wo spielt sie sich ab? Auf der Ebene des Erscheinens oder aber in einer Sphäre der Reflexion über sie?

Diese Alternative zu akzeptieren, käme einer Selbstentleibung der Kunstphilosophie gleich. Kein Kunstwerk läßt sich von dieser Alternative her verstehen, schon gar nicht der geniale Witz der Manöver Duchamps. Denn die Verweigerung, die in der Plazierung einer Schneeschaufel im Raum der Kunst vorgenommen wird, ist allein auf der *Ebene* des artistischen Erscheinens möglich. Nur auf ihr läßt sich die Erfüllung der Erwartung eines »anderen Erscheinens« enttäuschen. Denn ohne den *Versuch*, in diesem Ding etwas anderes zu sehen als ein beliebiges praktisches oder ästhetisches Objekt, wäre seine Ausstellung überhaupt nicht als eine künstlerische Operation zu erkennen. In ihrem leuchtenden Metallglanz bleibt die Schneeschaufel stumpf gegenüber der Zumutung eines imaginativen Erscheinens; sie bleibt abweisend gegenüber allen Erwartungen einer Verführung in einen anderen Zustand, deren Erfüllung die Kunst vor und auch nach Duchamp verspricht. Aber sie präsentiert sich als Objekt der Kunst – als ein Objekt, das genau jene Wahrnehmung *anlockt*, die sie im gleichen Zug verweigert. Es zeigt sich ausschließlich und allein als ein banales Gebrauchsobjekt – aber es *präsentiert* sich als ein solches vor Augen, die anderes erwarten dürfen und im selben Ausstellungsraum auch anderes erwarten können. Auch *seine* Pointe ist das artistische Erscheinen – eines freilich, zu dem es nicht kommt. Wie jedes andere Dementi operiert auch dieses auf dem Niveau der »Anschuldigungen«, die ihm gegenüber erhoben werden.

Deswegen hieß es im vierten Kapitel, daß zwar nicht alle Kunstwerke Objekte der Imagination sind, daß aber der Status von Kunstwerken von dem Status *dieser* Objekte her gedacht werden kann. Auch diejenigen, die keine schlechthin *andere* Gegenwart imaginieren (wie das Bild von Newman), sind eine imaginative Vergegenwärtigung der Situation, die sie im Medium ihres Erscheinens erzeugen. Auch diejenigen, die überhaupt nichts imaginieren (wie das Objekt von Duchamp), *inszenieren* eine Situation der Betrachtung, deren Bezüge sie exponieren. *In Advance of the Broken Arm* stellt eine paradoxe Situation der Kunstwahrnehmung her und stellt damit seinerseits *allgemeine* Erwartungen an die Begegnung mit Kunstwerken heraus. In der Stumpfheit seines artistischen Erscheinens reißt es Witze über die imaginierten Welten der Kunst, in denen sich niemand einen Arm brechen könnte, wie es unter realen Kunst-Dingen immerhin möglich ist.

Jedoch nicht alle der Duchampschen Ready-mades operieren in diesem rein negativen Sinn. Weder die 1917 zur Ausstellung vorgeschlagene *Fountain* noch der seit 1914 in unterschiedlichen Ausgaben als Ready-made fungierende *Flaschentrockner* – um zwei andere legendäre Beispiele zu nennen – verweigern jede skulpturale und gestische Präsenz, wie es die glanzvoll banale Schneeschaufel tut. Sie bringen eine imaginative Präsenz zum Erscheinen und zum Verschwinden. Es sind zwischen Kunst und Nichtkunst *changierende* Objekte – und eben darum subversive Objekte der Kunst. Sie sehen wie banale Gegenstände aus und sind doch so inszeniert, daß sie ein anderes Erscheinen gewinnen als diese. Wenn Danto also in einem seiner vorsichtigeren Momente sagt, »that artworks and real things cannot be told apart by visual inspection *alone*«[85], so hat er durchaus recht. Mit unschuldigem Auge lassen sich Kunstobjekte von anderen (ästhetischen) Objekten oft nicht unterscheiden. Nur folgt daraus keinerlei Irrelevanz des Visuellen in der bildenden Kunst oder des Sensitiven in irgendeiner der anderen Künste. Es folgt nur, daß die für das Sehen jedes außerkünstlerischen Objekts ausreichende Wahrnehmung für die Wahrnehmung eines *Kunst*-Objekts nicht ausreichend ist. Sobald wir etwas als ein Werk der bildenden Kunst betrachten, können wir an ihm ganz andere visuelle Charaktere entdecken als diejenigen, die jedes Kind ihm zuschreiben könnte. Denn wer würde von einem alltäglichen Pissoirbecken sagen wollen, es *changiere* zwischen nützlichem Ding und ironischer Geste?

Art as idea as idea

»Unter den Schwierigkeiten von Kunst heute«, heißt es in der *Ästhetischen Theorie*, »ist nicht die letzte, daß sie der apparition sich schämt, ohne sie abwerfen zu können.«[86] Etwa zu der Zeit, als Adorno diesen Satz schrieb, machte sich Joseph Kosuth daran, seine Kunst von dieser Bürde zu befreien. »At its most strict and radical extreme«, schreibt er im Jahr 1971, »the art I call conceptual is such because it is based on an inquiry into the nature of art. Thus, it is not just the activity of constructing art propositions, but a working out, a thinking out, of all the implications of all aspects of the concept ›art‹.«[87] Wie später der philosophische Begriffskünstler Danto spricht Kosuth schon in den sechziger Jahren von einer »separation between aesthetics and art«. Die von Duchamp bewirkte Ge-

85 A. C. Danto, After the End of Art, a.a.O., 71 (meine Hervorhebung).

86 Th. W. Adorno, Ästhetische Theorie, a.a.O., 127.

87 J. Kosuth, Statement, in: flash, Feb.-März 1971, 2.

wichtsverlagerung »from ›appearance‹ to ›conception‹ was the beginning of ›modern‹ art and the beginning of conceptual art. All art (after Duchamp) is conceptual (in nature) because it only exists conceptually.«[88]

Diese Passagen sind hier nicht deshalb von Interesse, weil sie zeigen, wie sehr Dantos Kunsttheorie von einer ganz bestimmten Kunstrichtung inspiriert ist. Eine wichtige Probe unseres bisherigen Arguments ergibt sich vielmehr aus einer Umkehrung der Betrachtungsrichtung. Es ist aufschlußreich zu sehen, was geschieht, wenn eine Kunsttheorie wie diejenige Dantos (in ihrer radikal anti-ästhetischen Version) zur Arbeitsgrundlage eines Künstlers wird. Kosuths Version in den späten sechziger und frühen siebziger Jahren ist ohne Zweifel eine *sehr* radikale Version. Mit provokativer Geste gleicht er das künstlerische Operieren dem analytischen Denken an. »My first use of the term ›proposition‹ for my work was when I began my ›art as idea as idea‹ series in 1966. The photostatic blow-ups weren't supposed to be considered paintings, or sculpture or even ›works‹ in the usual sense – with the point being that it was art as *idea*. So I referred to the physical material of the blow-up as the works ›form of presentation‹, and referring to the art entity as a *proposition* – a term I borrowed from linguistic philosophy. At about the same time I began thinking of art propositions while considering the (...) *analogy* between language and art. So that in my mind I began to equate linguistic propositions with artistic propositions.«[89]

»Propositionen« nennt man in der Philosophie den Inhalt von Aussagen, also das, was mit unterschiedlichen Sätzen gleichen Inhalts ausgedrückt werden kann. Die Sätze »Schnee ist weiß« und »Snow is white« sind Ausdruck derselben Pro-

88 J. Kosuth, Art After Philosophy (Orig. 1969), in: U. Meyer, Conceptual Art, New York 1972, 158 u. 162.

89 J. Kosuth, Three Answers to Four Questions, in: Domus, May 1971, 54.

position, ebenso die beiden (zum selben Zeitpunkt geäußerten) Sätze »Die Katze liegt auf der Matte« und »Auf der Matte liegt die Katze«. Auf die genaue Formulierung kommt es nicht an. Es kommt also, wenn von Propositionen die Rede ist, auf genau das *nicht* an, worauf es in der Kunst nach traditionellem Verständnis *gerade* ankommt: auf die besondere Gestaltung oder »Form«, in der sich das künstlerische Objekt präsentiert. Entsprechend unterscheidet Kosuth die seiner Serie zugrundeliegende »idea« von der »form of presentation«, die sie in den einzelnen Realisierungen erhält. Die einzelnen Stücke der Serie wie auch die Serie selbst sollen nicht länger – wie das traditionelle »Werk« der Kunst – an eine bestimmte Form ihres Erscheinens gebunden sein. Die Idee kann ein mehr oder weniger *beliebiges* Erscheinen haben. Eben dies soll die Serie *art as idea as idea* demonstrieren.

Sie besteht aus einer Vielzahl von Tafeln, auf denen, meist in weißer Schrift auf schwarzem Grund, stark vergrößerte Eintragungen aus Wörterbüchern und Lexika wiedergegeben sind. Die Stichworte lauten »idea«, »number«, »blank«, »characteristic(al)«, »abstraction«, »letter« etc. Alle die Stichworte lassen sich auf die eine oder andere Weise auf kunsttheoretische Diskussionen beziehen oder selbstbezüglich verstehen. Weder die Größe der Tafeln noch die genaue graphische Gestaltung der Texte wird vom Künstler vollständig festgelegt. Damit scheint erreicht, was der Theorie nach erreicht werden sollte: die ästhetisch beliebige Realisierung einer nicht beliebigen künstlerischen Konzeption.

Auch in diesem Fall aber liegt die Probe aufs Exempel in der Anschauung. Ein 1967 entstandenes Exemplar der Serie hängt im Sprengel Museum Hannover. Es trägt den Titel *Titled (art as idea as idea).* Der auf einer schwarzen Bildtafel in weißen Lettern wiedergegebene Eintrag stammt aus einem englisch-deutschen Wörterbuch älteren Datums. »Abstraction« lautet das Stichwort. Der erläuternde Text ist in Frakturschrift gesetzt. Zunächst wird die Aussprache des Wortes angegeben: *abßtrak'schön* lautet die Transkribierung. Dann folgen die wörterbuchüblichen erläuternden Hinweise, unter ihnen die Stichworte »Abstraktion; Absonderung; abstrakter Begriff« und »Abgeschiedenheit (von der Welt); Zerstreutheit; Geistesabwesenheit; Entwendung« sowie noch ein Hinweis auf eine ältere Verwendung. Für den Betrachter, der dies in einer Galerie oder einem Museum liest, steckt dieser Text voller Hinweise auf die Situation der Kunst und des Kunstwerks, einschließlich desjenigen, das er gerade vor Augen hat. Er kann die besondere Weltabgewandtheit und Weltzugewandtheit der Kunst bedenken oder sich der Frage stellen, ob denn *dieses* Objekt hier eher ein sogenanntes abstraktes oder eher ein sogenanntes gegenständliches Exponat sei. Zum Witz des Textes gehört es außerdem, daß sich aus nicht-semantischen Gründen das kleine Wort »schön« eingeschlichen hat, was eine vorübergehende Semantisierung unvermeidlich macht. »Abstrakt/schön«, scheint die Lautschrift zu sagen. Dies kann als »abstrakt = schön«, aber auch als »abstrakt ≠ schön« gelesen werden; die Frage nach dem Widerspiel des Abstrakten und des Schönen wird der Betrachter nicht los. Weiterhin bringt die Lautschrift die Akustik dieses wie jedes Texts zu Bewußtsein und damit auch den *sound* dieses visuellen Objekts. Die ihm auf die Stirn geschriebenen Zeichen bilden auch eine Partitur, nach der Laute produziert werden können, die, läse man alle Abkürzungen mit, eher ein dadaistisches Gedicht ergäben als eine sinnvolle Explikation. Wir müssen *lesen*, was auf dem bildartigen Objekt steht. Dies zwingt zu einer linear-sukzessiven Blickbewegung von links nach rechts, was der simultan-kreisenden Erfassung von Bildern entgegensteht – einer Betrachtungsweise, die wiederum durch die Position des Texts an der Wand eines Museums nahegelegt wird. Diese führt dazu, daß das Objekt immer auch oder immer wieder als Bild wahrgenommen wird – als eine Komposition in Schwarz und in Weiß, als Ausstellung geradezu eines Ornaments aus Buchstaben, das in dieser Betrachtung jeden inhaltlichen Sinn verliert. Hinzu kommt, daß sich durch die enorme Vergrößerung des Texts der Charakter der einzelnen Lettern deutlich verändert hat. Die gleichen Lettern erscheinen nicht länger gleich. Man sieht die Unregelmäßigkeiten ihres Auftrags, die beim bloßen Lesen eines Wörterbucheintrags ebenso unsichtbar wie irrelevant blieben. Hier aber gewinnen die Buchstabenzeichen eine malerische Qualität; es sieht so aus, als seien sie »handgemacht«, als seien sie einer nach dem anderen mit dem Pinsel auf eine geschwärzte Leinwand aufgetragen. Damit aber verlieren sie den Charakter standardisierter Tokens; sie gewinnen eine graphische Individualität. Die Lettern scheren aus dem Text, den sie bilden, aus, sie verbinden sich zu einem Tanz von Figuren, der sein helles Spiel auf dem Schwarz des Untergrunds treibt.

Was wir so sehen, *ist* ein Bild. Es ist ein Bild, auf dessen Grund sich eine Komödie von Vertauschungen abspielt, zwischen Laut und Bedeutung, Text und Ornament, sukzessivem Lesen und simultanem Sehen. Es handelt sich um eine bildgewordene Reflexion über das Potential von Bildern, ein Potential, das auch dort zu entdecken ist, wo wir es scheinbar nur mit einem Text zu tun haben, eine Reflexion außerdem über den Status von künstlerischen Bildern, die ihren Status als individuelle Zeichenprozesse auch dort noch behaupten, wo sie auf alle Besonderheit zu verzichten scheinen, wo sie daherkommen, als seien sie nur beliebige Präsentationen einer allgemeinen, abstrakten, gegenüber der Welt des Sichtbaren gleichgültigen Idee. Wie in jeder gelungenen Bildserie gewinnt auch bei Kosuth jedes einzelne Teilstück ein eigenes Gewicht. *Welche* Textstücke in welchem Format in die Serie aufgenommen werden, mag zwar (innerhalb bestimmter Grenzen) gleichgültig sein. Sobald die Auswahl aber getroffen ist, gewinnt jedes Bild der Serie ein eigenes Gesicht. Jedes bringt die Spannung zwischen dem abstrakten Begriff und der schriftlichen Realisierung der Begriffsworte auf seine Weise zur Erscheinung. Jedes einzelne weigert sich, den Weg vom Werk zur Proposition zu gehen.

Um eine »Idee als Idee« zu präsentieren, bedarf es der Laute oder der Schrift. Um *Kunst* rein als Idee zu präsentieren, bedarf es darüber hinaus des ganzen ästhetischen Arsenals von Klängen, Linien und anderen sinnlichen Kontrasten, mit denen die Malerei als Teil der *visual arts* seit jeher gearbeitet hat. Noch der *dementierende* Gebrauch der klassischen malerischen Mittel erweist sich bei Kosuth als ein emphatischer *Gebrauch*.

Der vertikale Erdkilometer

Ein anderes mögliches Gegenbeispiel gegen die Annahme einer essentiellen Sinnlichkeit der Kunst ist eine Installation, von der nahezu nichts zu sehen ist. Ein solches vorwiegend unsichtbares Objekt hat Walter de Maria 1977 unter dem Titel *Der vertikale Erdkilometer* für die documenta VI in Kassel geschaffen. Alles, was mitten auf dem weiten Vorplatz des Fridericianum in Kassel (in Sichtweite einer seitlich stehenden Statue auf hohem Podest) zu sehen ist, ist eine zwei Quadratmeter große Sandsteinplatte mit einem unauffälligen Messingdeckel in der Mitte. Was sich darunter befindet, bleibt unsichtbar. Alle museumsüblichen Hinweise fehlen. Hier, so könnte es scheinen, haben wir ein Kunstwerk, das sich der sinnlichen Erfahrbarkeit entzieht, das allein von den Konzeptionen lebt, die Erfinder und Betrachter – oder sollte man sagen: Mitwisser? – mit ihm verbinden.

Zu den Dingen, die man wissen muß, gehört, daß es sich hier überhaupt um ein Kunstwerk handelt. Man muß wissen, daß sich unter dem Deckel ein langes Rohr in die Erde erstreckt. 1977 fand in den Ausstellungsräumen des Fridericianum eine ergänzende Ausstellung statt, die die Realisierung der Installation dokumentierte, mitsamt der Kommentare, die die konsternierten Kasseler Bürger diesem Projekt zuteil werden ließen. Wer die Installation heute aufsucht, hat diese Anschauung nicht mehr zur Verfügung. Die Besucher müssen ihr Wissen aus Katalogen oder Artikeln beziehen. Wieviel Information über die vorbereitenden Skizzen, über die Entstehung des Werks und über das übrige Oeuvre des

Künstlers sie sich aber besorgen mögen – sie stehen letztlich vor einer Abdeckung, die alles Innere wie eine Grabplatte verhüllt.

De Maria hat ein *invertiertes Monument* errichtet, und dies an einem Ort, der für eine konventionelle aufragende Plastik vorzüglich geeignet wäre. Wie bei jeder skulpturalen Arbeit spielt der Ort ihrer Errichtung auch hier eine entscheidende Rolle. Jedoch ist hier nichts errichtet, nichts aufgestellt worden. Dieses Kunst-Objekt verzichtet auf alle Bekundung menschlicher Macht und Herrlichkeit. Wir stehen nicht vor, nicht unter, nicht zu Füßen, sondern über einer gigantischen Skulptur, die den Betrachter von dem Anblick ihrer Ausdehnung rigoros ausschließt. Was wir vor Augen haben, ist nur die Spitze des Dings, das das Zentrum eines durch seine unsichtbare Dimension geschaffenen Ortes ist. Von dieser Dimension, wie gesagt, muß man wissen, um an diesem Ort ein sinnlich-spürendes Bewußtsein des unterirdischen Raums zu gewinnen, der alle skulpturalen, architektonischen, landschaftlichen Räume um ein Vielfaches unterragt. Dort stehend, wo fast nichts Sichtbares ist, der normalen Verhältnisse skulpturaler Wahrnehmung beraubt, machen wir die Erfahrung unseres Erfahrungsstandpunkts intensiver als vor allen überragenden, die Betrachter in ihre Regie nehmenden Objekten. Wir spüren den Boden unserer Betrachtung, den wir in der Abwesenheit eines Gegenübers dieser Betrachtung gleichzeitig zu verlieren drohen. In der Verweigerung der skulpturalen Geste wird das Raumverhältnis sinnenfällig, in dem sich skulpturale Gesten überhaupt entfalten können.[90] Auch das nicht Sichtbare wird so zu einem Ereignis des Erscheinens. Insofern erfüllt gerade *Der vertikale Erdkilometer* ein klassisches Erfordernis der Kunst – ihren Objekten ein unwahrscheinliches Erscheinen zu geben.

90 Bei de Maria ist zudem das Andenken an die Erde wichtig, die die Betrachter sowie alle technischen Installationen und Errichtungen trägt. Darin unterscheidet sich dieses Projekt einer *Land Art* von einer denkbaren *konzeptualistischen* und/oder *minimalistischen* Realisierung, die auf das Rohr in die Tiefe der Erde auch verzichten könnte.

Jedoch gibt es eine andere Klasse von Kunstobjekten, die dieser Auffassung entgegengehalten werden können – die Werke der Literatur. Wenn wir ohne weitere Diskussion annehmen, daß die Lyrik kein Gegenbeispiel gegen eine Ästhetik des Erscheinens darstellt, da ihre Sprache jederzeit an eine klanglich, rhythmisch und graphisch auffällige Organisation gebunden ist, können wir uns direkt dem Fall der literarischen Prosa widmen. Hier, so könnte der Einwand lauten, liegen gar keine relevanten Objekte der Wahrnehmung vor. Viele Werke der literarischen Prosa haben sich von der Sinnlichkeit des Erscheinens emanzipiert. So hat es Hegel gesehen; Material der Dichtung ist für ihn nicht das Wort, sondern die Vorstellung.[91] Viele Romane, die auf den Klang und den Rhythmus einer »poetischen« Sprachführung verzichten, man denke an den *Don Quijote* oder an die Romane Balzacs oder Chandlers, wären demnach nicht länger Objekte einer spezifischen Wahrnehmung. Objekte der Wahrnehmung wären sie nur in dem trivialen Sinn, daß man die Folge der Buchstaben und Worte erkennen muß, um dem Gang eines Texts folgen zu können. Wir hätten es mit Objekten der Imagination zu tun, die keine Objekte des Erscheinens sind.

In seiner Abhandlung über *Die Kunst der Gesellschaft* hat Niklas Luhmann diesen Einwand treffend pariert: »Da wir von Wahrnehmung ausgegangen waren, wird man annehmen, all dies gelte nur für die bildende Kunst. Aber ganz im Gegenteil: es gilt auch und noch viel dramatischer, weil weniger selbstverständlich, für alle Wortkunst, für Dichtung. (...) Das Textkunstwerk organisiert sich selbst mit Hilfe dieser Klangliches, Rhythmisches und Sinnhaftes kombinierenden selbstreferentiellen Verweisungen. Die Einheit von Fremdre-

91 G.W.F. Hegel, Vorlesungen über die Ästhetik I-III, in: ders., Werke in zwanzig Bänden, Bde. 13-15, Frankfurt/M. 1970, Bd. 14, 256 u. 261 f.

ferenz und Selbstreferenz liegt in der Wahrnehmbarkeit der Worte. (...) Die künstlerische Qualität liegt nicht in der Themenwahl, sondern in der Wortwahl.«[92] Der literarische Text ist ein Gebilde, das sich als eine auffällige Konstellation von Worten präsentiert und hierüber einen besonderen Weltbezug herstellt. Diese Auffälligkeit betrifft keineswegs allein die Konnotationen, mit denen die Worte durch ihre Neukombination versehen werden, sie betrifft gleichermaßen den Klang, den Rhythmus, die Gestik ihres literarischen Gebrauchs. Sie betrifft die gesamte Bewegung der literarischen Texte. Nicht die *Vorstellung*, so ist daher gegen Hegel zu sagen, sondern das *Wort* ist das primäre Material der Literatur. Nicht die *Wiedergabe* von Vorstellungen, sondern die nach Gesichtspunkten des Klangs, des Rhythmus und eines (nicht zuletzt dadurch) verwandelten Sinns erfolgende individuelle *Anordnung von Worten* ist das primäre Verfahren der Literatur. Dieses Erscheinen ist ihnen wesentlich; denn kraft *ihres* Erscheinens eröffnen sie oft ein weites Reich der Imagination, in dem etwas – Himmel oder Hölle, Ding oder Ereignis – in *seinem* Erscheinen vorgestellt werden kann.

Wer einen Roman »allein inhaltlich« liest, so könnte man versucht sein zu sagen, liest ihn gar nicht. Aber nicht einmal das trifft zu. Denn auch wer einen Roman, wie man so sagt, »allein inhaltlich« – etwa wegen einer spannenden Geschichte – liest, liest ihn nicht allein so; ihm fällt nur das literarisch Auffällige nicht eigens auf. Das »ästhetisch« und das »rhetorisch« aufmerksame Lesen gehen immer zusammen, wo Romane gelesen werden, wenn auch in gewiß unterschiedlichen Graden.[93] Wer Chandlers *The Long Goodbye* liest, mag bei suggestiven Sätzen wie dem über den Swimmingpool verweilen

92 N. Luhmann, Die Kunst der Gesellschaft, a.a.O., 45-47; vgl. ebd., 199-203.

93 Zu dieser Unterscheidung s. P. de Man, Lesen (Proust), in: ders., Allegorien des Lesens, Frankfurt/M. 1988, 91-117, 105; die These einer »Disjunktion« der beiden Arten der Lektüre habe ich kritisiert in: M. Seel, Die Arbeit des Schriftstellers, a.a.O., 184ff.

oder nicht – gleichviel, er wird die *Effekte* der sprachlichen Zuspitzungen verspüren, die zwischen den Zuspitzungen der Handlungen für eine angespannte Stimmung sorgen. Eine Leserin der *Verlorenen Illusionen* von Balzac wird sich von den langen, mit soziologischer und ökonomischer Akribie ausgeführten Exkursen des Autors in die beschränkte, in Oberstadt und Unterstadt sozial wie räumlich zweigeteilte Welt der Provinzstadt Angoulême und ihres Nachbarorts l'Houmeau einführen und später in das unpoetische literarische Geschäftsleben der Hauptstadt Paris hinüberführen lassen – und dabei von einem Rhythmus weniger der einzelnen Sätze als des immer wieder ausholenden Flusses der Sätze getragen werden. Aber auch hier, in einer Prosa, die weit weniger Satz für Satz durchkonstruiert ist als diejenige Flauberts und selbst Chandlers, sind überall sprachliche Gesten zu finden, die unscheinbar, aber doch spürbar das vorführen, wovon sie sprechen. »Die Restauration, die dem französischen Adel seine Stellung anzuweisen suchte und Hoffnungen in ihm weckte, die sich ohne einen allgemeinen Umsturz nicht verwirklichen konnten, die Restauration erweiterte den seelischen Abstand, der Angoulême von l'Houmeau noch mehr trennte, als der Raum es tun konnte.«[94] Der Zwischenraum zwischen dem wiederholten Hauptwort des Satzes (und das heißt in der Literatur immer auch: die Zeit, die zwischen dem Anfang und Fortgang des Hauptsatzes vergeht) mißt den Abstand aus, der zwischen den beiden Schauplätzen der Handlung im ersten Teil des Romans liegt.[95]

94 H. de Balzac, Die verlorenen Illusionen, übers. v. O. Flake, Zürich 1977, 51.

95 Das französische Original verdeutlicht diesen Abstand mit Hilfe einer Partizipialkonstruktion: »En dessinant la position de la noblesse en France et lui donnant des espérances qui ne pouvaient se réaliser sans un bouleversement général, la Restauration éntendit la distance morale qui séparait, encore plus fortement que la distance locale, Angoulême de l'Houmeau.« H. de Balzac, Illusions perdues, Paris 1961, 38.

Vladimir Nabokovs Roman *Pnin* beginnt mit einem distanzierenden Blick auf den Helden, Professor Timofey Pnin, der in einem fast leeren Eisenbahnwagen sitzt. »Vollkommen kahl, sonnengebräunt und glattrasiert, wie er war, begann er recht imposant: mit seiner großen braunen Kuppel, einer Schildplattbrille (die verdeckte, daß ihm wie einem Kind die Augenbrauen fehlten), einer gorillahaften Oberlippe, einem dicken Hals und einem Athletenrumpf in einer ziemlich eng sitzenden Tweedjacke – endete dann jedoch einigermaßen enttäuschend mit einem Paar spindeldürrer (jetzt flanellumhüllter und übereinandergeschlagener) Beine und zerbrechlich wirkenden, fast femininen Füßen.«[96] Dieser kunstvoll verwackelte Satz über die disproportionale Erscheinung des Helden enthält in der Nußschale alles, wovon das Buch handelt. Es ist die in allen Hinsichten außer Proportion stehende – und in einer komischen Proportion erzählte – Lage eines im amerikanischen Exil lebenden Russen, der sich vergeblich alle Mühe gibt, in der neuen Welt (und der neuen Sprache) heimisch zu werden. Und er sitzt im falschen Zug. Dies wird dem Leser erst nach zwei Seiten mitgeteilt, gefolgt von einer Digression über weitere Pninsche Eigenarten, einer erneuten Erinnerung an das Mißgeschick, von dem der Held noch nichts weiß, gefolgt von einem Exkurs über seine beiden linken Hände, »und noch immer wußte er nicht, daß er sich im falschen Zug befand«, gefolgt von einem Bericht über Pnins Kampf mit der fremden Sprache, unterbrochen von einem Hinweis auf den sich nähernden Zugschaffner, gefolgt von einer Schilderung der Anstalten, die Pnin macht, um sein

96 V. Nabokov, Pnin, übers. v. D. E. Zimmer, Reinbek 1994, 7. – »Ideally bald, sun-tanned, and clean-shaven, he began rather impressively with that great brown dome of his, tortoise-shell glasses (masking up an infantile absence of eyebrows), apish upper lip, thick neck, and strong-man torso in a tightish tweed coat, but ended, somewhat disappointingly, in a pair of spindly legs (now flanneled and crossed) and frail-looking, almost feminine feet.« V. Nabokov, Pnin, London 1957, 7.

Vortragsmanuskript nicht zu verlieren (er wird es verlieren) – und endlich von dem Auftritt des Schaffners, der seinen Kopf über Pnins Fahrschein schüttelt. Diese Sequenz, die sich über das ganze erste Kapitel erstreckt, ist in einem Wechsel von Unterbrechungen, Abschweifungen und Distanzierungen geschrieben, der nicht nur den Seminarstil des Helden nachahmt und parodiert, sondern sein erschüttertes Sichbefinden vergegenwärtigt – in einem Rhythmus der Rhythmusstörung, wie sie den herzkranken Pnin ein ums andere Mal ereilt. Die Choreographie der sprachlichen Bewegung, mit der wir in die Welt des Helden eingeführt werden, bildet die Unaufgehobenheit mimetisch nach – oder besser: bildet sie vor, bildet sie aus –, mit der sich Professor Pnin durch die Neue Welt bewegt.

Der Körper der Texte

Literarische Texte sind Resonanzkörper der in ihnen gebündelten und von ihnen entzündeten Imaginationen. Als solche erklingen, verlaufen und – erscheinen sie. Dabei ist es nicht entscheidend, wie bilderreich – reich an Metaphern, Vergleichen und anderen Mitteln der figürlichen Rede[97] – sie im einzelnen sind. Ihr primärer Impuls liegt in der mimetischen Fähigkeit, Sequenzen von Worten und Sätzen zu erzeugen, die selbst mit für das stehen, wovon mit ihnen die Rede ist. Mit Nachahmung hat diese Mimesis wenig zu tun. Ihre Kunst liegt in der Herstellung einer Sprache, die für ein imagina-

97 Metaphern und andere Formen der figürlichen Rede machen alleine überhaupt keine Literatur, da es für deren Sprachform weithin kennzeichnend ist, die *Differenz* zwischen buchstäblicher und figürlicher Rede unsicher zu machen – wie es sich in einer extremen Form an der Lyrik Paul Celans studieren läßt, in der die wörtlich daherkommenden Wendungen stets höchst metaphorisch und die metaphorischen stets äußerst buchstäblich ausgespielt werden.

tives Gelesenwerden empfänglich ist, weil sie sich als ein Instrument unserer Vorstellungen vorstellt – als ein Instrument, das nach den Noten seiner Buchstaben von uns, den Lesern, gespielt werden will.

Dennoch zeigt sich hier ein durchaus anderes Verhältnis von Erscheinen und Imagination als in der bildenden Kunst oder der Musik. In der Malerei (aber auch in Plastik und Musik und erst recht im Film) liegt die ästhetische Imagination *in dem* artistischen Erscheinen der Werke: im Sehen und Hören dieser Objekte sind die von ihnen artikulierten Gegenwarten da. Wenn ich William Turners 1839 geschaffenes Bild *Rain, Steem and Speed – The Great Western Railway* (London, The National Gallery) betrachte, *sehe* ich eine von Regen, Dampf und Geschwindigkeit bis zur Gestaltenlosigkeit dynamisierte Landschaft, auch wenn ich nicht der Illusion einer realen Gegenwart dieser Landschaft erliege; wenn ich Barnett Newmans scheinbar symmetrisches Bild betrachte, *sehe* ich eine Dynamik der Farben, die jeder Ordnung spottet. Jedesmal handelt es sich um ein imaginatives Sehen, das in der sensitiven Eruierung des künstlerischen Objekts etwas erkennt, was eine vorkünstlerische Wahrnehmung nicht vernehmen kann. In vielen Formen der literarischen Prosa hingegen wird die imaginative Lektüre von der artistischen Erscheinung eines Texts lediglich *getragen.* Ihr kommt eine andere Sinnlichkeit – ein anderes »anderes Erscheinen« – als denjenigen Künsten zu, die primär Bild- oder Tonkünste sind. Die Sinnlichkeit ihrer Texte entsteht und besteht zusammen mit einer (oft erweiterten und transformierten) Sinnhaftigkeit ihrer Worte, die selbst keiner sinnlichen Anschauung zugänglich ist. Das verstehende Lesen eines Prosatexts vollzieht seine Imaginationen auf der Basis einer Empfänglichkeit für seine Rhythmik, Akustik und Gestik, aber nicht insgesamt *als* ein – wie immer durch Kenntnisse und Reflexionen gesteuertes und gesteigertes – sinnliches Vernehmen. In diesem Sinn handelt es sich hier um *Partituren* der ästhetischen Wahrnehmung – um Partituren allerdings, die eine eigens auf ihre Akustik, Gestik und Graphik bezogene Wahrnehmung verlangen.[98]

Alle Kunstwahrnehmung, so hatte es auf S. 192 geheißen, geht von einem Erscheinen und ist auf ein Erscheinen aus. Auch auf das Lesen literarischer Prosa trifft dies zu – jedoch mit einer wichtigen Einschränkung. Die Wahrnehmung ist hier *unter anderem* auf das Erscheinen des Körpers der Texte aus; zugleich entfaltet sie sich als eine *vorstellende* Vergegenwärtigung der vom Text imaginierten Welt. Eine zweite Einschränkung scheint im Blick auf die Gegenwärtigkeit literarischer Texte nötig zu sein. Alle Kunst, so hatte es auf S. 159 geheißen, stellt eine besondere Gegenwart her und bietet auf diesem Weg etwas in seiner Gegenwärtigkeit dar. Was für eine Gegenwart aber könnte das sein, die durch Romane von Balzac, Chandler oder Nabokov hergestellt oder herausgestellt würde? Und was für eine Gegenwart könnte es sein, die durch lyrische Produktionen nicht allein präsentiert, sondern präsent gemacht wird?

Um eine Gegenwart in einem räumlichen Sinn kann es sich nicht handeln. Trotzdem kommt dem Text einer literarischen Lektüre eine eigene Gegenwärtigkeit zu. Auch er ist ein Objekt, das in einer individuellen Phänomenalität – im Zusammenspiel genau dieser Worte und Zeichen – zur Wahrnehmung kommt. Was hier anschaulich wird, ist eine ansonsten unscheinbare Gegenwart der *Sprache*. Diese zeigt sich in ihrem Spiel: sie zeigt den Lesenden, wie sie Spieler dieses Spieles sind. Literarische Texte zeigen dies nicht, wie in den philosophischen Theorien Humboldts, Freges oder Davidsons, auf dem Weg einer Darlegung *über* die Sprache. Sie zeigen es durch die laute oder leise Darbietung ihrer *Sprache*. Sie zeigen es, indem sie vor den Augen und Ohren der Lesenden *Versionen* eines sprachlichen Weltzugangs konstruieren. An ihnen wird spürbar, wie *sehr* – und jedesmal anders: *wie* – un-

98 Erhellende Hinweise auf das Verhältnis musikalischer und literarischer Partituren gibt A. Wellmer, Das musikalische Kunstwerk, a.a.O.

ser bewußtes Leben ein sprachliches Leben ist. Am literarischen Text zeigt sich Sprache als ein Teil der Gegenwart unseres Lebens. Was für eine Gegenwart er innerhalb seines Raums auch imaginieren mag, in der Gestaltung dieses Raums läßt er seine Sprache Gegenwart werden.

Diese Individualität der literarischen Texte hat ihren eigenen Charakter. Wie bei Tafelbildern, für deren Betrachtung es optimale Lichtverhältnisse, und bei Filmen, für deren Darbietung es optimale technische Bedingungen gibt, scheint es naheliegend zu sagen, daß das für die Objekte eines bloßen Erscheinens so wichtige Junktim von Simultaneität und *Momentaneität* hier keine Rolle spielt. Die Prozessualität eines Texts oder Bilds ist nicht wie bei Plastiken, Gebäuden oder Naturszenen mit einer beständigen – durch Wind und Wetter, wechselnde Beleuchtung und veränderlichen Standpunkt bedingten – Varietät ihres Erscheinens verknüpft. Aber auch das wäre nur die halbe Wahrheit. Denn auch hier haben wir es nicht mit unveränderlichen Objekten zu tun, mögen sie auch materiell – in der genauen Abfolge der Schriftzeichen – keiner noch so geringen Veränderung unterliegen.

Die konstitutive Veränderlichkeit der Literatur betrifft weder ihre Typographie noch die Möglichkeit literarischer Lesungen, bei denen Texte in enger Analogie zur ausübenden Interpretation von Musik aufgeführt werden. Sie betrifft vielmehr die Veränderungen der beteiligten Sprachen selbst – sowohl derjenigen, in denen sie entstanden sind, als auch derjenigen, in die sie übersetzt werden können. Mit der Veränderung der historischen Sprachen verändert sich auch die Physiognomie der in ihnen abgefaßten Texte. Es verändert sich die Art, in der ein literarischer Text in der Sprache seiner Herkunft (oder seiner durch Übersetzung bewirkten Ankunft) steht. Der Körper der Texte bewegt sich nicht in einem statischen, sondern in einem jederzeit dynamischen sprachlichen Raum, mögen die Schritte dieser Veränderung auch zunächst so unscheinbar sein wie die Bewegung des Minutenzeigers einer analogen Uhr. In diesem Sinn haben wir es auch bei der Literatur mit Elementen der Momentaneität ihres Erscheinens zu tun. Auch die Sprache der Dichtung hat ein der historischen Zeit unterworfenes Hier und Jetzt. Sie verändert sich, indem die Sprache ihrer Leser sich verändert. Sie verändert sich mit uns. Schließlich ist jede Veränderung der Sprache weit mehr als nur das, eine Veränderung der Sprache; sie ist eine Veränderung der kulturellen Welt, in der wir uns im Gebrauch unserer Sprache bewegen.[99] Die Gegenwart, die im Text der Literatur in Erscheinung tritt, ist nicht das Jetzt und Hier eines leibzentrierten Raums, sie ist das Hier und Jetzt einer historischen Zeit; sie wird spürbar an der Schwingung, die seine Sprache in der unseren erzeugt.

Die Vaterschaft des Gedankens

Dieses Echo der Sprache in den unübersehbaren Räumen einer historischen Zeit ereignet sich selbst in den kleinsten literarischen Formen. »Die Uhr schlägt. Alle.« – lautet ein tödlich kurzer Aphorismus von Stanislaw Jerzy Lec.[100] In diesen Worten schwingt und schlägt noch der Pendel alter Uhren, in ihnen klingt noch die Totenglocke mit; der zeitlosen Logik des Satzes aber entgehen auch die Besitzer digitaler Zeitmesser nicht. Auch dies ist eine sprachliche *Geste*, die in ihrem Erscheinen wahrgenommen werden muß, um literarisch gelesen werden zu können. Kürze und Kargheit werden hier zum Stilmittel der lakonischen Rede – im Unterschied zur einfachhin schlichten Sprache einer Waschmaschinenanleitung, die ein verweilendes Lesen kaum lohnt. Auch die sprachliche Askese ist eine Form der literarischen Animation.

99 Analog verhält es sich mit Bildern und Filmen: sie verändern sich mit der Veränderung der Bildwelten, in denen sie zur Betrachtung und Aufführung kommen. Ein Stummfilm steht anders in der Welt des Tonfilms, ein Schwarzweißfilm anders in der Welt des Farbfilms, als er zur Zeit seiner Erstaufführung wahrnehmbar war.

100 J. S. Lec, Sämtliche unfrisierte Gedanken, München 1959, 8.

Eine der Keuner-Geschichten von Bertolt Brecht trägt den Titel *Die Vaterschaft des Gedankens*:[101]

Herrn K. wurde vorgehalten, bei ihm sei allzu häufig der Wunsch der Vater des Gedankens. Herr K. antwortete: »Es gab niemals einen Gedanken, dessen Vater kein Wunsch war. Nur darüber kann man streiten: Welcher Wunsch? Man muß nicht argwöhnen, daß ein Kind gar keinen Vater haben könnte, um zu argwöhnen: die Feststellung der Vaterschaft sei schwer.«

Dieser unscheinbare Text lebt von einem klaren Rhythmus, einer komplexen Dramaturgie und einer von beidem getragenen gedanklichen Ironie. Er setzt ein mit einer – durch eine geläufige Redewendung ins Spiel gebrachte – Kritik am Keunerschen Denken ein. Die darin geäußerte These, die selber eine Gegenthese ist, wird von Keuner seinerseits mit einer Gegenthese beantwortet. Diese These aber wird anschließend ihrerseits umgewandelt, so daß es schließlich zu einer überraschenden Synthese kommt. Die Konstruktion des Texts folgt dem Schema einer dialektischen Bewegung. Der These: Gedanken sind kein Ausdruck von Interessen, folgt eine Gegenthese: sie sind es doch, gefolgt von einer Synthese: sie sind ein Ausdruck *unbestimmt welcher* Interessen. Der Wechsel der Positionen wird jeweils durch Doppelpunkte markiert, die die fiktive Anekdote mit starken Zäsuren versehen. Nichts ist hier dem Fluß der natürlichen und naheliegenden Annahmen überlassen. Der durch einen idealistischen Volksmund unterstützte Anschein, es sei für einen Gedanken vernichtend, aus Wünschen geboren zu sein, wird ebenso erschüttert wie die gegenteilige materialistische Versicherung, alles Denken sei Ausdruck von Interessen. Die Schlußpointe nimmt das gängige Sprachbild des Anfangs auf eine hintersin-

101 B. Brecht, Geschichten vom Herrn Keuner, in: ders., Gesammelte Werke Bd. 12, Frankfurt/M. 1967, 375-415, 391.

nige Weise ernst. Gewiß, alles Denken ist aus den Antrieben menschlicher Praxis motiviert, aber aus welchen: das läßt sich oft nicht sagen, und es muß sich nicht sagen lassen, wenn ein Gedanke im Licht der Welt willkommen geheißen wird. Was Brecht hier mit leisem Spott über das Basis-Überbau-Modell skizziert, ist ein pragmatisches Verständnis der Autonomie des Denkens, das dieses weder in eine reine Sphäre des Geistigen verbannt noch zu einem Sklavendienst gegenüber den Leidenschaften verdammt.

Dies (und weiteres) aber tut der Text in einer Zusammenstellung von nur 56 Wörtern, während meine Interpretation bis hierher bereits 248 Wörter bemüht hat. Der kleine Text organisiert ein Spiel von Bewegung und Gegenbewegung, durch das er selber zu einem Bild des Spielraums wird, den er dem Denken zuschreibt. Auch in dieser schmucklos daherkommenden Kürzestgeschichte also finden wir das für die literarische Rede entscheidende Verhältnis wieder. Ihre Sprache entfaltet *an ihr selbst* einen Charakter der Sache, wovon in der Konstellation ihrer Worte die Rede ist. Auch hier wird Sprache gegenwärtig – im Hinundherwenden der verführerischen, sachte auf Abwege geführten Floskel über die illegitime intellektuelle Vaterschaft von Wünschen. Wie bei dem Bild von Newman oder der Installation von de Maria wird auch hier keine über die Gegenwart des künstlerischen Gegenstands hinausgehende Gegenwart imaginiert. Auch hier aber wird die verstehende Wahrnehmung zu einer anschaulichen Verstrickung in eine durch das Kalkül des Texts erzeugte exemplarische Situation bewegt. Die Lesenden werden dahin geleitet, dem nachzuspüren, was geschieht, wenn sie denken, daß sie denken.

7. Ein Spiel um Gegenwart

Aber Kunst ist nicht alles. Ihre Objekte erweitern die menschliche Welt um Welten einer unwahrscheinlichen Erfahrung, ihre Prozesse laden die menschliche Wahrnehmung mit ungeahnten Energien auf, aber sie sind nicht die höchsten Instanzen des ästhetischen Bewußtseins; denn es gibt hier keine höchste Instanz. Die Werke der Kunst sind nicht das alleinige Muster einer mitreißenden ästhetischen Situation. Wer aus dem Kino, dem Theater, der Oper, der Kunsthalle oder einer Lesung in die Nacht einer Stadt tritt, sieht und hört nicht nur noch einmal Kino, Theater, Oper, Bilder und rauschende Rede, sondern atmet eine mit Klängen und Stimmen, Bewegungen und Bildern, Gerüchen und Gesten erfüllte Luft, deren nie wiederkehrendes Aroma sich keiner Inszenierung verdankt. Wer aus dem Büro, der Werkshalle oder dem Hörsaal ins Offene eines beliebigen Tages kommt und anschauend bei einer beliebigen Sache oder Szene innehält, projiziert niemals nur die Kunst auf das Leben, sondern läßt sich auf das überall unvertretbare Erscheinen des Wirklichen ein. Wer in einer Landschaft, sei sie eher Natur oder Stadt, oder auf einem intimeren Schauplatz, sei es das Bett oder ein anderes Podium, in ein Stadium ästhetischer Wachheit tritt, übt nicht nur seine an Kunst gewonnene Bildung aus, sondern überläßt sich einem einmaligen Zustand, der so unwiederholbar wie nur je eine unwiederholbare Performance ist. Kein Zweifel, die Kunst ist ein Kulminationspunkt des Ästhetischen, dessen Verflachung eine gewaltige Lücke im Bewußtsein des Menschen von sich selber hinterließe, aber sie teilt ihre Raffinessen und Grobheiten mit der Berührung durch ungezügelte ästhetische Sensationen. Die Leidenschaft für das Erscheinende gilt nicht allein der Kunst, sie gilt einem Verweilen in der stets verschwindenden Zeit des Lebens, wo immer es sich ereignen mag.

Diese Leidenschaft für das Spiel der Erscheinungen hat viel mit der für das Spielen zu tun. Aber es gibt einen wichtigen

Unterschied. Jedes Spiel wird um *Gegenwart*, jedes ästhetische Spiel wird um eine *Anschauung* von Gegenwart gespielt.

Wir spielen, weil wir – wir spielen, wenn wir – bewegt sein wollen um dieses Bewegtseins willen. Dieses Bewegtsein kann körperlich oder emotional oder beides sein. Der Sinn des Spielens ist leibliche oder seelische Agitation. Wir wollen uns in der Situation des Spielens auf eine besondere Weise gegenwärtig sein. Wir wollen im Geschehen des Spiels oder der Spielhandlung sein. Wir wollen in einer Situation sein, die nicht über sich hinausweist, aber doch unabsehbare Verhältnisse erzeugt. Wir wollen in den Möglichkeiten einer außergewöhnlichen Gegenwart sein.

Dies trifft für die Spiele der Kinder nicht weniger zu als für die der Erwachsenen, für die geregelten nicht weniger als für die ungeregelten, für die agonalen nicht weniger als für die aleatorischen. Spielen ist ein vollzugsorientiertes Handeln; seine primären Zwecke liegen im Vollzug des jeweiligen Handelns selbst, wie viele zweckhafte Verrichtungen innerhalb dieses Rahmens auch nötig sein und wie viele über diesen Rahmen hinausreichende Zwecke mit ihm auch verbunden sein mögen. Es ist ein nicht durchgehend festgelegtes Handeln; es lebt von der Ungewißheit seiner Verläufe. Es ist ein involvierendes Handeln; es besteht in einer Verausgabung an die Situation des Handelns. Es ist schließlich ein zeitlich begrenztes Handeln; es steht in einem Kontrast zu einer (wie immer gefaßten) Normalität des übrigen Lebens. Selbst wer aus Langeweile eine Patience legt, begibt sich für eine kurze Weile in eine anders gegliederte Zeit.[102]

Dem Prozeß ästhetischer Wahrnehmung kommen viele oder alle dieser Charaktere des Spielens zu. In einer Konzen-

102 Den Begriff des Spiels, auf den ich mich hier stütze, habe ich entwickelt in: M. Seel, Versuch über die Form des Glücks, Frankfurt/M. 1995, 159-165; für eine kunstphilosophische Rehabilitierung des Spiel-Begriffs plädiert R. Sonderegger, Für eine Ästhetik des Spiels. Hermeneutik, Dekonstruktion und der Eigensinn der Kunst, Frankfurt/M. 2000.

tration auf konkrete und momentane Gegenwarten ist er auf ein um seiner selbst willen vollzogenes Durchleben sinnlich-seelischer Bewegtheit aus. Er spielt sich als ein Verweilen bei oder in Prozessen ab, die kognitiv wie praktisch unbestimmbar und unbeherrschbar sind. Der willkürliche oder unwillkürliche – aber grundsätzlich freiwillige – Eintritt auch in dieses Spiel ist mit der Erwartung verbunden, in ein zeitlich begrenztes Geschehen involviert zu werden, das nur partiell vom eigenen Tun und Überlegen steuerbar ist und gerade darin eine Anspannung der leiblichen und geistigen Kräfte bewirkt.

Aber das Spiel der ästhetischen Wahrnehmung hat nicht nur einen besonderen, mit anderen Spielen eng verwandten Verlauf, es hat zugleich ein objektives, in seinen subjektiven Prozessen zugängliches Komplement: das eines Spiels von Erscheinungen. Dies macht den Unterschied. Die ästhetische Wahrnehmung ist Spiel, und sie ist Aufmerksamkeit für ein Spiel. Sie ist ein spielendes Mitgehen mit einem Spiel, das nicht allein *ihr* Spiel ist. Die beiden beteiligten »Spiele« haben, wie im ersten Kapitel ausgeführt, nicht dieselbe Bedeutung. Handelt es sich auf der einen Seite um eine besondere anschauende Tätigkeit und damit um ein subjektives Spielen, handelt es sich auf der anderen Seite um ein besonderes sinnliches Gegebensein und damit um ein objektives Spiel: um die Simultaneität und Momentaneität der bei einer Gelegenheit wahrnehmbaren Erscheinungen.

Anders als bei den anderen Spielen, bei denen das Spiel erst anfängt, wenn die Spielenden damit anfangen, wird das objektive, von beliebigen Spielern erfahrbare ästhetische Spiel nicht generell durch eine Tätigkeit des Spielens *eröffnet*; stets jedoch wird es *zugänglich* in der Tätigkeit eines perzeptiven Spielens. Dieses ist eine Wahrnehmungstätigkeit par excellence. Ihr Vollzug schließt nicht allein – wie vieles Spielen – vielfache und vielfach komplexe Wahrnehmungen ein, *hier wird um Wahrnehmung gespielt*: um die Wahrnehmung eines simultanen und momentanen Geschehens, das im Augenblick

Gegenwart ist. Der höchst immaterielle Gewinn, der hier erzielt werden kann, betrifft nicht allein eine gesteigerte Intensität eines leiblich-seelischen Sich-gegenwärtig-Seins, sondern darüber hinaus eine gesteigerte Intensität des *Bewußtseins* von Gegenwart; nicht so sehr eine körperliche *Verausgabung*, sondern vor allem ein anschauendes *Innehalten* in ihr. Wenn wir spielen, lassen wir uns ganz auf die Gegenwart ein. Wenn wir ästhetisch spielen, lassen wir uns ganz auf die Anschauung einer Gegenwart ein.

Die Werke der Kunst spielen hierbei ein *doppeltes* Spiel. Indem sie für die Rezipienten zugleich *ihre* und *eine* Gegenwart ausspielen – diejenige, die sie herstellen, und diejenige, die sie darbieten (die wiederum diejenige sein kann, die sie hergestellt haben) –, stellen sie eine drastisch bis unmerklich *gespaltene* Gegenwart her. In ihr kann man sich nicht so verlieren wie auf dem Fußballplatz oder beim Billardspiel. Aber man kann sich in die Anschauung dieser Gegenwarten versenken. Jede Verausgabung an die *Gegenwart* der Kunst verlangt eine Hingabe an die Gegenwart der *Kunst* – an das Erscheinungsspiel der künstlerischen Objekte. Hieraus wird oft nicht nur ein anschauendes und imaginierendes Bewußtsein, sondern eine anschauende Reflexion anwesender und/oder abwesender Gegenwarten entspringen.

Jedoch ist das ästhetische Gegenwartsbewußtsein nicht von Haus aus reflexiv. Weder die Beachtung eines bloßen noch die eines atmosphärischen Erscheinens ist intern mit einem reflexiven Bewußtsein verbunden, was aber weder die Intensität noch die Radikalität dieser Arten des Rückgangs auf die Gegenwart mindert. Es ist also nicht Reflexion und nicht Imagination, was das ästhetische Spiel von den sonstigen Spielen grundsätzlich unterscheidet. Der ausschlaggebende Unterschied, der in Richtung Imagination und Reflexion beliebig verschärft werden kann, liegt in der Differenz zwischen einem durch agierende Verausgabung und einem durch anschauendes Verweilen gewonnenen Sinn für Präsenz. Weil der Schritt vom einen zum andern, so folgenreich er sein kann, doch oft nur ein kleiner (und manchmal fast gar kein) Schritt ist, zieht das ästhetische Spielen oft ein nichtästhetisches und dieses oft ein ästhetisches Spielen an.

Das Spiel im Theater ist aus der Sicht der Schauspieler nicht bloß Darbietung eines situativen, imaginativen und illuminativen Spiels von Erscheinungen, sondern die Verausgabung an eine gegenüber der Alltagswirklichkeit verwandelte Wirklichkeit. Umgekehrt ist das Spiel eines erfüllenden sexuellen Austauschs nicht nur eine wechselseitige körperliche Verausgabung, die alles weitere bis auf weiteres vergessen sein läßt, sondern ein bewußtes Empfinden des eigenen, am spürbaren Empfinden des anderen gespiegelten und gesteigerten leiblichen Befindens. Die Handlungen professioneller Athleten in der Arena des modernen Massensports zielen nicht allein auf das Gewinnen von Geld und Ehre, was sich ja auch anders bewerkstelligen ließe; sie sind Praktiken einer durch Regeln begrenzten öffentlichen Verausgabung in prinzipiell unwägbaren Situationen, in denen alles Gelingen und Scheitern mit dem Genuß der unwiederbringlichen Gegenwärtigkeit des Geschehenen belohnt wird. Aus der Sicht der Zuschauer handelt es sich hier, wie Hans Ulrich Gumbrecht treffend sagt, um »Inszenierungen, die ausschließlich auf die Produktion von Präsenz gerichtet sind«.[103] Das öffentliche Schauspiel des modernen Sports ist eine ästhetische Veranstaltung, die es den Zuschauern erlaubt, eine kollektive Auszeit von den Kontinuitäten ihres Lebens zu nehmen – eine Auszeit, die sie gerade nicht, wie diejenige der Kunst, zu Imaginationen und Reflexionen über das Spiel ihres Lebens verleitet. Das ist keine Kunst und soll keine Kunst sein; das hat keine Bedeutung und soll keine haben; es handelt sich um ein ästhe-

103 H. U. Gumbrecht, Die Schönheit des Mannschaftssports: American Football – im Stadion und im Fernsehen, in: G. Vattimo / W. Welsch (Hg.), Medien – Welten – Wirklichkeiten, München 1998, 201-229, 211; vgl. M. Seel, Die Zelebration des Unvermögens. Aspekte einer Ästhetik des Sports, in: ders., Ethisch-ästhetische Studien, a.a.O., 188-200.

tisches Spektakel eigener Art, das sich im sichtbaren Entstehen und Vergehen spektakulärer Ereignisse erfüllt. Die verausgabende und die anschauende Realisierung von Gegenwart liegen einander hier außerordentlich nahe, so nahe, daß sie einander bedingen; aber sie fallen auch hier nicht zusammen, denn sie finden sich auf die Positionen der Athleten und der Zuschauer verteilt. Beide Parteien aber kommen zusammen zu einer Zelebration der Ungewißheit ihrer Lage.

Auch die Ästhetik des Sports ist nur eines unter vielen Beispielen. Aber sie ist ein gutes Beispiel für die Affirmation des Unwägbaren, die allem ästhetischen Gelingen beigemischt ist – der erfolgreichen ästhetischen Produktion nicht weniger als der gespannten ästhetischen Rezeption. Über die ästhetische Lust habe ich bisher noch kein Wort verloren. Das war einerseits nicht nötig, da es durchweg um Prozesse und Objekte einer (zumindest auch) um ihrer selbst willen vollzogenen Wahrnehmung ging. Diese Zurückhaltung lag andererseits darin begründet, daß sich erst jetzt, nach einem langen Gang durch unterschiedliche Formen des Ästhetischen, ohne Umschweife sagen läßt, was für eine Lust darin liegt, etwas in seinem Erscheinen und um seines Erscheinens willen zu vernehmen. Es ist eine Lust daran, vorübergehenden Gegenwarten des Lebens auf unterschiedliche Weise anschauend innezusein.

Die ästhetische Lust ist eine Lust des endlichen Daseins am endlichen Dasein. In dieser Endlichkeit aber entdeckt die ästhetische Anschauung die Gelegenheit einer Vergegenwärtigung unendlicher Möglichkeiten, die in der theoretischen und praktischen Verfügung nicht erfahren werden können. Das ästhetische Objekt ist ein in seiner Unbestimmbarkeit erfahrenes Objekt, die ästhetische Situation ist eine für die Unbestimmbarkeit ihrer und aller Welt offene Situation. Sosehr das Bewußtsein des Faktums einer weitreichenden kognitiven und praktischen Unbestimmtheit und Unbestimmbarkeit der Welt in vielen Kontexten lähmend sein kann – ebensosehr kann es befreiend sein. Befreiend wirkt es, wenn es sich als

Bewußtsein unausgeloteter, nicht festgelegter, offenstehender, gleichwohl hier und jetzt bestehender Möglichkeiten ereignet. Dieses Bewußtsein entsteht, wenn etwas in seiner sinnlichen Besonderheit um dieser Besonderheit willen wahrgenommen wird. Ihm wird gewahr, daß nicht die Zukunft, sondern die Gegenwart das radikal Unbestimmbare ist. Natürlich ist die Zukunft in einem bestimmten Sinn weit weniger bestimmbar als alles, was in der Gegenwart geschieht und in der Vergangenheit geschehen ist. Aber die Zukunft ist *zu* unbestimmt, um in der Fülle ihrer Unbestimmbarkeit *erfahren* werden zu können, wie es das Privileg der vergänglichen Gegenwart ist.

III.
Flimmern und Rauschen. Grenzerfahrungen ausserhalb und innerhalb der Kunst

Ästhetische Objekte sind seit jeher berühmt und berüchtigt dafür, in ihrem Wesen Erscheinungen zu sein. Nicht was sie sind, auch nicht, was sie zu sein scheinen, vielmehr: wie sie uns erscheinen – darauf kommt es bei ihrer Wahrnehmung in erster Linie an. Das ästhetische Objekt ist das Erscheinende – dasjenige, was uns darin interessiert, wie es unseren Sinnen begegnet. Es muß uns nicht ausschließlich darin interessieren (kein Kunstwerk interessiert allein unsere Sinne), aber es ist ausgeschlossen, daß es uns hierin nicht interessiert. Sein ganzes Sein basiert auf seinem Erscheinen.

Kant

Wenn Kant den ästhetischen Gegenstand einmal ein »Spiel von Gestalten« nennt, so meint er wenig anderes.[1] Er spricht

1 I. Kant, Kritik der Urteilskraft, in: ders. Werke, hg. v. W. Weischedel, Frankfurt/M. 1968, Bd. X, § 14, 305 (B 42). Kant sagt freilich vom ästhetischen Objekt, es könne »entweder Spiel der Gestalten (im Raume, die Mimik und der Tanz) oder bloßes Spiel der Empfindungen (in der Zeit)« sein, wobei er an Musik und Malerei denkt. Da aber das »Spiel der Empfindungen« ebenfalls einer Interaktion von Gestalten (der Musik oder des Bildes) folgt, muß auch hier ein »Spiel der Gestalten« als Korrelat angenommen werden, das zudem nicht, wie bei Kant, auf ein Spiel *formaler* Aspekte des Gegenstands reduziert, sondern (in der oben in Teil II.1-2 erläuterten Weise) als ein Spiel seiner *Erscheinungen* aufgefaßt werden sollte.

von einem Gegebensein, das weder begrifflich fixiert noch praktisch verwertet werden soll, sondern in freier Betrachtung gefallen kann. Kant nennt diese Betrachtung auch interesselos. In ihr sind alle Interessen zweitrangig, die über die Gegenwart des jeweils Erscheinenden hinausreichen. Die interesselose Betrachtung ist eine, die begierig auf Erscheinendes ist, wie es im Prozeß seines Erscheinens zur Anschauung kommt. Es wird nicht auf Sein und Schein hin untersucht, sondern in seinem jeweiligen Erscheinen vernommen. Wozu immer wir uns ästhetisch verhalten, meint Kant, das nehmen wir in seinem jeweiligen Erscheinen ernst und somit in einer Gegenwärtigkeit, die aus theoretischer oder praktischer Warte als Unernst erscheinen kann und nicht selten erscheinen muß.

Kant hat hierin ein wichtiges Moment der Freiheit, nahezu einen Beweis von Freiheit gesehen. Im ästhetischen Zustand erfahren wir die Welt als durch uns bestimmbar, gerade indem wir auf ein theoretisch und praktisch bestimmendes Verhalten zur Welt verzichten. Dem prozessierenden Spiel der Gestalten auf seiten des ästhetischen Objekts entspricht ein freies Spiel des Wahrnehmungs- und Unterscheidungsvermögens auf seiten des ästhetischen Subjekts. Der Vielfalt des Erscheinenden entspricht eine Vielfalt des Wahrnehmenkönnens, die wir in der Gegenwart dieses Erscheinenden ausleben können, ohne zur Selbstbegrenzung theoretischen Erkennens und realisierenden Handelns fortschreiten zu müssen. Im ästhetischen Zustand, so Kant, erfahren wir unsere Bestimmbarkeit durch uns selbst, ohne diese zur Bestimmtheit einer beschränkenden Stellungnahme ausführen zu müssen.

Nietzsche

Wie aber Nietzsche in der *Geburt der Tragödie* gesehen hat, lauert in dieser Bestätigung zugleich eine Bedrohung der menschlichen Autonomie. In der ästhetischen Erfahrung des von Kant beschriebenen Typs, so Nietzsche, kann sich eine andere Erfahrung bemerkbar machen: diejenige eines Gestaltenschwunds und mit ihm eines »Grausens«, das sich im Verlust der Bestimmbarkeit des Wirklichen einstellt. Diese Erschütterung kann und braucht nicht, wie es Kant für das Erhabene vorsieht, durch reflexive *Überwindung* in ein lustvolles Erleben umgewandelt zu werden, sie kann, meint Nietzsche, *als solche* bejaht werden – als Befreiung vom Zwang der Autonomie, als Durchbrechen des Scheins unhintergehbarer kultureller Orientierungen. Die »apollinische« Konstruktion enthält die Einladung zur »dionysischen« Destruktion.

Schopenhauer, sagt Nietzsche zu Beginn des Tragödienbuchs, habe »das ungeheure Grausen geschildert, welches den Menschen ergreift, wenn er plötzlich an den Erkenntnisformen der Erscheinung irre wird, in dem der Satz vom Grunde, in irgend einer seiner Gestaltungen, eine Ausnahme zu erleiden scheint. Wenn wir zu diesem Grausen die wonnevolle Entzückung hinzunehmen, die bei dem Zerbrechen des principii individuationis aus dem innersten Grunde des Menschen, ja der Natur emporsteigt, so thun wir einen Blick in das Wesen des Dionysischen, das uns am nächsten noch durch die Analogie des Rausches gebracht wird.«[2]

Nicht an den *Erscheinungen* wird der Mensch in diesem Zustand irre, sondern, wie Nietzsche formuliert, »an den *Erkenntnisformen* der Erscheinungen«. Das principium individuationis, das hier außer Kraft gesetzt wird, ist das Prinzip der raumzeitlichen und gestalthaften Unterscheidbarkeit des Gegebenen. Dank dieser Identifizierbarkeit kann ihm diese oder jene *Erscheinung* sowie diese oder jene *Ursache* seines Erscheinens zugeschrieben werden. Nietzsches Formulierung an dieser Stelle läßt die Möglichkeit einer Begegnung mit

2 F. Nietzsche, Die Geburt der Tragödie, in: ders., Sämtliche Werke, Kritische Studienausgabe, hg. v. G. Colli und M. Montinari, München 1980, Bd. 1, 28.

Erscheinendem offen, für das keine Erkenntnisform da ist, weil es nicht als raumzeitliche Gestalt – oder als ein Spiel solcher Gestalten – identifiziert werden kann. Wir hätten es hier mit einem Erscheinen zu tun, das nicht als ein Zusammenhang von Erscheinungen erfaßt oder als ein Spiel von Erscheinungen verfolgt werden kann. Wir hätten es mit einem akustischen oder visuellen *Rauschen* zu tun.

Transzendenz und Immanenz

Den Begriff des Rauschens freilich gebraucht Nietzsche nicht. Er sagt lediglich, was im Zerbrechen des principium individuationis geschehe, werde »am nächsten noch durch die Analogie des Rausches« begreiflich. Entgegen meiner hypothetischen, über den Wortlaut hinausgehenden Lesart nimmt Nietzsche an, daß es außerhalb des principium individuationis gar keine Erscheinungen gebe, daß also der dionysische Rausch nicht als Hingabe an Erscheinendes, vielmehr als Transzendierung des Erscheinenden zu verstehen sei. Ich halte dies für einen Irrweg, der in jene Artisten-Metaphysik führt, die Nietzsche später im *Versuch einer Selbstkritik* als »willkürlich« und »phantastisch« verworfen hat. »Müßig« freilich, wie der Verfasser dort ebenfalls sagt, war seine Anstrengung nicht. Denn sie war der Beginn der theoretischen Anerkennung eines Phänomens, das aus der heutigen ästhetischen Praxis nicht wegzudenken ist.

Auf höchst folgenreiche Weise hat Nietzsche geltend gemacht, daß jeder ästhetischen Organisation – jedem Gebilde eines »apollinischen Scheins«, in seiner Terminologie – die Tendenz innewohnt, ihre sinnenfällige Ordnung zu übersteigen oder zu unterlaufen. Wo dies geschieht, verwandelt sich das ästhetisch *Erscheinende* in ein radikales *Erscheinen*. Seine Wahrnehmung treibt die von Kant konstatierte Enthaltung gegenüber dem Bestimmen weit über die bei Kant gezogenen

Grenzen hinaus; sie wird zu einer Erfahrung der Grenzen der Bestimmbarkeit unserer selbst und der Welt.

Mit anderen gegenwärtigen Theoretikern bin ich der Meinung, daß die hier angelegte Transzendierung des Gestalthaften zu den Grundmöglichkeiten ästhetischer Wahrnehmung gehört.[3] Entschiedener als der junge Nietzsche jedoch bin ich der Ansicht, daß diese Transzendierung nicht als ein Hinausgehen über die Welt der Erscheinungen, sondern vielmehr als ein Sichverlieren in diese Welt zu verstehen ist. Das Rauschen ist kein Phänomen der Transzendenz, sondern der radikalen Immanenz des Erscheinens. Es ist die Extremform des ästhetischen Erscheinens und somit ein potentieller, wenn auch unwahrscheinlicher Zustand ästhetischer Objekte aller Art.

Rauschen und Rausch

Das Rauschen, über das ich spreche, sollte nicht mit dem Rausch gleichgesetzt werden. Das Rauschen ist ein Vorgang auf der Objektseite, etwas, das Gegenstand unserer Wahrnehmung ist; der Rausch hingegen ist ein subjektiver Zustand. Wie nicht jeder Rausch das Vernehmen eines Rauschens zur Folge hat, so bewirkt nicht jedes Rauschen bei denen, die es wahrnehmen, einen Rausch. Und auch wenn diese Wirkung eintritt, verhält sich das Rauschen nicht wie die Droge zum Rausch. Es ist nicht *Ursache*, sondern lediglich *Anlaß*. Außerdem ist es Anlaß einer Wahrnehmung, die zwar, wie Nietzsche richtig betont, in einigen Zügen einen rauschähnlichen

3 Zu nennen sind K. H. Bohrer, Plötzlichkeit. Zum Augenblick des ästhetischen Scheins, Frankfurt/M. 1981, u. Ch. Menke, Die Souveränität der Kunst. Ästhetische Erfahrung nach Adorno und Derrida, Frankfurt/M. 1988.

Charakter hat, ohne jedoch in physiologischer Bedeutung rauschhaft zu sein.[4]

Obwohl also keine Folgebeziehungen zwischen dem objektiven Zustand des Rauschens und dem subjektiven Zustand des Rausches bestehen, läßt sich doch das Phänomen des Rauschens nicht ohne Bezug auf den Zustand seiner Wahrnehmung analysieren. Wie jedes andere ästhetische Phänomen muß auch das Rauschen von seiner Wahrnehmbarkeit her verstanden werden. Die Analyse der Verfassung des Rauschens und die Analyse der Verfassung seiner Wahrnehmung als eines Rauschens ist eines. Auch wenn ein Rauschen unabhängig von seiner *aktuellen* Wahrnehmung gegeben sein kann, ist doch seine Verfassung nicht unabhängig von der *Möglichkeit* dieser Wahrnehmung zu verstehen. Ein optisches oder akustisches Geschehen als Rauschen zu vernehmen – und nicht einfach als Lärm oder Stille, Fülle oder Leere –, setzt ein Wahrnehmen voraus, das sich den fraglichen Phänomenen um ihrer selbst willen zuwendet, gerade weil an ihnen nicht recht etwas wahrzunehmen ist.[5] Das ästhetische Rauschen, von dem wir in scheinbar subjektunabhängiger Bedeutung so sprechen, als

4 Wieder etwas anderes ist der Bewegungsrausch, wie man ihn sich bei bestimmten Sportarten oder auf Jahrmärkten verschaffen kann – Paul Virilio hat ihn zum Ausgangspunkt seiner »Ästhetik des Verschwindens« (Berlin 1986) gemacht. Hierbei kann ein Rauschen bestenfalls als ein Begleitphänomen auftreten; der Rausch selbst – er hat hier die Form eines leiblichen Taumels – bleibt objektlos. Sein Eintreten ist nicht an die Wahrnehmung externer Objekte gebunden, sondern liegt in der exzentrischen, die Raum-Zeitkoordinaten durcheinanderwirbelnden Bewegung. Der Wahrnehmung des *Kunst*rauschens freilich kommen – wie ebenfalls Nietzsche gesehen hat – durchaus Momente eines buchstäblichen oder metaphorischen Taumelns zu (worauf ich unten zurückkommen werde); nur ist es von diesem her allein nicht zu verstehen.

5 Hierin liegt der gravierende Unterschied zum informationstheoretischen Begriff des Rauschens als eines Zustands, in dem keine Informationen mehr übertragen werden können; mit diesem negativen, außerdem auf scheiternde Kommunikationen beschränkten Begriff kommt eine ästhetische Betrachtung nicht aus.

sei es zunächst gegeben und werde dann vernommen, ist ein Erscheinungsgeschehen, das ein lohnender Anlaß für eine besondere ästhetische Anschauung ist oder wäre. Seine Beschreibung muß daher zugleich eine Beschreibung des *Interesses* an seiner Gegenwart sein.

Bloßes und künstlerisches Rauschen

Während Nietzsche allein die Kunst im Auge hat, spreche ich vom Rauschen »außerhalb und innerhalb« der Kunst. Ich habe daher bisher von ästhetischen Objekten, also nicht allein von Kunstwerken gesprochen. Die hohe Bedeutung, die die Erscheinungsweise des Rauschens innerhalb der modernen Kunst hat, läßt sich am besten im Vergleich mit dem Stellenwert erkennen, den das Rauschen in der ästhetischen Praxis außerhalb der Kunst haben kann. Das außerkünstlerische möchte ich das *bloße* Rauschen nennen; es ist ein Rauschen und weiter nichts. Davon möchte ich das künstlerische Rauschen unterscheiden; es ist ein nachhaltig fremdes Element innerhalb des Prozesses der künstlerischen Artikulation.[6]

Geschehen ohne Geschehendes

Beispiele eines bloßen Rauschens sind das Rauschen des Waldes oder eines Wildbachs, das Tosen eines Wasserfalls, das Rumoren einer großen Stadt, das Rauschen im Kanal, aber auch das Schäumen oder Flimmern eines Meeres, das Flirren einer Wüste oder eines Bildschirms oder das Stieben eines dichten

6 Das »bloße« Rauschen einfach das »natürliche« zu nennen, wäre verkehrt; die Differenz beider Arten liegt nicht im Naturhaften im Unterschied zum Artifiziellen im allgemeinen, vielmehr darin, ob es Teil einer *künstlerischen* Konstruktion ist oder nicht.

Schneefalls.[7] Das Rauschen, das Nietzsche der ästhetischen Theorie als Problem hinterlassen hat, ist ein buchstäbliches oder ein metaphorisches Rauschen. Es ist ein akustisches oder ein visuelles Phänomen. Es ist ein Flimmern und/oder ein Rauschen. Es ist ein mit Gehör oder Gesicht vernehmbares Geschehen ohne (eindeutig verfolgbar und bestimmbar) gestalthaft Geschehendes, kurz: *ein Geschehen ohne Geschehendes*.

Das Waldesrauschen ist ein Geräusch oder eigentlich eine Vielzahl von Geräuschen, deren Quelle vom Hörer nicht ausgemacht werden kann. Er ist von Geräuschen umfangen, die sich für ihn nicht aus einzelnen Klängen oder Klangfolgen ergeben, die er im Hören auf eine bestimmte Ereignisfolge zurückführen könnte. Nicht anders verhält es sich mit dem Geräusch einer großen Stadt. Hier mögen zwar immer wieder einzelne Geräusche oder Klänge unterscheidbar sein (Maschinenlärm, Stimmen, Sirenenklänge), aber der Ton der Stadt ergibt sich aus unzähligen solcher Laute, die in ihrem Erklingen und Verklingen nicht individuiert werden können. Das Wissen um die Herkunft des jeweiligen Rauschens (Bewegung der Blätter und Zweige im Wind; maschinelle und vitale Energie des städtischen Lebens) kann diese Ohnmacht des Erfassens in keiner Weise ausgleichen; denn dies ist eine Ohnmacht der simultanen sinnlichen Rezeption eines höchst komplexen Geschehens. Ihr ist im Hören nicht abzuhelfen – und ihr soll auch gar nicht abgeholfen werden.

Oder im Sehen.[8] Bei weitgehender Windstille auf eine

7 Man hat die deutsche Sprache, schreibt Hegel, »über ihren Reichtum wegen der vielen besonderen Ausdrücke rühmen hören, die sie für besondere Töne (Rauschen, Sausen, Knarren usf. …) besitzt; ein solcher Überfluß im Sinnlichen und Unbedeutenden ist nicht zu dem zu rechnen, was den Reichtum einer gebildeten Sprache ausmachen soll.« G.W.F. Hegel, Enzyklopädie der Wissenschaften III, in: ders., Werke in zwanzig Bänden, Frankfurt/M. 1970, Bd. 10, 271 f.

8 Die anderen Sinne sind für ein Rauschen nicht empfänglich – die Zustände des Rauschens werden hier mit Notwendigkeit als unangenehm bis widerwärtig empfunden, da hier das nicht Bestimmbare in di-

sonnenbeschienene Meeresfläche zu schauen, ist ebenfalls Wahrnehmung eines Rauschens (im jetzt erläuterten terminologischen Sinn); wir nehmen eine Bewegtheit von Licht und Wasser wahr, die wir nicht als eine geordnete Bewegung verfolgen können.[9] Das Beispiel des ruhigen Meeres zeigt (wie das einer flirrenden Wüste), daß sich das Phänomen des Rauschens nicht allein dort ergibt, wo wir mit einer außergewöhnlichen Fülle von Ereignissen konfrontiert sind; es kann gerade da auftreten, wo es im Vergleich zu sonstigen lebensweltlichen Umgebungen reichlich leer ist. Auch hier aber tritt das Rauschen dadurch in Erscheinung, daß in dieser Leere – oder akustisch: Stille – eine außerordentliche Ereignis-Fülle vernehmbar wird, die jenseits ästhetischer Einstellungen nicht zur Wahrnehmung kommt. Auch im vermeintlich Leeren erweist sich das Rauschen somit als Gegenwart einer Fülle, genauer: einer Überfülle von Gestalten, die bewirkt, daß nicht länger ein »Spiel von Gestalten«, geschweige denn einzelne Gestalten, Gestaltverwandlungen oder Gestaltenfolgen ausgemacht werden können.[10]

Nur wo wir derartiges ausmachen können, können wir nicht nur von einem *Geschehen*, sondern von einem *Geschehenden* sprechen; nur dort können wir angeben und verfolgen, *was* da geschieht. Alles *Geschehende* in diesem Sinn ist ein

rekten Kontakt mit dem empfindenden Leib tritt, ihn berührt oder in ihn eindringt. Hieraus ergibt sich eine interessante Begründung für die traditionelle Auszeichnung der beiden »theoretischen« Sinne: Nur Sehen und Hören sind für das Rauschen empfänglich.

9 Für das Auge ist das ruhige Meer weit stärker ein rauschendes als das vom Wellengang bewegte; Auge und Ohr vernehmen bezüglich des Rauschens unterschiedlich. Für Auge *und* Ohr ist das Meer erst in äußerster Bewegtheit ein Rauschen – im »Tosen«.

10 »Leere« und »Fülle« als Varianten des Rauschens lassen sich unterscheiden als Unterdetermination, die zur Überdetermination, und Überdetermination, die zur Unterdetermination wird. Zu Leere und Fülle vgl. die einschlägigen Überlegungen von Hans Thies Lehmann, Ästhetik. Eine Kolumne: Fülle, Leere, in: Merkur 49/1995, 432-438.

Gegebenes, das einer gestalthaft wahrnehmbaren Veränderung visueller oder akustischer Gestalten unterliegt. Auch bei einem Geschehen wie dem Rauschen, in dem kein Geschehendes mehr auszumachen ist, *gibt* es natürlich weiterhin Geschehendes; auch hier gibt es Zustände, die einer Veränderung unterliegen, wodurch es zu einem Geschehen überhaupt erst kommt (wie sich mit Hilfe von Aufnahme- oder Meßgeräten leicht ermitteln ließe). Nur ist das, was dieses Geschehen auslöst, für die sinnliche Wahrnehmung nicht länger – jedenfalls nicht länger eindeutig – diskriminierbar. Obwohl man also prinzipiell sagen kann, daß es ein Geschehen ohne Geschehendes nicht gibt, bleibt eben dies für die Wahrnehmung und zumal für die ästhetische Wahrnehmung eine reale Möglichkeit: mit einem Geschehenden konfrontiert zu sein, in dem nichts Bestimmtes geschieht. Obwohl der Betrachter weiß, daß vieles geschieht, ist es doch zugleich so, als ob nichts geschehe – als ob nur ein Geschehen geschehe. Das ist der paradoxe Fall des Rauschens.

Jedoch ist es nur selten so, daß im Rauschen *gar nichts* mehr unterscheidbar wäre; oft tritt es als eine Diffusion des Unterscheidbaren ein, als ein permanenter Gestaltenschwund oder Gestaltenwandel, der einen sicheren Mitvollzug der sich ereignenden Transformationen unmöglich macht. Insofern ist das Rauschen immer eine Sache des Grades; das »absolute« Rauschen – Geschehen ohne jede Spur von Geschehendem – stellt einen Grenzbegriff dar. Auch lassen sich am Rauschen jederzeit bestimmte Valeurs unterscheiden – das Rauschen ist laut oder leise, tosend oder krachend, knarrend oder keuchend, wimmernd oder wabernd, flirrend oder fließend, wirbelnd oder strömend, sausend oder brausend usw. –, aber all dies sind Charaktere des Geschehens, die empfunden und ausgesagt werden können, ohne etwas Bestimmtes über das hierbei Geschehende sagen zu können. Es sind Bestimmungen des Rauschens *als* eines Rauschens – als akustische oder visuelle Bewegung, angesichts derer unser Bestimmungsvermögen ansonsten ohnmächtig ist.[11] Immer aber ist das Rauschen ein Geschehen ohne ein phänomenal bestimmbares Etwas, das geschieht.

Gestaltlose Wirklichkeit

Sosehr dies ängstigen kann, sosehr kann es faszinieren. Faszinieren statt ängstigen kann uns das Rauschen nur, solange wir uns vom Rauschen auch abwenden können, solange es an uns liegt, ob wir ein Ereignis vorwiegend als Rauschen oder anders wahrnehmen wollen. Faszinieren, mit einem Wort, kann es nur, wo nicht das Rauschen es ist, das uns (gegen unseren Willen) überwältigt, sondern wo wir es sind, die uns dem Rauschen überlassen und uns manchmal von ihm überwältigen lassen.

In der Aufmerksamkeit für das bloße Rauschen ereignet sich eine *Begegnung mit gestaltloser Wirklichkeit*. Das Wirkliche, das sonst in dieser oder jener Gestalt wahrgenommen und dem in dieser oder jener Gestalt zumeist dieser oder jener Sinn zugewiesen wird, dieses Wirkliche erscheint hier ohne diese Gestalten und ohne den mit ihnen zumeist verbundenen Sinn. Was vorher in einer sozialen oder kulturellen Ordnung war, was vorher ein erwartbares und fixierbares Sein hatte, zeigt sich jetzt in einem subsinnhaften Erscheinen. Dadurch ereignet sich für die Wahrnehmenden eine Begegnung mit Grenzen der Gestaltbarkeit, Verständlichkeit und Zuhandenheit der Welt, man kann auch sagen: mit den Grenzen der eigenen, je historischen, je kulturellen Welt. Wirklichkeit tritt in einer nicht faßlichen Version in Erscheinung. Sie kann zwar, wie wir weiterhin wissen und es weiterhin beherrschen,

11 Besonders für das Kunstrauschen ist diese Bestimmbarkeit des Charakters eines Rauschens trotz Unbestimmbarkeit seiner Charaktere wichtig. So wenig es *im* Rauschen etwas Bestimmtes zu erkennen gibt, soviel kann es bei einem Kunstwerk *am* Rauschen zu erkennen geben: an seiner Art, seiner Macht, seiner Stellung im Werk, zu anderen »rauschenden« Werken usw.

weiterhin als diese und jene erfaßt und beherrscht werden, gleichwohl zeigt sie sich hier als eine Realität, die in allem Erfassen niemals vollständig erfaßt und beherrscht werden kann.

Bleibendes Vergehen

An dieser Stelle müssen wir uns vor einem gravierenden Fehlschluß hüten. Die Erfahrung gestaltloser Wirklichkeit, die die Aufmerksamkeit für das Rauschen gewährt, ist weder eine Begegnung mit dem Ding an sich (wie es bei Schopenhauer gedacht ist) noch mit dem Urquell allen Seins (wie es in Nietzsches Tragödienschrift heißt[12]), noch mit einem höheren Sein oder Sinn, wie man mit Heidegger oder George Steiner annehmen könnte, noch mit einem »rohen Sein« im Sinn des späten Merleau-Ponty, noch mit sonst einer interpretationsfreien Realität. Auch das Vernehmen des Rauschens ist ein »alshaftes« Weltverhältnis; das akustische und/oder optische Geschehen, das wir als Rauschen auffassen, könnte auch anders gehört und gesehen werden, z.B. Krach oder Bildstörung. Das Vernehmen eines Rauschens setzt eine ästhetische Handlung voraus. Es gibt die Möglichkeit des Rauschens nicht ohne die Fähigkeit, sich zu ihm *als* einem Rauschen zu verhalten; es gibt es nicht ohne die Fähigkeit, ein Sichlösen des Wirklichen von den Möglichkeiten seiner Erfassung zu erfahren.[13]

Diesem Sichlösen des Wahrgenommenen entspricht ein Sichlösen der Wahrnehmung. Das bloße Rauschen kann nur vernommen werden, wo sich die Wahrnehmung von allen

12 F. Nietzsche, Die Geburt der Tragödie, a.a.O., 30, 31, 33, 51.

13 Die ästhetische Handlung, die hier gefragt ist, ist also wesentlich ein Unterlassen. Man könnte von einer ästhetischen Lethargie sprechen; jedoch kommt diese nicht ohne ein gewisses Maß an ästhetischer Energie aus – die Energie, die es kostet, das eigene Wissen und Wollen für eine Weile zu vergessen.

teleologischen Orientierungen befreit: sie ist dann wie der Verlauf, den sie wahrnimmt, nicht länger auf etwas hin organisiert, auf etwas hin geordnet, auf etwas hin gerichtet. Darin liegt ein gegenüber aller sonstigen ästhetischen Wahrnehmung radikalisiertes Verweilen bei dem Erscheinenden. Es gilt nicht allein der Gegenwart eines Erscheinenden, es gilt einem Aufgehen, einem Sichverlieren in einem Gegenwärtigen, das nicht länger als Gegenstand des Erkennens und Handelns erscheint. Im Vernehmen des Rauschens geben wir unser Bestimmen preis; wir bestimmen uns auf ein Nichtbestimmen hin. Wir erfahren nicht länger, wie es bei Kant gedacht ist, unsere Bestimmbarkeit durch uns, wir begegnen der Wirklichkeit in einem temporären Verzicht auf diese Bestimmbarkeit unserer selbst und der Welt. Wir geben es auf, das *Phänomen* zu bestimmen, wir geben es auf, uns dem Phänomen *gegenüber* zu bestimmen. Wir geben *uns* auf, soweit wir dadurch bestimmt sind, uns behauptend und bestimmend und beherrschend gegenüber der Welt zu verhalten. Alles Interesse am Rauschen rührt aus einer Lust an der Selbstpreisgabe her.[14]

Sich dem Rauschen zu überlassen, darin liegt – wie Adorno anläßlich Eichendorffs und im Geist Schopenhauers gesagt hat – das Vermögen, die Anstrengung der Selbsterhaltung hinter sich zu lassen.[15] Jedoch liegt darin nicht wirklich ein Abschied von der Selbsterhaltung, eher wohl: ein ästhetisches –

14 In Erinnerung an Freuds »Jenseits des Lustprinzips« ließe sich sagen, daß hier das Lustprinzip einen Weg gefunden hat, nicht Agent des Todestriebes zu sein. Denn im Rauschen hat es einen *erfahrbaren* Zustand der Wahrnehmung an der Grenze aller Wahrnehmung gefunden (Wahrnehmungsfähigkeit – nach Aristoteles das Kriterium alles Lebendigen), einen Ruhezustand, der das organismische Stillstandsbedürfnis – wenn es denn existiert – befriedigt, ohne Vorwegnahme des Todes zu sein. S. Freud, Jenseits des Lustprinzips, in: ders., Gesammelte Werke Bd. 13, (9) 1987, 1-69, bes. Abschn. V u. VII.

15 Th. W. Adorno, Zum Gedächtnis Eichendorffs, in: ders., Noten zur Literatur I, Frankfurt/M. 1958, 105-145, hier 120f.

Adorno hätte gesagt: mimetisches – Selbstsein angesichts der Preisgabe derjenigen Selbsterhaltung, die sich in den Modi des Sich-Behauptens oder Sich-Bestimmens vollzieht. Diese philosophische Deutung des Rauschens kann aber nur einleuchten, wenn gesagt werden kann, was das Subjekt in dieser rezeptiven Entäußerung gewinnt. Durch sein Wahrnehmen an der Grenze des etwas Wahrnehmens, sein Hören an der Grenze des Hörens, sein Sehen an der Grenze des Sehens gelangt es in den Ausnahmezustand einer differenzlosen Gegenwart – einer Gegenwart, mit der es eins sein kann. Die Erfahrung des Rauschens ist somit (wie der dionysische »Rausch« bei Nietzsche) eine mystische Erfahrung, aber sie ist es in einem rein formalen Sinn. Sie ist Erfahrung nicht der Teilhabe an einem unaussprechlichen Sinn oder unvordenklichen Sein (sie ist es jedenfalls nicht notwendigerweise[16]). Sie ist Erfahrung der Gegenwart eines unwiederbringlichen temporalen Erscheinens, die als Erfahrung einer einzigartigen Dauer, nämlich als Zustand eines *bleibenden Vergehens* willkommen geheißen werden kann.

Gestaltete Gestaltlosigkeit

Das ist alles, aber es ist nicht genug. Bis jetzt habe ich nur von dem bloßen, noch nicht jedoch von dem künstlerischen Rauschen gesprochen. Der allgemeine Begriff des Rauschens aber, wie ich ihn von den außerkünstlerischen Beispielen her entworfen habe, reicht zur Bestimmung des Rauschens innerhalb der Kunst nicht aus. Und falls Nietzsche recht hat,

16 Freilich kann dieser mystische Vollzug überdies inhaltlich aufgeladen werden. Nur ist dies keine notwendige Komponente der Erfahrung und folglich der Theorie des Rauschens. – Wie eine inhaltliche Mystik des Rauschens ideologisch besetzt werden kann, zeigt Gerhard Kurz, Graue Romantik. Zu Walter Flex' *Wildgänse rauschen durch die Nacht*, in: H. Helbig (Hg.), Hermenautik / Hermeneutik, Fs. P. H. Neumann, Würzburg 1996, 133-152.

haben wir ohne einen Begriff *dieses* Rauschens noch gar nichts von der Kunst verstanden.

Wenn ich vorhin sagte, die Wahrnehmung des Rauschens sei Begegnung mit *gestaltloser* Wirklichkeit, so darf diese nicht mit einer *ungestalteten* Wirklichkeit gleichgesetzt werden. Denn im Rauschen der Kunst haben wir es gerade mit einer Gestaltung eines gestaltlosen Erscheinens zu tun. Im Unterschied zum Rauschen der Natur oder der Stadt ist das Rauschen der Kunst ein arrangiertes Rauschen und seine Wahrnehmung eine arrangierte Begegnung mit einem Rauschen. Dieses Rauschen, auch wenn es sich manchmal weiterhin aus kontingenten Prozessen ergibt, ist nicht länger ein kontingenter Vorgang. Das künstlerische Rauschen *zeigt sich* als Rauschen und es spielt sich *innerhalb* eines Spiels von Gestalten ab.

Einige Gattungen

Der Zusammenhang von Geschehen und Geschehendem, von dem die Rede war – kein Geschehen ohne Geschehendes, aber manches Geschehen ohne wahrnehmbar Geschehendes –, wird von Bruce Naumans Installation *Anthro-Socio*, die auf der documenta IX zu sehen war, geradezu vorgeführt. Wenn man sich dem Fridericianum näherte, war nur ein lautes, man wußte nicht, Geräusch oder Gebrüll zu hören, das sich beim Näherkommen als, man wußte nicht, Geschrei oder Gesang einer mehrfach vom Band gespielten Stimme erwies, deren Laute sich beim Eintreten in den Installationsraum mit einiger Mühe als unterschiedliche Textzeilen entziffern ließen, die in unendlicher Wiederholung wiedergegeben wurden. Das Rauschen erwies sich als Rede, die sich in der Konzentration auf den Bilderstrom des medialen Arrangements wieder im Rauschen verlor. Verwandte Effekte finden sich in den frühen Kompositionen von Steve Reich, etwa in dem Stück *Piano Phase*, in dem eine kurze Phrase von zwei Pianos zunächst unisono, dann unmerklich mehr und mehr phasenverschoben, schließlich verdoppelt und vervierfacht erklingt, wodurch ein Klangraum und Rhythmus ganz eigener Art entsteht, der im Hören nicht auf das stets identische Ausgangselement zurückgeführt werden kann. Die klare und einfache Klangfigur, mit der das Stück einsetzt, verliert sich in einem musikalischen Geschehen, das kein einzelnes Geschehendes mehr hervortreten läßt.

Aus dem Rauschen zu kommen und in das Rauschen zu gehen, ist ein häufig verwendetes Verfahren der neueren musikalischen Komposition. (Nietzsche erklärt es, übertreibend, zu ihrem Grundmuster.) Schon Wagner hat es, zumal in seinen Ouvertüren, verwandt; das Vorspiel zum ersten Aufzug des *Lohengrin* erhebt sich aus einem aus wenigen langgezogenen, durch das Orchester hallenden Tönen gebildeten Klangfeld, um am Ende in denselben Tönen zu verwehen. Ein Stück wie das *Continuum für Cembalo* von György Ligeti aus dem Jahr 1968 verharrt bei einer begrenzten Variation minimaler Intervalle, die in einem Prestissimo vorgetragen werden, das jede hergebrachte Vorstellung der Spielbarkeit dieses Instruments sprengt. In seinen *Zwei Etüden für Orgel* (1967/1969) ereignen sich permanente Klangmodulationen einer so minimalen Stufe, daß die einzelnen Schritte weitgehend unhörbar bleiben, wodurch der Klangraum in das Erscheinen eines fließenden bis rasenden Stillstands tritt.[17] In den *Atmosphères* von 1961 ist ein orchestrales Rauschen die akustische Kulisse, vor der Klanggestalten sich verdichten und wieder auflösen, skizziert und wieder weggewischt werden, um in der Stille eines mitkomponierten, gleichsam leeren Rauschens zu enden. Dieses Rauschen der Stille hat John

17 Zur Charakterisierung der zwischen extremen Tonlagen, Lautstärken und Klangmodulationen oszillierenden Flächenkomposition *Volumina* für Orgel von 1961/62 hat Ligeti selbst eine Metaphorik der Gestaltenlosigkeit bemüht: »Aus all dem entsteht eine gleichsam leere Form, gewaltige Weiten und Fernen, eine Architektur, die bloß aus Gerüstzeug besteht, der ein greifbares Gebäude aber fehlt.« – Hinweise auf Ligeti verdanke ich Bodil von Thülen.

Cage in nicht wenigen seiner Stücke zum Hören gebracht, etwa in dem *4.33* betitelten Stück für Klavier, in dem der Pianist die Bühne betritt und sich ans Piano setzt, um für 4.33 Minuten *nicht* zu spielen und damit jene Stille zum Klingen zu bringen, die in der musikalischen Praxis sonst als vermeintlich tonlose Voraussetzung des musikalischen Klanges gilt. Man kann dies nach einem Vorschlag von Sabine Sanio geradezu als eine musikalische Definition des Rauschens verstehen: Was ansonsten den diffusen Hintergrund der Wahrnehmung bildet, tritt nun in den Vordergrund, jedoch ohne aus seiner Diffusität entlassen zu werden. Der Hintergrund des Hörens wird *als Hintergrund* in den Vordergrund gerückt.[18]

In den sechziger Jahren hat auch der Jazz eine eigene Sprache des Rauschens entwickelt, etwa in Coltranes Spiel seit *Ascension*, in dem die Improvisationen sich über jede Melodielinie in ekstatische Phrasierungen hinaustreiben lassen, aus denen das Spiel auf einen melodischen Duktus zurückkommt. Ähnlich praktiziert der Saxophonist David Murray heute ein sich übersteigerndes Improvisieren auf traditionelle oder traditionell anhebende Themen. Bei Cecil Taylor ist solche kalkulierte Verausgabung das Grundprinzip einer Behandlung des Pianos nicht als eines Melodieinstruments, sondern als eines orgiastischen Klangkörpers. Dieser Triumph des Geschehens über das musikalisch Geschehende ist aber nicht an den Free Jazz gebunden. In seinen späteren Jahren hat es der Tenorsaxophonist Ben Webster zu seiner Manier gemacht, jede Melodiephrase in einem vibrierenden Rauschen verebben zu lassen – Index des tonlosen Atems, dem alle Töne entstammen, Index der begrenzten leiblichen Energie, die es vollbringt, ihren Puls in Rhythmus und Spiel und Lied zu verwandeln.

18 S. Sanio, Das Rauschen, Paradoxien eines hintergründigen Phänomens, in: dies. / Ch. Scheib (Hg.), das rauschen, Hofheim o. J. (1995), 50-66.

Auch das künstlerische Rauschen ist keineswegs eine Angelegenheit von Geräusch und Klang allein. Im Tanztheater von Pina Bausch oder Johann Kresnik gibt es Situationen eines unübersehbaren Bühnengeschehens oder auch Zustände von Kargheit und Ereignislosigkeit, die eine strukturenbildende Wahrnehmung dramatisch unterfordern, wo sie vorher dramatisch überfordert war.[19] In der Malerei hat der nicht zufällig an der Musik orientierte und malerisch mit dem Mittel des Tanzes operierende Pollock im strengen Sinn rauschende Bilder geschaffen, während andere, wie etwa Gerhard Richter oder Sigmar Polke, ihren Bilderfindungen ein subkutanes Rauschen eingegeben haben, das es zu einer definitiven Gestaltenbildung im Bilde nicht kommen läßt – eine Verweigerung des Bildens definitiver Gestalten, wie sie durch Picasso in der figürlichen und Porträtmalerei, fast möchte man sagen, verbindlich geworden ist.

Schließlich ist auch die Literatur im Rauschen zu Hause. Abgesehen von evidenten Beispielen wie Schwitters' Sprachklangkompositionen, den Lautkunststücken der Konkreten Poesie oder den lautbetonten Gedichten von Morgenstern bis Brinkmann, abgesehen auch von dem *Thema* des Rauschens, das seit Eichendorff, Tieck und anderen für die gesamte moderne Literatur zentral ist – die moderne Literatur hat Sprachen des Rauschens entwickelt, die das jeweilige *Textganze* affizieren. Man braucht nur an Virginia Woolfs *Wellen*, an Joyces *Finnegans Wake* oder an Bernhards *Korrektur* zu denken, in denen das Rauschen und (im Fall Bernhards) Tosen des Wassers zwar auch als ein inhaltliches Motiv eingeführt wird, dies aber im Text einer Sprachbewegung, die in einem zügigen, nichtanalytischen Lesen selber alle Charakteristika eines ästhetischen Rauschens annehmen kann. Der Sprachfluß überschwemmt die semantische und syntaktische Struktur der Sätze und Satzreihen, die dann keine bestimmte Eröffnung oder Erzählung, Aussage oder Andeutung mehr zum

19 Vgl. H. Th. Lehmann, a.a.O.

besten geben, sondern nur noch Elemente eines verselbständigten Sprachlebens sind, das den Leser phasenweise als ein rauschendes Reden gefangennimmt.[20]

Marthalers *Faust*

Diese Zustände aber sind nicht einfach da; die ästhetischen Gelegenheiten, die sie darstellen, müssen, wie außerhalb so innerhalb der Kunst, gesucht und ergriffen werden, damit sie die Wahrnehmenden ergreifen können. In Christoph Marthalers Inszenierung *Wurzel aus Faust 1+2* am Hamburger Schauspielhaus aus dem Jahr 1994 gibt es eine Szene, in der Faust, dargestellt von einem dumpf-vergrübelten Josef Bierbichler, den berühmten Monolog spricht, der bei Goethe mit den Worten beginnt: »Habe nun, ach!, Philosophie (...) durchaus studiert ...«. Dieser Text wird jedoch nicht gesprochen. Was der Schauspieler nach langem Ringen stockend und stöhnend aus sich herauspreßt, sind lediglich die Vokale des Texts, also:

20 An der Sprache der Literatur lassen sich vier mögliche Formen des Rauschens unterscheiden. 1. Phonetisches Rauschen: Der Klang der Rede übertönt ihren Sinn (wie z. B. oft in C. Brentanos oder R. D. Brinkmanns Gedichten). 2. Rhythmisches Rauschen: Die Verlaufsform der Sätze überrollt jedes eindeutige Sagen (wie z. B. in Th. Bernhard, *Korrektur*). 3. Logisches Rauschen: Die logische Konstruktion der Sätze unterminiert ihren folgerichtigen Sinn (wie am Beginn von Hölderlins *Brot und Wein*). 4. Referentielles Rauschen: Die Komplexität der semantischen Bezüge eines Texts läßt undurchsichtig werden, wovon er spricht (wie bei H. M. Enzensberger, *Der Untergang der Titanic*). – Eine literarische »Sprache des Rauschens«, so könnte man sagen, ist gegeben, wenn einige oder alle Phänomene dieses Rauschens für die Verfassung des Texts zentral sind, d. h. wenn sie immer wieder überhand nehmen oder sich hervordrängen. Im Rauschen werden Texte auf verschiedene Weise semantisch undurchsichtig. Dieses Bezuglos-Werden der literarischen Rede hat freilich in der Konstruktion der betreffenden Werke selber einen nachhaltigen Sinn – z. B. den einer Indikation allgemeiner oder spezieller Grenzen des oder eines (kommensurablen und kommunikablen) Sinns.

aaaa, uuuuu, aaaaaaaa, ii-oo-o-iiiiie usw. Nur ein extrem defigurierter Text wird dargeboten, begleitet von einigen Wortfetzen, die den Betrachter erkennen lassen, welches Textstück des *Faust* (mitsamt seinen berühmten Darbietungen und Deutungen) hier dem Rauschen anheimgegeben wird.

Das Beispiel gibt Anlaß, auch für das künstlerische Rauschen jene Relativität zu bestätigen, die schon für das einfache Rauschen festzustellen war. Wie das Rauschen des Waldes auch anders denn als Rauschen wahrgenommen werden kann (etwa als Anzeichen für die Krankheit oder Gesundheit des Waldes), so kann das Rauschen des verfremdeten Monologs auch anders denn als Rauschen wahrgenommen werden. Sofern wir goethefest sind, können wir das Gestammel einem rekonstruierenden Hören unterziehen, das zu den verballhornenden Lauten den autoritativen Text stillschweigend ergänzt. Dann hätten wir uns gegen das Vernehmen eines Rauschens entschieden; wir stellen die Sprachformen memorierend wieder her, die der Vortrag zertrümmert. Wir können uns aber der anti-deklamatorisch vorgetragenen Lautfolge auch hörend und schauend überlassen und sie für den Augenblick als Original auffassen. Wir praktizieren dann ein vergessendes Hören, das gegen den Vortrag von Gedanken und für das kreatürliche Ächzen entscheidet, das hier alles Denken erstickt. Wir hören den Zweifel des Leibes an der Leistung des Geistes, wir sehen die Verzweiflung des Geistes über den Mißklang des Leibes.

Sein und Zeigen

Das künstlerische Rauschen ist ein Grenzphänomen der Kunst, wie viel oder wenig Platz es in einzelnen Kunstwerken auch einnehmen mag. Kein Kunstwerk kann lediglich Vorkommnis eines Rauschens sein; es wäre von Ereignissen des bloßen Rauschens nicht zu unterscheiden. Jedes Kunstwerk ist eine Konstruktion und Darbietung einer besonderen Art.

Als Konstruktion und Darbietung ist es ein artikuliertes Gebilde, das seine tragenden Partien so vorzeigt, daß die Interaktion zwischen ihnen zum Zentrum seiner Wahrnehmung wird. Kunstobjekte artikulieren sich in der Interaktion ihrer tragenden Partien, und meist artikulieren sie auf diese Weise auch etwas, einen Gehalt, der freilich vom Wie seines Erscheinens in keiner Weise abzulösen, daher niemals unabhängig vom Werk auszusprechen, jedoch auf unterschiedliche Weise interpretativ anzusprechen ist.

Das Kunstwerk, mit anderen Worten, ist Erscheinendes einer besonderen Art. Es erscheint nicht einfach, es *zeigt* sich in seinem Erscheinen. Es bietet sein Erscheinen dar. Es gibt seinem Betrachter auf, die Konstruktion seiner Erscheinung zu erkunden und zu entdecken, zu verstehen und zu interpretieren, zu bestaunen und zu verfolgen. Der Betrachter, der vom Kunstwerk etwas *haben* will, muß es auf die eine oder andere nicht zuvor festliegende Weise *nehmen*.

Dies gilt auch für das Rauschen. Wenn Adorno in seinem Essay über Eichendorff schreibt: »Rauschen ist kein Klang sondern Geräusch«, so trifft dies zwar auf das einfache, nicht aber auf alles künstlerische Rauschen zu. Das Rauschen in *Piano Phase* von Steve Reich ist nicht nur Geräusch; es ist durch und durch Klang, aus jener Phrase gebildet, die zu Beginn unisono vorgespielt wird, dann aber durch beharrliche Repetition, Verschiebung und Multiplikation bis zur Unkenntlichkeit variiert wird, um im letzten Augenblick noch einmal unisono, in eigener Gestalt zu erklingen. Dieses Rauschen ist ein rhythmisiertes Klingen, das wegen der arrangierten Überdetermination von den Hörenden nicht als Organisation von Klängen und Klangfolgen gehört werden kann, obwohl sie erkennen können, daß es sich um organisierten Klang handelt. Auch dort aber, wo das künstlerische Rauschen Zufallstechniken entspringt, handelt es sich – der Name Zufalls*technik* sagt es schon – stets um einen eingerichteten oder inszenierten oder szenisch zugelassenen Zufall. Das Rauschen in der Kunst ist häufig kein kontingentes Geschehen; wo es dennoch eines ist, handelt es sich stets um einen eingeladenen, ja geradezu vorgeladenen Prozeß.

Wie es auch angelegt sei, das Rauschen ereignet sich im Kunstwerk als eine Auflösung oder als ein Nichteintreten von klanglichen, sprachlichen, figuralen, choreographischen Gestalten, produktionstheoretisch gesprochen: als ein Gestalten über das Bilden von Gestalten hinaus. Das Werk macht sich zur Gestaltung einer Gestaltungslosigkeit, der seine Gestalten entspringen, in der sie verschwinden, gegen die sie sich behaupten müssen. Es macht sich zum Zeichen eines Prozesses der Gestaltungsfindung und des Gestaltungsverlusts. Zum Zeichen aber macht es sich, indem es dieser Prozeß ist und indem es ihn als einen Prozeß zeigt. Kunstwerke, soweit und solange sie Energien des Rauschens entfesseln, sind, was sie zeigen, und zeigen, was sie sind.

Die Energien des Kunstwerks

Was das Kunstwerk auf diese Weise zeigt, ist vor allen Dingen *sein* Prozeß, nicht ein genereller, außer- oder überkünstlerischer Prozeß des Werdens und Vergehens. Letzteres – daß ein Kunstwerk *das* Werden und Vergehen zeige – mag von einzelnen Werken gesagt werden, aber gewiß nicht von allen, in denen das Rauschen eine Stelle hat. (Reichs *Piano Phase* zeigt das klangliche und rhythmische Ausufern einer piano phase und weiter nichts.) Erneut muß daher eine Deutung des Rauschens zurückgewiesen werden, die anläßlich der Kunst nochmals darauf hinauswill, im Rauschen geschehe die Offenbarung eines ansonsten unzugänglichen Sinns oder Seins.[21]

21 So sagt Nietzsche von dem, der das Rauschen erfährt: »Der Mensch ist nicht mehr Künstler, er ist Kunstwerk geworden: die Kunstgewalt der ganzen Natur, zur höchsten Wonnebefriedigung des Ur-Einen, offenbart sich hier unter den Schauern des Rausches.« Geburt der Tragödie, a.a.O., 30. Von der Musik heißt es S. 51, sie symbolisiere eine Sphäre, »die über alle Erscheinung und vor aller Erscheinung ist«.

Einen Fehler dieser Art macht wohl noch Gilles Deleuze, wo er in seiner Studie über Francis Bacon, die sich zentral den antifiguralen, also tendenziell rauschenden Energien seiner Werke widmet, davon spricht, Malerei und Musik seien als Versuch zu definieren, Kräfte sichtbar bzw. hörbar zu machen, die nicht sichtbar oder hörbar seien.[22] Dies würde bedeuten, daß diese Kräfte irgendwo schon existieren und im Medium des Kunstwerks lediglich zum Vorschein gebracht werden müssen. Das Kunstwerk bringt aber nichts zum Vorschein, es bringt zum Erscheinen, und zwar allererst sich, aber so, daß wir, die Betrachter, darin nicht selten *etwas* zum Erscheinen gebracht finden können. Die Kräfte, die am oder im Kunstwerk wirken, sind *seine* Kräfte – hervorgebracht durch die Konstruktion des Werks, wirksam in der Dynamik seines Erscheinens.

Dennoch ist Deleuzes Hinweis auf »Kräfte«, »Energien« oder »Sensationen« wichtig. Gerade in den Zuständen des Rauschens nämlich, so könnte man sagen, gewinnt das energetische Moment des Werks gegenüber den aus diesen Energien gebildeten Formen überhand. Das Werk präsentiert sich als Formendes, nicht als Geformtes. Es präsentiert das Formende in seinen Formen und über sie hinaus. Es wäre jedoch verkehrt, dieses Formende gegen die Formen auszuspielen, die es herausstellt und verbirgt, etwa zu sagen, die Prozessualität des Werks desavouiere seine eigenen Formen. Vielmehr intensiviert das Werk in den Phasen seines Rauschens die Interaktion der Formen; es steigert die Sensation dieser Formen, indem es sie aus dem Rauschen entstehen oder im Rauschen vergehen läßt. Auf diese Weise nimmt das Rauschen am Spiel der Werk-Gestalten teil. Zwar ist künstlerisches Rauschen ein Ausufern der Energien des Werks über das Spiel seiner Partien und Gestalten hinaus; aber es ist ein Ausufern der Energien eines *Werks*, das jenes Spiel und seine Figuren

22 G. Deleuze, Francis Bacon – Logik der Sensation, München 1995, Bd. 1, 39.

hervorgebracht hat und vermöge der Dynamik seines Erscheinens aus jedem Untergang erneut zum Vorschein bringt. Deshalb habe ich oben gesagt, das künstlerische Rauschen spiele sich, anders als das bloße, als eine widerständige, irreguläre, exaltierende Bewegung *innerhalb* eines Spiels von Gestalten ab.[23]

Auch das Kunstrauschen eröffnet eine Möglichkeit einer mystischen Erfahrung. Sie besteht nicht so sehr darin, eins mit der Gegenwart zu werden, als vielmehr, Teil der Bewegungsenergie eines Werks zu sein. (Nur bei bestimmten Kunstarten, zumal der Musik, kann dies zugleich der mystischen Erfahrung des einfachen Rauschens nahekommen – da die Musik den Hörer in seiner gesamten Situation umfängt und so die Differenz von Objekt und Betrachter von allen Künsten – einschließlich der Architektur – am stärksten überwindet.) Auch in dieser Erfahrung aber wird nichts weiter eröffnet als das sinnliche Erscheinen des Werks, kein außerkünstlerischer Sinn, für den das Werk als Beleg dienen könnte. Das Werk ist Quelle *seiner* Energie des Erscheinens; nur auf diesem Weg kann es gegebenenfalls auch andere Energien bezeugen. Das Vernehmen des Rauschens gibt die Möglichkeit, sich in der

23 Es wäre also ebenfalls verkehrt, das künstlerische Rauschen generell als einen asemantischen Vorgang zu deuten, als ein Ausstieg aus dem Bedeutungsleben eines Werks, wie auch Nietzsche es nahelegt, wenn er den dionysischen Zustand als ein Transzendieren des »apollinischen Scheins« begreift. Steve Reich etwa sagt über sein 1965 entstandenes Stück *It's Gonna Rain*, in dem er das Verfahren der Phasenverschiebung mit Tonbandaufzeichnungen der Stimme eines schwarzen Predigers zum ersten Mal angewandt hat: »Finally the process moves to eight voices and the effect is a kind of controlled chaos, which may be appropriate to the subject matter – the end of the world.« Das Rauschen ist ein Extremzustand der künstlerischen Artikulation, *bis hin* zu Phasen eines reinen – bedeutungslosen – Erscheinens, die jedoch ihrerseits zum operativen Kalkül des Kunstwerks gehören. – Für eine differenzierende Betrachtung zur Semantik des Rauschens am Beispiel moderner Musik s. Günter Mayer, Das »Rauschen« des Irrealen. Zur Kritik des radikalen Konstruktivismus im Bereich der Ästhetik und Musikästhetik, in: Das Argument 39/1977, 351-366.

Bewegung eines Werks zu verlieren – sich von der Bewegung des Werks aus der sonstigen Affektion durch das Wirkliche und Unwirkliche heraustragen zu lassen.[24] Wir sind dann in der Bewegung Bernhardscher Sätze, im Rhythmus der Reichschen Laut- und Klangwiederholungen, wir speichern die Kraft der Schreie des vervielfachten Naumanschen Protagonisten, wir halten inne im bleibenden Vergehen Ligetischer Modulationen, wir gehen mit den Formverwandlungen der Bilder von Picasso oder Polke mit. Wir sind eins nicht mit dem Werk, aber mit der Bewegung des Werks. Alle Wahrnehmung eines Rauschens in der Kunst hat die Form eines Tanzes, wie reglos wir diesen auch ausführen mögen.

Kino-Rauschen

Auch diese formale Mystik des Rauschens *innerhalb* der Kunst ist nichts Elitäres oder Exklusives. Der Film *Broken Arrow* von John Woo (USA 1997) mündet immer wieder in Sequenzen, in denen der Klang-Bildraum des Kinos von einem visuellen und akustischen Geschehen erfüllt ist, in dem sich nichts einzelnes mehr ausmachen läßt. Dieses Rauschen nimmt vor allem dann überhand, wenn Feuerwaffen und Explosivstoffe der unterschiedlichsten Art – von der Handgranate bis zum atomaren Sprengstoff – ihr Werk verrichten. Es ist aber auch in anderen Action-Sequenzen im Hintergrund dabei, wenn wir es mit einer Überfülle von Aktionen und Reaktionen zu tun haben, die nicht mehr überschaut oder sequentiell geordnet werden können. Der Schwund eindeutig identifizierbarer Gestalten und Formen wird zum Normalzustand dieses Kinos, das ebensosehr ein Rauschkino wie ein Erzählkino ist. Ein reiner amerikanischer Actionfilm steuert fast immer auf

24. Es gibt eine andere mystische Seite des Kunstwerks, von der hier nicht die Rede ist: das Eintreten in die und Einswerden mit der *Welt* des Werks (man denke nur an das Lesen von Kriminalromanen).

Unübersehbarkeitszustände zu, aus denen der Schurke (diesmal dargestellt von John Travolta) und sein im Dienst des Guten tätiger Widersacher (diesmal dargestellt von Christian Slater) erwartungsgemäß wieder auftauchen, um an einer neuen Krise der Sinne zu arbeiten. Das getting into trouble and out again, das diese Filme narrativ beherrscht, beherrscht in Form eines getting into desorientation and out again auch ihre Wahrnehmung. Dazu sind diese Filme gemacht: sie wollen uns in jenen Wahrnehmungsrausch versetzen, der sich allein in der Wahrnehmung eines Rauschens erfüllt. Rauschen und Rausch sind hier enger als andernorts verbunden. Das Kino-Rauschen vermag es, uns hörend und sehend das Hören und Sehen vergehen zu lassen.[25]

Vieles in der populären Musik verläuft nach einem ähnlichen Schema – oder genauer, vieles in derjenigen populären Musik, die sich noch nicht zu einem allseits konsensfähigen Hören abgeschliffen hat. Verglichen mit den Nummern und Clips, die den jeweiligen Markt dominieren, ist die in einem relativen »underground« produzierte und distribuierte populäre Musik häufig eine Musik des Rauschens, die Effekte erzeugt, Klänge benutzt, Sounds und Stile vermischt, die vorher und nachher nur in gemilderten und bereinigten Versionen erfolgreich sind. Aus den Randbezirken der Popmusik hat das künstlerische Rauschen in den letzten Jahrzehnten viele seiner produktivsten Energien bezogen. Man könnte die Geschichte der populären Musik spätestens seit dem Rock 'n' Roll als den wiederkehrenden Versuch beschreiben, die erlahmenden Energien des Rauschens stets von neuem zum Leben zu erwecken. Noch der Techno-Sound ist zu verstehen als der Versuch, eine Musik zu machen, die ohne den Umweg über Sinn, Bedeutung und individuellen Ausdruck *somatisch* gehört werden kann, als gleichsam direkte Übertragung der Energie des Werks auf das leibliche Befinden seiner Hörer.

25 Andere Beispiele aus jüngerer Zeit wären die Filme *Twister* von Jan de Bont (USA 1996) oder *Volcano* von Mick Jackson (USA 1997).

Da sich aber auch hier Schematisierung, Automatismus und Gewohnheit rasch wieder eingestellt haben, sind die nächsten Versuche, kurze, starke, dem Verstand unzugängliche Nummern zu machen, schon längst wieder im Gange.

Und es ist kein Zufall, daß hier wieder von Musik die Rede ist – ist doch Musik, weil sie auf das passivste der Sinnesorgane trifft, leichter als andere Künste eine Kunst der Überwältigung und, weil sie in der Zeit verläuft, mehr als andere Künste eine Kunst des Vergehens. Mit Nietzsche kann die Musik daher als Lehrmeisterin des ästhetischen Rauschens bezeichnet werden, wenngleich ihr in unseren Tagen der Film gleichberechtigt zur Seite getreten ist. Diese Künste sind Vorreiter einer durchgehaltenen sinnlichen und imaginierenden Wahrnehmung gerade dort, wo uns in ihrem Zeitraum das Hören und Sehen von etwas vergeht.

Die Kinder der Toten

In den österreichischen Bergen ist es zu einem Verkehrsunfall gekommen; an einem durch Wasserbruch beschädigten Straßenstück hat ein holländischer Reisebus einen mit überhöhter Geschwindigkeit entgegenkommenden, mit Ausflüglern besetzten Kleinbus von der Fahrbahn gestoßen. Dessen Insassen liegen nun in den gräßlichsten Posen im schönsten Urlaubsgebiet herum:

»Wie ein verspielter Hund, wollig und vorlaut, springt die Natur um ihre Gäste herum, umkreist sie, wirbelt sie durch die Luft, fängt sie nicht auf, weil ein anderes fliegendes Stöckchen mehr lockt; launisch legt die Natur auf dieses und jenes ihre Pranken, läßt wieder los, ohne zu beachten, daß der Spielkamerad von ihr vollkommen zerquetscht, zerfetzt worden ist. Sie schnüffelt an den Stücken, heult ihr Lied ins Helle hinein, bis die Nacht kommt, und dann heult sie ein anderes Lied, tief aus der Kehle heraus. Natur! Raumgreifend sind ihre täppischen Sprünge, raumgreifend auch die Räumfahrzeuge, die bereits im Anrollen sind. Unaufhörlich entzücken solche menschengroßen Puppen, die hier herumgestreut sind, die Glieder gespreizt, die Münder reden jetzt nicht mehr. Äste sind abgebrochen, Blätter welken bereits auf ihnen. Hochaufgeschossen in der Mittagswärme die Menschenhalden. Dekoration für die Landschaft, von der das Land lebt, sie ziehen sich den Hang empor, bis zum Raststättenbetrieb, und sie ziehen sich sogar hinein, wo die lebendig Fortdauernden herumwuseln und das Ihrige von der Müllhalde retten; sie sind erspart geblieben und können sich jetzt auf dem Trimmpfad ausgeben.«[26]

Die Sprache der Jelinek

Das Textstück stammt aus Elfriede Jelineks 1995 erschienenen Roman *Die Kinder der Toten.* Es ist ein Ausschnitt aus dem Anfang des Buches, der ein Vorspiel darstellt zu der am Ende hereinbrechenden Naturkatastrophe, in der die Borniertheit, Blindheit und Dumpfheit der einheimischen wie der touristischen Bewohner eines österreichischen Tals von einem gigantischen Erdrutsch bestraft wird. Menschen, die vorher die Existenz von Untoten führten, werden von der Natur heimgeholt in das Reich der Toten, demgegenüber sie ihre Lebenswelt zuvor mit unermüdlicher Energie abgedichtet hatten.

In der Kritik ist der Roman vorwiegend in seinen narrativen Mustern gewürdigt worden, als zeitkritischer Roman, der sich der Konstruktionen der gothic novel und des Wiedergängerkinos bedient, um die Halden des Verdrängten bloßzulegen, auf denen das saubere, touristisch einladende und politisch harmlose Österreich errichtet ist. Das ist gewiß nicht verkehrt, überspringt aber den sprachlichen Prozeß, der sich durch diese Erzählkonstruktion hindurch entfaltet. Das

26 Elfriede Jelinek, *Die Kinder der Toten*, Reinbek 1995, 12f.

Buch ist in einem tiefschwarzen und todkomischen Humor gehalten, der sich nicht aus der Handlung, sondern aus der Rede über Ort und Zeit und Ereignis der Handlungen speist. Wohl geschieht allerhand, und allerhand Bestimmtes; dennoch ist dies nur die Außenseite dessen, was sich im literarischen Text abspielt. Denn was eigentlich geschieht, sind die inkompatiblen Sprachen, aus denen dieser Text gefertigt ist. Es gibt hier keinen Stil, der sich als Stillage kennzeichnen ließe. Die Sprache, die Jelinek schreibt, schlägt häufig in einem Satz mehrmals in ein anderes Idiom um, ohne ein bevorzugtes Idiom zu kennen und ohne primär auf satirische oder parodistische Effekte zu zielen. Was in dem Roman *Die Kinder der Toten* vorliegt, ist genau besehen kein Romantext, viel eher ein Hypertext in Romanform, ein wildes Sprachengemisch, das keine Ausgangs- oder Basissprache kennt. Zu den Idiomen, die hier tückisch ineinander verfilzt sind, ohne miteinander verwoben zu werden, gehört die Sprache des geographischen Lehrbuchs ebenso wie die der Werbung für Konsumgüter und politische Parteien, die der Kunstkritik nicht weniger als die der Journale für Schönheit und Fitneß, die Sprache der Nachrichtensendungen und Sportübertragungen nicht weniger als die des späten Heidegger, das erbauliche Reden religiöser Texte nicht weniger als des Heimatromans, die Floskeln der Fernsehunterhaltung nicht weniger als die Stereotypen der Pornographie, des Schauerromans und der romantischen Lyrik. Der Schrecken, den Jelinek verbreitet, ist ein sprachlicher Schrecken. Sie hat ein Undeutsch erfunden, das sich zu einem regulären Gebrauch des Deutschen so verhält wie die Untoten, von denen sie handelt, zum gesetzlichen Status entweder von Lebenden oder von Toten. Das ist keine Sprache, an der man menschlich Gefallen finden könnte, vor allem ist es keine Sprache, die man daraufhin überprüfen könnte, ob ihre Beschreibungen angemessen sind. Denn es ist eine Sprache, die bei allem, wovon sie spricht, von der Unangemessenheit allen Sprechens spricht. Durch ihren permanenten Stillagenwechsel dementiert sie nicht allein die Autorität ihres eigenen, sondern aller Arten des Sprechens, mit der sich ihr durch und durch taktloses Sprechen berührt. Und es berührt sich mit allen. Daher geht dieser Text, obgleich er in jedem Satz Wort für Wort etwas Bestimmtes sagt, im Lesen immer wieder in ein Rauschen über – in ein aus Tausenden stumpfer Floskeln gebildetes Sprachgeräusch, das sich liest wie ein tosender, nicht enden wollender, unverständlicher Fluch auf die verhängnisvolle Macht eines Sprechens, das mit naturgleicher Ungerührtheit jeden erdenklichen Gegenstand unter sich begräbt. Die Leser werden in einen Strom des Entsetzens über den Fluß der öffentlichen und privaten Rede gerissen, aber so, daß sie in keinem Augenblick sicher sein können, ob sie mit dem oder gegen den Strom der falschen Sprache schwimmen.

Ein Grenzfall des Bewußtseins

Im Rauschen kommt sowohl die ästhetische Wahrnehmung beliebiger Objekte und Situationen als auch die Kunstwahrnehmung an eine Grenze. Während jedoch das bloße Rauschen nur Effekt eines physischen Prozesses ist – ein Undeutlichwerden des Hörbaren oder Sichtbaren –, ist das künstlerische überdies Effekt eines Artikulationsprozesses – ein Undeutlichwerden der Formen, in denen ein Werk sich ansonsten darbietet. Weil aber auch diese Undeutlichkeit zum Kalkül der artistischen Operation gehört, kann die Wahrnehmung des Kunstrauschens nicht wie die des bloßen Rauschens als ein Heraustreten aus aller teleologischen Orientierung verstanden werden; sie ist in dieser Hinsicht weniger radikal. Jedoch ist sie Bewußtsein eines Rauschens innerhalb menschlicher Artikulationsversuche, eines Verrauschens geradezu ihrer Konstruktionen und Distinktionen – und damit auch wieder umstürzender als jene. Alles Rauschen erzeugt einen Koordinatenverlust, dem auf Wahrnehmungsseite ein Koordinationsverlust entspricht. Nietzsche, der nur das Kunstrauschen im Auge hat, schreibt ihm als Wirkung einen sinnlich-geistigen Taumel zu. Er spricht mutatis mutandis über das »rolling and tumbling« der musikalischen Erfahrung – über das Rauschende einer Musik, die im Modus eines buchstäblichen oder metaphorischen Taumels wahrgenommen wird. Das bloße Rauschen hingegen löst einen solchen Taumel nicht aus; es gleicht eher dem Verweilen in einer »stehenden Zeit«, genauer: in einem bleibenden Vergehen. Seine dominierende Rezeptionsform ist weniger der Taumel als vielmehr die Versenkung. Jedoch bezeichnet es nochmals die ästhetische Macht der Kunst (und erneut in erster Linie der Musik und des Films), daß sie diese beiden Zustände miteinander kombinieren oder ineinander übergehen lassen kann. Sie schafft dann Zustände, in denen wir uns verlieren, durch Prozesse, an denen wir irre werden können.

Dennoch ist beiden Arten des Rauschens und seiner Wahrnehmung etwas Wichtiges gemeinsam. Das hörende oder sehende Vernehmen eines Rauschens stellt nicht nur den Anfang und das Ende der ästhetischen, in einem bestimmten Sinn stellt es den Anfang und das Ende *jeder* Wahrnehmung dar. Nicht allerdings in einem genetischen, sondern allein in einem kognitiven Sinn. Das Rauschen führt uns an den Rand unserer entwickelten Wahrnehmungsfähigkeit – dorthin, wo wir nichts mehr erkennen und dennoch mit höchster Intensität wahrnehmen können. So verschafft uns das Rauschen, jenes Extrem des Erscheinens, Aufschluß über eine Grenze des bewußten Seins.[27]

27 Eine frühere Version dieses Teils ist erschienen in: O. Kolleritsch (Hg.), »Lass singen, Gesell, lass rauschen…« Zur Ästhetik und Anästhetik in der Musik, Wien-Graz 1997, 74-90.

IV.
Dreizehn Sätze über das Bild

Innerhalb und außerhalb der Philosophie wird seit einiger Zeit lebhaft über das Bild und verwandte Phänomene diskutiert, deren Verhältnis zum Bild noch weitgehend ungeklärt ist, wie etwa Film, Videoclip, »interaktiver« Bildgebrauch, Computerdesign oder Cyberspace. Ein Grund für das Interesse an diesem Thema ist die rapide Veränderung der Bildwelten, mit denen wir leben. Diese Veränderung hat großen Einfluß auf die Wirklichkeiten unseres Lebens, auch wenn kein Anlaß besteht, deswegen den Begriff des Wirklichen über Bord zu werfen, wie das in einigen übertriebenen Reaktionen geschehen ist. Denn ein plausibler Begriff des Bildes ist durchweg auf ein Verständnis außerbildlicher Wirklichkeit angewiesen.

In den letzten Jahrzehnten ist eine Reihe subtiler, erkenntnistheoretisch, ästhetisch und kunsttheoretisch argumentierender Betrachtungen über den Status von Bildern erschienen, auf die ich mich mit den folgenden Thesen direkt und indirekt beziehe. Allerdings werde ich mich ganz auf Stichworte zu den »materiellen Bildern« beschränken. Diese sind Wahrnehmungsobjekte unter anderen Objekten der Wahrnehmung. Das Thema der »geistigen Bilder« werde ich gar nicht berühren. Ermutigt durch die Unvorsichtigkeit anderer Autoren – oder einfach die Unvorsicht einer Philosophie, die sich vom Quietismus des späten Wittgenstein nicht hat ausbremsen lassen –, werde ich im folgenden versuchen, einen allgemeinen Begriff des (materiellen) Bildes zu entwerfen.

Genauer wäre es freilich zu sagen: Ich versuche, einen einsichtigen Begriff dessen zu erläutern, was innerhalb der Tradition des Bildgebrauchs bis hin zur heutigen, durch neue technische Medien vielfach instrumentierten kulturellen Praxis als zentrales Phänomen des Bildes gezählt hat und weiterhin zählt. Denn was ein Bild ist, liegt nicht ein für allemal fest. Bilder sind Objekte, die einer bestimmten Auffassung und Behandlung unterliegen, in denen allein sie den Status von Bildern gewinnen. Folglich muß von dieser Behandlung die Rede sein, also davon, was wir mit Objekten einer bestimmten Art tun, wenn danach gefragt wird, »was ein Bild ist«. (Soviel Wittgenstein muß sein.) Jedoch sind Bilder Objekte, die in ihrem Gebrauch als Bilder eine Eigendynamik gewinnen, die nicht der Regie derjenigen unterliegt, die sie als Bilder betrachten. Eine Theorie des Bildes muß von Anfang an beides im Auge behalten – die pragmatische und die prozessuale Konstitution der Bilder.

Wenn ich sagte, es komme darauf an zu verstehen, was in Vergangenheit und Gegenwart als ein Bild *zählt*, so soll damit die Verantwortung keineswegs auf eine Historik des Bildes abgewälzt werden, die untersuchen könnte, was zu unterschiedlichen Zeiten alles als Bild aufgefaßt wurde und welche Macht den unterschiedlichen Bildmedien in unterschiedlichen Zeiten zugekommen ist. Vielmehr geht es darum, das *Verständnis* zu verstehen, aus dem heraus wir Bildern begegnen, welcher Art sie auch seien und welche Macht ihnen auch zukomme. Dies mag ganz hoffnungslos erscheinen, sind es doch sehr verschiedene Objekte, die wir als Bilder auffassen: Reklametafeln, Zeitungs- und Urlaubsfotos, Video- und Kinobilder, gegenständliche und ungegenständliche Gemälde, um nur einige Beispiele zu nennen. Gibt es überhaupt *ein* Verständnis, das die Wahrnehmung so unterschiedlicher Bildformen trägt?

Ich denke, ja. Gewiß liegt den verschiedenen Formen des Bildlichen ein jeweils verschiedenes Verständnis zugrunde, aber es gibt ein Verständnis – und auf der Gegenstandsseite: ein Verhältnis –, das in alle diese Auffassungsweisen eingelassen ist. Dieses wird deutlich, wenn wir uns der Verfassung »ungegenständlicher« künstlerischer Bilder zuwenden, die in einigen Hinsichten ganz anders als die meisten anderen (zumal als die meisten kulturell und politisch mächtigen) Bilder sind. Einer von dem Kritiker Clement Greenberg verbreiteten und von dem Philosophen Arthur Danto radikalisierten Deutung zufolge ist es der Sinn dieser Bilder, mit künstlerischen Mitteln zu sagen, was ein Bild eigentlich ist.[1] So einseitig – und gegenüber der amerikanischen Malerei der fünfziger und sechziger Jahre ungerecht – diese Deutung auch ist, der Theorie des Bildes gibt sie einen entscheidenden Hinweis. Denn im Kontext der Frage nach der Verfassung des Bildes und seiner Wahrnehmung erweist sich das sogenannte »abstrakte« Bild als der konkreteste und darum paradigmatische Fall des Bildes.

Trotz dieser eher exzentrischen Ansicht liegt es mir fern, den neueren Theorien des Bildes noch eine weitere hinzuzufügen. Ich möchte lediglich, veranlaßt durch die gegenwärtige Diskussion, gestützt auf so unterschiedliche Zeugen wie Nelson Goodman und Gottfried Boehm, einige Beobachtungen dazu anstellen, wie ein einheitliches Verständnis des Bildes und verwandter – oder nur auf den ersten Blick verwandter – Phänomene aussehen *könnte*. Deswegen behält der folgende Text den Charakter von Notizen und Kommentaren, die nach und nach zu skizzieren versuchen, wie sich die Erscheinung von Bildern von den übrigen Erscheinungen der sichtbaren Welt unterscheidet.

Ich beginne mit einigen Sätzen, die die für eine Theorie des Bildes zentralen Phänomene einzugrenzen versuchen (1-3). Dann folgt die These über den methodischen Primat erstens der künstlerischen Bilder gegenüber den nichtkünstlerischen und zweitens der ungegenständlichen gegenüber den gegenständlichen Bildern (4-6). Auf ihrer Basis läßt sich

1 C. Greenberg, Avantgarde und Kitsch (1939), u. ders., Modernistische Malerei (1960), beide in: ders., Ausgewählte Essays und Kritiken, hg. v. K. Lüdeking, Amsterdam-Dresden 1997; A. C. Danto, The Transfiguration of the Commonplace. A Philosophy of Art, Cambridge/Mass. 1981, u. ders., After the End of Art, Princeton 1997, bes. Kap. I u. II.

ein brauchbarer Begriff der Ähnlichkeit formulieren, mit der gegenständliche Bilder operieren (7). Die Sätze 8-10 versuchen, den besonderen Zeichencharakter von Bildern mit Hilfe phänomenologischer Charakterisierungen weiter zu erläutern. Die Sätze 11-12 vergleichen die Verfassung von Bildern mit dem simulierten Raum des Cyberspace und dem virtuellen Raum des herkömmlichen Kinos. Der letzte Satz nutzt die gesammelten Beobachtungen über die Realität des Bildes für eine milde platonische Folgerung.

1. Bilder sind Darbietungen, die im Bereich einer überschaubaren Fläche etwas auf ihr Sichtbares präsentieren.

Bilder gibt es nur da, wo der Bildgegenstand unterschieden werden kann von dem, was sich in oder auf dem Bildgegenstand darbietet.

Bilder sind nicht nur, wie viele Ornamente, mehr oder weniger komplexe visuelle Muster; sie sind nicht nur, was sie sind. Sie *beziehen* sich auf etwas, das sie sind oder nicht sind (Bilder von Einhörnern sind keine Einhörner; blaue Bilder, die sich auf die eigene blaue Farbe beziehen, sind nicht *einfach nur* blau.) Bilder, mit einem Wort, sind eine besondere Art von Zeichen. Sie bieten etwas dar, sie beziehen sich auf etwas, das auf ihrer Fläche sichtbar ist.

Diese *Sichtbarkeit* muß nicht »auf einen Blick« gegeben sein. Es gibt Bilder, die in diesem eingeschränkten Sinn gerade nicht »überschaubar« sind. Barnett Newman wollte sein riesiges Bild *Who's Afraid of Red, Yellow and Blue III* (1967, Stedelijk Museum, Amsterdam) so nah an den Zuschauer herangerückt sehen, daß es von ihm nicht distanzierend überschaut werden konnte. Auch dieses Bild aber kann im Sehen überschaut werden; nur ist hier eine – begrenzte – Bewegung vor dem Bild verlangt, wie etwa unter vielen sakralen Deckengemälden auch.

Die *Fläche* eines Bildes muß nicht unbedingt eine *ebene*

Fläche sein. Nur solange aber wird eine gewölbte Fläche (vorwiegend) als Bild erscheinen, als sie im Sehen als eine gewölbte *Fläche* wahrgenommen und von ihrer Umgebung abgegrenzt werden kann. Andernfalls wird die Bilderscheinung zum Element einer architektonischen oder theatralischen Inszenierung, einer Plastik oder einer Installation: zum Element eines Objekts, das selbst kein Bild-Objekt ist, wie sehr es sich auch bildlicher Verfahren bedient.

Anders als Bilder gewinnen Plastiken ihre Identität primär aus einer Differenz von plastischem Objekt und räumlicher Situation, aus ihrer Stellung *im* Raum der Betrachtung. Das Bild dagegen hat eine spezifische Stellung *zum* Raum der Betrachtung – es steht ihr gegenüber, auch dann, wenn die Betrachtung keine frontale ist; es zeigt sich, solange es sich zeigt, immer von vorn.[2] Der Raum des Bildes ist nicht – wie der einer Plastik – Teil des realen Raums seiner Erscheinung; er ergibt sich aus der Differenz von Bildgegenstand und Bilddarbietung allein.

Die Erscheinung einer Plastik ist Erscheinung eines Gebildes im Raum. Die Erscheinung eines Bildes ist ein Geschehen auf der Fläche des Bildobjekts.

Natürlich läßt sich diese Differenz zwischen Bild und Plastik aus beiden Richtungen vielfach überspielen und überschreiten; was jedoch in diesem Überspielen und Überschreiten passiert, ist allein aus dieser *Differenz* zu verstehen. Die normalerweise als »Bilder« klassifizierten aufgeschlitzten Leinwände von Lucio Fontana sind beispielsweise Objekte *zwischen* Bild, Relief und Plastik. Durch die »Verletzung« der Leinwand – etwa in dem um 1963 entstandenen Werk *Concetto spaziale* (Sprengel Museum Hannover) – öffnet sich das Bild für den realen Raum hinter der Fläche, auf der sich traditionell der metaphorische Raum einer bildlichen Darstel-

2 M. H. L. Pirenne, Optics, Painting and Photography, London 1970; M. Polanyi, Was ist ein Bild?, in: G. Boehm (Hg.), Was ist ein Bild?, München 1994, 148-162.

lung erstreckt. Das Bild wird für den Raum hinter der Leinwand geöffnet, der aber insofern dennoch geschlossen bleibt, als es sich um ein gerahmtes, an der Wand hängendes Objekt handelt, das einen Durchblick zudem durch ein Passepartout hinter der Leinwand verschließt. Hinzu kommt, daß dieses bildliche und plastische Objekt jedem, der sich vor ihm bewegt, eine ständig sich ändernde Ansicht bietet. Bewegt man sich von einer frontalen zu einer seitlichen Ansicht, verschmälert sich die schlanke Höhlung des Einschnittes immer mehr, bis sie zunächst den Charakter einer schwarzen Linie gewinnt, die schließlich ebenfalls unsichtbar wird: das Relief einer für den realen Raum offenen Leinwand verwandelt sich in das Bild einer noch unberührt erscheinenden Malfläche.

Das Verhältnis von Bildern zu anderen Objekten sowie zur Sprache wird in Joseph Kosuths 1965 entstandenem lakonischem Triptychon *One and three Umbrellas* (Galerie der Gegenwart, Hamburg) exponiert. Vor einer weißen Wand ist links die Schwarzweißfotografie eines vor einer weißen Wand an einem Nagel hängenden schwarzen Regenschirms zu sehen, in der Mitte ein an einem Nagel hängender schwarzer Regenschirm gleicher Ausführung, Position und Größe sowie rechts eine Bildtafel (derselben Größe wie die Fotografie links), auf der der Text des Stichworts *Umbrella* eines Englisch-Deutschen Lexikons zu sehen ist. Wir sehen nur einen wirklichen Regenschirm, aber dreimal wird auf Regenschirme Bezug genommen: erstens durch ein Foto, zweitens durch ein Exemplar, drittens durch eine (übersetzend erläuterte) sprachliche Bestimmung. Bild, Exemplar, Begriff (derselben Sache): hätten wir erkannt, was diese drei unterscheidet und verbindet, hätten wir erkannt, wie sich Bild-Objekte im Raum einer sprachlich erschlossenen Welt verhalten.

Jede Bildtheorie muß zum einen klären, wie sich Bild-*Gegenstand* und Bild-*Darbietung* zueinander verhalten, und andererseits, wie sich die *Bild*-Darbietung zu anderen, etwa sprachlichen Darstellungen verhält. Zu diesen Aspekten kommt ein weiterer hinzu, sobald wir es mit gegenständlichen Bildern zu tun haben – also mit Objekten, die *im Bild* dargeboten werden. Die komplexen Differenzen, die hier im Spiel sind, werden von Kosuth ins Spiel einer künstlerischen Inszenierung gebracht. Das Bild von einem Regenschirm ist ein ganz anderes Objekt als der Regenschirm. Es ist ein flacher Gegenstand, auf dem etwas zur Darbietung kommt. Diese Darstellung unterscheidet sich andererseits radikal von der begrifflichen *Bezeichnung* eines Gegenstands, wie wir sie auf der vergrößerten Reproduktion eines Wörterbucheintrags finden. Der im linken Bild *dargestellte* Gegenstand hat deshalb einen anderen Charakter als der wirkliche Gegenstand in der Mitte, aber auch als der mit den Worten »umbrella« oder »Regenschirm« bezeichnete Gegenstand rechts. Denn links, auf dem Foto, *sehen* wir einen Regenschirm, obwohl allein in der Mitte ein Regenschirm *vorhanden* ist. Alle diese Differenzen lassen sich nur aufklären, wenn zugleich die involvierten Verwandtschaftsbeziehungen aufgeklärt werden – zwischen Ding und Bild, zwischen Bild und Sprache, zwischen Dingen außerhalb und innerhalb von Bildern.

2. Bildzeichen sind keine (bloßen) Anzeichen.

Bilder bieten etwas auf ihnen Sichtbares dar, dessen Bedeutung sich nicht darin erschöpft, auf die *Ursache* der bildlichen Erscheinung zu verweisen. Der Sinn von Bildern läßt sich durch die kausale Bahn ihrer Entstehung nicht hinreichend charakterisieren.

Die Spur eines Pferdes – der Abdruck seiner Hufe – auf Sand ist kein Bild eines Pferdes oder seiner Hufe. Ein Fingerabdruck ist ebenfalls kein Bild des Fingers, dessen Hornhautprofil an diesem Abdruck ablesbar ist; an ihm ist etwas zu erkennen, aber in oder auf ihm ist nichts zu sehen (es sei denn eben, jemand erklärte den Abdruck zum Bild).

Spiegelbilder sind Bilder in einem eingeschränkten Sinn.

Sie sind Darbietungen, die an die Präsenz der dargebotenen Objekte gebunden bleiben und insofern ihre Anzeichen sind, keine Zeichen, die unabhängig von ihren Bezugsobjekten bezeichnen könnten. (Spiegelbilder sind *wie* Bilder von externen Gegenständen. Im Rückspiegel unseres Autos sehen wir keine *Bilder* von Autos, sondern andere Autos, in einer besonderen, durch den Spiegel erzeugten *Ansicht.*)

Ein fotografisches Bild hingegen wird nicht allein dadurch zum Bild, daß es von den von seinen Gegenständen ausgehenden Lichtreflexen verursacht wurde. Soweit wäre es – das Negativ oder ein Abzug – nichts weiter als ein visuelles Muster. Dieses wird zum Bild, indem es die *Verwendung* erhält, aus einer Situation auf eine andere Situation zu verweisen.[3]

3. Bilder sind mehr oder weniger kompakte Zeichen; »kompakt« sind Zeichen, bei denen es auf eine vergleichsweise genaue Ausführung der Zeichenrealisierungen ankommt.

Daß manche Bilder gefälscht werden können, liegt daran, daß sie (im Sinne der Terminologie Nelson Goodmans[4]) keine »notationalen« Zeichen sind, also keinem Notationssystem mit differenzierten syntaktischen Parametern angehören (wie z.B. die konventionelle musikalische Notation oder die Buchstaben des Alphabets). Bilder sind syntaktisch – in ihrer internen Artikuliertheit – und semantisch – in ihren inhaltlichen Bezügen – »dicht«. Syntaktisch dicht sind Zeichen, deren sinnbildende Elemente nicht (wie im Fall der Buchstaben, die zusammen ein Wort bilden) eindeutig voneinander abgegrenzt werden können. Semantisch dicht sind Zeichen, die sich nicht (wie bei der Bezeichnung von Zahlen durch

3 Hierzu O.R. Scholz, Bild, Darstellung, Zeichen. Philosophische Theorien bildhafter Darstellung, Freiburg-München 1991.

4 N. Goodman, Sprachen der Kunst. Entwurf einer Symboltheorie, Frankfurt/M. 1995, bes. Kap. 4.

Ziffern) eindeutig auf einen Gegenstand oder eine Sache beziehen. Bildliche Darbietung hat darüber hinaus nach Goodman die syntaktische Eigenschaft relativer »Fülle«: vergleichsweise viele *Aspekte* des Zeichenmediums sind konstitutiv für seine Funktion als Zeichen (während es bei einem Buchstaben normalerweise nicht darauf ankommt, wie er im einzelnen ausgeführt ist). Für die Verfassung eines Bildes – *jedes* Bildes, nicht etwa nur des künstlerischen! – ist immer eine Vielzahl der Eigenschaften und Gestaltungsdifferenzen des Bildobjekts konstitutiv.

Zu diesen syntaktischen Merkmalen kommt das semantische einer relativen »Gedrängtheit« (succintness) hinzu, die das Bild von der (wiederum relativen) »Weitschweifigkeit« (diffuseness) der Sprache abhebt.[5] Ein Bild sagt mehr als tausend Worte, heißt es nicht zufällig. Das auf einen Blick überschaubare Bild des Regenschirms in der Installation von Kosuth läßt sehr viel mehr über den Faltenwurf des daneben hängenden (halb geöffneten) Regenschirms erkennen, als selbst eine umständliche Beschreibung darzulegen vermöchte. Gedrängt sind bildliche Darstellungen auch insofern, als sich viele ihrer konstitutiven Merkmale *je für sich* auf etwas beziehen können; sie stellen keineswegs nur *alle zusammen* etwas als etwas dar. Viele der einzelnen Partien eines gegenständlichen Bildes dienen der Charakterisierung des Bildinhalts – man denke nur an ein Porträt oder an ein Unfallfoto. Auch ein beliebiges *Stück* vieler Bilder gibt eine reichhaltige Charakterisierung der auf ihm sichtbaren Gegenstände. Ein Bildzeichen vermag eine sehr viel detailreichere Darstellung von etwas zu geben als ein Satz.

Diese Gedrängtheit gilt aber auch für diejenige Charakterisierungsform von Bildern, die Goodman »Ausdruck« nennt,

5 Mit dieser Unterscheidung ergänzt Neil McDonell das bei Goodman entwickelte Instrumentarium: N. McDonell, Are pictures unavoidably specific?, in: Synthese 57/1983, 83-98; s. hierzu auch Scholz, Bild, Darstellung, Zeichen, a.a.O., 105ff.

die piktorale Explikation von Eigenschaften, die dem Bild metaphorisch zukommen.[6] Bei einem Bild, das Ausdruck von »Trauer« ist (und in diesem Sinn Traurigkeit »hat«), wird diese Stimmung oft nicht nur durch das Bildganze, sondern durch eine Vielzahl von Details charakterisiert, die auch für sich schon die Welt im Licht einer trüben Zuständlichkeit zeigen. Die 1988 entstandene, auf Polizeiaufnahmen zurückgehende, ganz in grauen und schwarzen Tönen gehaltene Bildserie von Gerhard Richter unter dem Titel *18. Oktober 1977* (Museum für Moderne Kunst, Frankfurt/M.) bezieht sich auf den Tod der in Stammheim inhaftierten Mitglieder der RAF. In jedem der Bilder und in jedem auf Details verweisenden Ausschnitt der Bilder ist das Klima einer lähmenden Desorientierung präsent, das die gesamte Serie unter strikter Vermeidung eines ideologischen Kommentars in Erinnerung ruft.

Trotzdem aber können Objekte, die als Bilder aufgefaßt werden, die Eigenschaften der syntaktischen Dichte und Fülle sowie der semantischen Dichte und Gedrängtheit in mehr oder weniger großem Maß besitzen. Die stets *kompakten* Bildzeichen sind nicht notwendigerweise *individuelle* Zeichen, die auf eine *einzige* Realisierung angelegt sind.

»Kompakt« nenne ich Zeichen, die ihre Bedeutung aus der spezifischen Ausführung ihrer jeweiligen (Art der) Realisierung gewinnen. Im Unterschied etwa zu Buchstaben, die in jeder Handschrift oder jedem Schrifttypus so oder anders ausgeführt werden und doch denselben Wert als Buchstaben behalten (sofern sie denn lesbar bleiben, also das Buchstabenschema *irgendwie* erfüllen), ändert sich der Sinn eines Bildes, sobald wir seine Ausführung deutlich verändern. Das Wort »deutlich« freilich weist auf die auch von Goodman betonte Relativität dieser Differenz hin. Nicht jede marginale Veränderung eines Bildzeichens ändert die Bedeutung des betreffenden Bildes. Daher kann es äquivalente Kopien und (in der

6 Goodman, Sprachen der Kunst, a.a.O., Kap. 2.

Fotografie) Abzüge ein und desselben Bildes geben.[7] Aber im Unterschied zu einem so oder anders geschriebenen Buchstaben »a« im Rahmen eines Texts kommt es bei einem a-Bild – bei einem Bild, das (unter anderem) den Buchstaben »a« zum Sujet hat – auf eben diese *jeweilige* Ausführung an. Jedoch sind auch in diesem Fall Variationen möglich. Bei der Vorstellung einer neuen Computerschrift könnte den anwesenden Journalisten jeweils *dieselbe* fotografische Aufnahme einer mit dieser Schrift geschriebenen Seite vorliegen (die möglicherweise kaum zu unterscheiden ist von dem nicht-bildhaften *Papierausdruck* desselben Beispiels). Im Fall von Magrittes Bild *La trahision des images* (1928-29, County Museum of Art, Los Angeles) – jenem ostentativ konventionell gemalten Bild von einer Pfeife, unter dem im Bild der Satz »Ceci n'est pas une pipe.« steht – kommt es hingegen auf *genau diese* malerische, als Parodie einer schulischen Schönschrift angelegte Ausführung der Buchstaben an.

Die im Vergleich mit anderen Zeichen, etwa Schriftzeichen, wenig beliebige *jeweilige* Ausführung der Zeichen, die für Bilder konstitutiv ist, ist also nicht notwendigerweise eine *individuelle* Ausführung. Es ist möglich, »daß es mehrere Instanzen desselben Zeichens gibt«.[8] Unterschiedliche Abzüge des in dem Arrangement von Kosuth verwendeten Lexikonartikels können Instanzen desselben Bildes sein. Da die jederzeit *kompakten* Bildzeichen also keineswegs jederzeit als *individuelle* Zeichen aufgefaßt werden, müssen wir zwischen solchen Bildern unterscheiden, in denen es *mehr oder weniger*, und solchen, in denen es *strikt* auf die jeweilige Ausführung des Bildzeichens ankommt.

Kunstbilder, so liegt es nahe zu sagen, sind stets individu-

7 Ähnlich H. Jonas, Homo Pictor: Von der Freiheit des Bildens, in: G. Boehm (Hg.), Was ist ein Bild?, München 1994, 105-124.

8 K. Sachs-Hombach, Was ist ein Bildalphabet?, in: ders. / K. Rehkämper, Bildgrammatik. Interdisziplinäre Forschungen zur Syntax bildlicher Darstellungsformen, Magdeburg 1999, 57-66, hier 63.

elle Bilder. Aber auch dies wäre zu einfach. Von einer künstlerischen Fotografie können zwei phänomenal identische Abzüge existieren, auf denen *dasselbe* Bild zu sehen ist. Auch ein künstlerisches Computerbild kann immer wieder »hochgefahren« werden; oder es kann daraufhin angelegt sein, auf unterschiedlichen Bildschirmen jeweils unterschiedlich zu erscheinen (»dasselbe« Bild würde in diesem Fall heißen: dasselbe bilderzeugende *Programm*). Herkömmliche Gemälde hingegen werden normalerweise als individuelle Zeichen aufgefaßt, die an genau diese materielle Realisierung gebunden sind. Die Reproduktion gibt uns nicht das ganze Bild. Aber auch hier sind Ausnahmen wenigstens denkbar. Ein genialer Kopist könnte tatsächlich *dasselbe* Bild noch einmal erschaffen – jedenfalls was die relevanten *phänomenalen* Eigenschaften des Bildzeichens betrifft (nicht hingegen seine Eigenschaften als kunst- und kulturhistorisches *Dokument*; diese bleiben an das Original gebunden). Nicht alle Kunst-Bilder, die wir als strikt individuelle Bilder behandeln, sind prinzipiell an genau diese materielle Realisierung gebunden. Dennoch bleibt das individuelle Bild bis zum heutigen Tag der paradigmatische Fall des Kunstbildes. Die Bilder der Kunst werden als einmalige Gebilde aufgefaßt, die genau so zu beachten und zu erhalten sind, wie der Künstler sie hergestellt hat.[9]

Den individuellen Bildern stehen Fälle gegenüber, in denen es weit *weniger* auf die besondere Gestalt des Bildzeichens ankommt:

Piktogramme sind bildliche Informationen von geringer syntaktischer Fülle und ohne semantische Gedrängtheit.[10] Bei

9 Ein anderer prominenter Fall des individuellen Bildes sind die Frühwerke von Kindern, bei deren Betrachtung es darauf ankommt, auf genau *die* Linienführung und Farbgebung zu achten, die der erstaunliche Alfons im Alter von knapp drei Jahren zustande gebracht hat (bevor Kindergarten und Schule seine Hand in Ketten legten).

10 Nach Scholz, Bild, Darstellung, Zeichen, a.a.O., 107.

der Dame auf der Toilettentür z.B. kommt es nicht auf die detaillierte Ausführung des Zeichens an, sondern allein darauf, daß man es als Zeichen einer Person weiblichen Geschlechts erkennen kann.

Des weiteren können »singuläre« von »generellen« Bildern unterschieden werden. Das Foto eines Löwen in einem Lexikon beispielsweise wird verwendet, um *generelle* Eigenschaften dieser biologischen Art zu veranschaulichen, nicht hingegen zur Präsentation *dieses* Löwen. Generelle Bilder sind sehr viel weniger »gedrängt« als singuläre Bilder.[11]

Alle diese Unterschiede sind Unterschiede der *Verwendungsweise* von Bildern: Dasselbe Bild kann als Piktogramm (männlicher Löwe auf der Toilettentür) oder als generelles Bild (Löwe im Lexikon) oder als singuläres Bild (dieses Prachtexemplar eines Löwen!) verwendet werden. Von diesen Gebrauchsweisen hängt es auch ab, ob und wann die *Reproduktion* eines Bildes eine Einbuße seiner Bildqualität, eine Fälschung, die Schaffung eines neuen Bildes oder einfach eine Vervielfältigung ein und desselben Bildes darstellt. Hieran zeigt sich: Unterschiedliche Bildarten haben eine unterschiedliche Identität als Bilder, was zugleich bedeutet: Unterschiedliche Arten des Umgangs mit Bildern schaffen unterschiedliche Arten von Bildern. Auch Kunst-Bilder existieren nicht einfach kraft einer inneren Magie, sondern weil sie von ihren Herstellern und Betrachtern als Kunst-Bilder *behandelt* werden – oft wegen der gleichsam magischen Kräfte, die ihnen in dieser Auffassung zugeschrieben werden können.

11 Vgl. auch hierzu Scholz, ebd., 70ff. – Singuläre Bilder müssen keine individuellen Bilder sein. Von einem Bild, das als das Bild eines Prachtexemplars von einem Löwen (also singulär) verstanden wird, können mehrere phänomenal identische Abzüge existieren, so daß das Bild nicht – wie bei einem individuellen Zeichen – an eine einzige Realisierung gebunden ist.

4. Gegenüber der Grundform des individuellen künstlerischen Bildes stellen die nicht individuellen, sondern lediglich kompakten und nicht singulären, sondern vielmehr generellen Beispiele Minusformen dar.

Dies ist eine rein methodische These. »Minusform« impliziert weder ein »schwächer« noch ein »weniger wichtig«, noch ein »weniger mächtig« (es impliziert lediglich häufig[12] ein »künstlerisch schwächer«). Bei Piktogrammen und generellen Bildern beispielsweise kann von Aspekten des Bildzeichens abgesehen werden, von denen in anderen Fällen nicht abgesehen werden kann. Und auch die singulären nichtkünstlerischen Bilder sind – in einem syntaktischen, die Verfassung und das Verhältnis der Elemente des Zeichens betreffenden Sinn – magerer als die künstlerischen, was sie gerade deswegen oft informativer und wirkungsmächtiger macht. Einem beliebigen Zeitungsfoto können wir mit einem Blick eine Reihe von Informationen entnehmen, Piet Mondrians *Broadway Boogie Woogie* (1942-43, Museum of Modern Art, New York) hingegen ist überhaupt nichts zu »entnehmen«. So gesehen, bedeuten piktorale Dichte und Fülle oft auch ein Weniger (an Eindeutigkeit und informativem Gehalt), auch wenn sie in anderen Hinsichten eine Zugabe darstellen mögen.

Dies aber sind praktische Unterschiede, auf die es hier nicht ankommen wird. Es kommt mir im folgenden auf eine theoretische Unterscheidung an, die den Status von Bildern im Unterschied zu anderen sichtbaren Objekten und anderen

12 Ich sage »häufig«, weil Künstler mit bildnerischen Minusformen experimentieren können (man denke an Maler wie Sigmar Polke, A.R. Penck oder Keith Haring). Dabei entstehen zwar meist wiederum individuelle Bilder; aber es ist zum einen nicht auszuschließen, daß ein Kunst-Bild den üblichen Kunst-Status in ähnlicher Weise verweigert, wie dies einige von Duchamps Ready-mades tun; zum anderen müssen, wie im Kommentar zu Satz 3 erwähnt, künstlerische Bilder keine strikt individuellen Bilder sein; auch diejenigen, die es nicht sind, werden aber – bis heute zumindest – als manchmal ingeniöse *Abwandlungen* der klassischen Verfassung des Bildes verstanden.

Arten von Zeichen möglichst klar werden läßt. Entsprechend ist der Terminus »Minusform« ein rein theoretischer Begriff. An diesen Bildarten läßt sich die allgemeine Verfassung der Objekte, die in menschlichen Kulturen als Bilder behandelt werden, weniger gut begreifen. An künstlerischen Bildern hingegen tritt die Grundverfassung von Bildobjekten – und damit die von Kosuth modellhaft vorgeführte Differenz zu sichtbaren Dingen und sprachlichen Zeichen – deutlicher hervor. Mit Gottfried Boehm bin ich der Meinung, daß der für eine Theorie des Bildes paradigmatische Fall die aus individuellen Realisierungen bestehenden singulären Kunst-Bilder sind und außerdem, daß eine Reflexion über den Status dieser Bilder von vornherein die sogenannten »abstrakten« Bilder mit einbeziehen muß.[13]

5. Kunst-Bilder sind (meist individuelle) Zeichen, die den Selbstbezug aller Bilder auffällig werden lassen.

Kunst-Bilder, darüber sollte kein Zweifel bestehen, sind ein Sonderfall des Bildes. Man könnte sagen, sie *arbeiten* mit der Differenz, auf der die anderen Bilder stillschweigend *beruhen*, wenn man nicht sagen will, daß sie mit ihr *spielen*.

Die fragliche Differenz ist diejenige zwischen der Fläche des Bildes und dem, was auf ihr oder in ihr zu sehen ist. Gottfried Boehm, dessen wegweisenden Vorschlag ich unten noch kommentieren werde (vgl. Satz 9), hat ihr den Namen einer *ikonischen Differenz* gegeben. Entsprechend habe ich in Satz 1 gesagt, daß Bilder Darbietungen sind, die auf einer überschaubaren Fläche etwas präsentieren. Entscheidend ist das Verhältnis der Präsentation. Bilder sind sichtbare Flächen, die

13 G. Boehm, Die Wiederkehr der Bilder, in: ders. (Hg.), Was ist ein Bild?, a.a.O.; zu Boehms Position und der der von ihm versammelten Autoren vgl. auch L. Wiesing, Bilder im Geiste und an der Wand, in: Philosophische Rundschau 46/1999, 56-71.

von Bildbenutzern so behandelt werden, daß sie bestimmte der auf ihnen sichtbaren Verhältnisse vorzeigen. Man kann auch sagen: sie beziehen sich auf diese. Die von Kosuth verwendete Fotografie zeigt einen Regenschirm; die von ihm verwendete Fotokopie zeigt einen Wörterbucheintrag. Es sind nicht allein hellere und dunklere Partien auf den beiden aufgehängten Kartons zu sehen; die Verteilung dieser Partien *zeigt* dem kompetenten Betrachter einmal einen Regenschirm, das andere Mal einen Wörterbuchtext. *Das* ist es, was diese Bilder darbieten. Und sie *bieten* es *dar*. In dem Wörterbuch hingegen, dem der vergrößernd reproduzierte Eintrag entnommen ist, wird jener Text keineswegs als Text dargeboten; dies geschieht erst durch die von Kosuth vorgenommene Veränderung des Kontexts. Was vorher ein auf Papier gedruckter, informativer Eintrag war, wird nun, als Bestandteil eines bildreflexiven Triptychons, in seiner graphischen (Lesbarkeit und) *Sichtbarkeit* präsentiert. Was sonst einfach eine lesbare Anordnung von Zeichen ist, wird nun als *Anordnung* von Farben und Formen virulent.[14]

Damit sind wir mitten bei der Verfassung *künstlerischer* Bilder. In ihnen nämlich wird das Verhältnis von (auf der Bildfläche) sichtbarer und (von ihr) dargebotener Erscheinung *auffällig*. Es wird zu einem zentralen Geschehen des Bildes. Der bei allen Bildphänomenen latente Selbstbezug wird im Kunst-Bild mehr oder weniger drastisch manifest. Er wird manifest, wo immer ein Bild als künstlerisches Bild wahrgenommen wird.

Bei künstlerischen Bildern ist der Selbstbezug des Zeichens weit weniger unscheinbar als in anderen Fällen. Denn hier ist die Selbstdarbietung des Bildes nicht lediglich eine Funktion seiner Weltdarbietung. Es kommt nicht allein – oder überhaupt nicht – auf ein zügiges Erkennen dessen an, was auf der Bildfläche dargeboten wird. Es ist nicht ausgemacht, als was

14 Dieses von Kosuth häufiger verwendete Verfahren habe ich oben in Kap. II.6, S. 197ff., genauer kommentiert.

die Elemente und Schattierungen auf der Bildfläche aufzufassen sind. Das Erscheinen der Bildoberfläche ist hier vielmehr ein *Widerpart* dessen, was sich auf dem und durch das Bild zeigt. Das, was ein Kunst-Bild zeigt, ergibt sich hier nur aus einer betonten Aufmerksamkeit dafür, wie sich das Bild zeigt, also für seine Verfassung als die eines individuellen Zeichenmediums. Das künstlerische Bild zeigt, wie es zeigt, was es zeigt. In allem, was ein Kunst-Bild zeigt, macht es den *Prozeß* der Differenzierung zwischen Bild-Objekt und Bild-Darbietung spürbar (oder thematisiert ihn oder macht ihn sogar zu seinem primären Sujet).[15]

Wir können also zwischen (nichtkünstlerischen) Bildflächen unterscheiden, die in ihrem Bereich etwas präsentieren, und solchen (künstlerischen), die in ihrem Bezirk *ein Geschehen der Präsentation* präsentieren. Deswegen läßt sich dieses Verhältnis, das für alle Formen des Bildlichen ausschlaggebend ist, gerade an künstlerischen Bildern so gut studieren. In seiner, wie man sagen könnte, ostentativen Bildlichkeit ist das Randphänomen des künstlerischen Bildes der für die Theorie paradigmatische Fall des Bildes. Der härteste dieser Fälle ist jedoch seinerseits ein Randphänomen innerhalb des quantitativ marginalen Bereichs der künstlerischen Bilder.

6. Alle Bilder präsentieren, die meisten Bilder repräsentieren.

Obwohl die überwiegende Mehrheit (auch der künstlerischen) Bilder repräsentierende – »gegenständliche« – Bilder sind, sollte sich eine einheitliche Theorie des Bildes an dem Fall lediglich präsentierender Bilder orientieren: dies freilich so, daß die piktorale Repräsentation von vornherein als ein natürlicher Fall des Bildes anerkannt ist. (Nicht als *der* natür-

15 *Welche* Bilder wir als künstlerisch und nichtkünstlerisch klassifizieren (etwa in welchem Maß wir Bilder der Werbung hinzuzählen oder nicht), ist für diese Überlegung irrelevant.

liche Fall freilich, denn ungegenständliche Kinderbilder sind *Bilder* in einem ebenso basalen Sinn wie gegenständlich darstellende Bilder.)

Darin liegt eine starke Gegenbewegung gegen fast die gesamte Tradition der Bildtheorie, die sich stets an der piktoralen Repräsentation orientiert hat, um dann im 20. Jahrhundert nach Zusatzerklärungen für das ungegenständliche Bild zu suchen.[16] Es ist für Bilder meines Erachtens nicht konstitutiv, daß sie etwas zur Erscheinung bringen, das gleichwohl nicht da ist. Es ist nicht generell zutreffend, daß Bilder etwas zur Anschauung bringen, was sie selbst nicht sind (wie es neuerdings wieder von Lambert Wiesing und Reinhard Brandt vertreten wird[17]). Jedem Illusionismus in der Bildtheorie ist durch die abstrakte Kunst, insbesondere durch monochrome Malerei, Concept Art oder die frühen Arbeiten von Jasper Johns und Frank Stella der Boden entzogen. Eine plausible Bildtheorie muß der Komplexität des repräsentierenden ebenso wie des konkreten Bildes entsprechen.

Gerhard Richters 1992 entstandenes *Abstraktes Bild* (Sprengel Museum Hannover) gehört zu einer 1976 begonnenen Folge oft großformatiger farbiger Kompositionen, die eine deutliche Wende in Richters Schaffen markieren.[18] Das

16 Ausnahmen sind die in Anm. 1 erwähnten Arbeiten von Greenberg und Danto, aber auch Goodmans Theorie der (metaphorischen) »Exemplifikation« in Kap. 2 seiner »Sprachen der Kunst«.

17 L. Wiesing, Die Sichtbarkeit des Bildes. Geschichte und Perspektiven der formalen Ästhetik, Reinbek 1997, bes. 160ff., u. R. Brandt, Die Wirklichkeit des Bildes. Sehen und Erkennen – Vom Spiegel zum Kunstbild, München 1999.

18 »Nach den grauen Bildern, nach dem Dogma einer ›fundamentalen Malerei‹, deren puristischer, moralisierender Aspekt mich bis zur Selbstverleugnung faszinierte, blieb mir nur ein gänzlicher Neubeginn. So entstanden die ersten Farbskizzen in Unbestimmtheit und Offenheit unter der Prämisse ›vielfarbig und kompliziert‹, also dem Gegenteil von Anti-Malerei und Malerei, die an ihrer Legitimität zweifelt.« Gerhard Richter, hg. v. d. Kunst- und Ausstellungshalle der Bundesrepublik Deutschland (Katalog), Stuttgart 1993, Bd. II, 61.

200 x 180 cm große Bild stellt eine ebenso dichte wie inhomogene, von Grün- und vor allem Brauntönen dominierte Farbfläche dar, denen der Künstler unter Verwendung langer Holzbalken durchgehende horizontale und vertikale Strukturen eingegeben hat. Die noch nasse Farbe wurde mit diesen großen Spachteln zu schmalen Segmenten von unregelmäßiger, zwischen 5 und 20 cm schwankender Breite glattgestrichen. Die Spuren dieser Formgebung sind überall manifest. Man sieht dem düster-bunten Farbfeld an, wie es unter betontem körperlichem Einsatz seine sichtbare Gestalt erhalten hat. Man sieht ebenfalls, daß die vertikale Rhythmisierung des Bildkörpers nach der horizontalen erfolgt ist, da die senkrechten Farb-Balken die waagrechten eindeutig dominieren. Auf diese Weise erzeugt das Bild eine Spannung zwischen dem untergründigen Wogen der Farbe und ihrer formenden Bearbeitung. Überdies manifestiert es die Spuren der Zeit seiner Bearbeitung, die sich in der Dynamik der Betrachtung des Bildes niederschlägt, in der die senkrechten Bearbeitungsspuren eine stärkere Aufmerksamkeit beanspruchen als die waagrechten. In dieser Spannung erweist sich das nominell »abstrakte« Bild als ein höchst konkretes Gebilde. In seiner pastosen, fast reliefartigen Struktur bringt es eine körperliche Arbeit (an) der Farbe zum Vorschein, in der sich die Kräfte des verhalten leuchtenden Bildgrundes und seiner rhythmisierenden Organisation die Waage halten.

Zugleich aber bleibt es möglich, dieses Bild nicht lediglich als eine Darbietung seiner Kräfte, sondern darüber hinaus als eine Darstellung außerbildlicher Energien aufzufassen. Die Senkrechten etwa können als eine Nahsicht von Baumgestalten gesehen werden, wodurch das Bild auch als Entfaltung eines Naturprozesses aufgefaßt werden kann (wie denn Richters beste Landschaften zwischen Abstraktion und Landschaft *changieren*). Jedoch ist diese Betrachtungsweise hier alles andere als notwendig; dieses oder ein anderes Exemplar der in die Hunderte gehenden Folge vielfarbiger *Abstrakter Bilder* aus Richters Werkstatt kann in der Anschauung gewürdigt werden, ohne als eine Darbietung außerbildlicher Zustände gesehen zu werden. Es erscheint dann als ein Bild, das sich im Rhythmus seiner hin und her geschobenen Farben bewegt.

So gesehen, repräsentiert das Bild nichts, obwohl es durchaus etwas präsentiert. Es zeigt Züge und Bezüge, die dem Betrachter zur sehenden und interpretierenden Erkundung freigegeben sind. Wie im Fall des in den Teilen I.1 und II.4-6 erörterten Bildes *Who's Afraid of Red, Yellow and Blue IV* (Nationalgalerie, Berlin) von Barnett Newman kann man hier von einer nochmals gesteigerten Selbstpräsentation des künstlerischen Bildes sprechen. Was es präsentiert, kann *allein* daran erkannt werden, wie es sich präsentiert, da der Bezug auf anderweitig bekannte Objektgestalten ausfällt. Ein Bild aber, das auf einen Bezug auf wiedererkennbare Gestalten der äußeren Welt verzichtet, ist ebensosehr Bild wie seine repräsentierenden Verwandten. Wenn es also – nach Satz 5 – zutrifft, daß die Kunstbilder den offenen oder latenten Selbstbezug aller Bilder zu ihrem Schauplatz machen, so muß sich dieser auch und gerade an den abstrakten Bildern studieren lassen. Und das bedeutet, daß hier bereits die grundlegenden Faktoren beisammen sind, die für das Gegebensein von Bildern *generell* bezeichnend sind.[19]

Führt man sich diese Möglichkeiten der ungegenständlichen Bildherstellung vor Augen, so erweist sich das Verfahren gegenständlicher Bildherstellung als eine *zusätzliche* Leistung. Es ist nicht so, daß die abstrakten Bilder den Status des Bildes irgendwie verkürzen. Es ist vielmehr so, daß die gegenständlichen Bilder diesen Status erweitern: sie präsentieren *ihr* Erscheinen, um auf *andere* Erscheinungen zu verweisen. Die

19 Dies ist übrigens nicht darum so, weil die abstrakten Bilder generell *reflexiver* wären als die anderen. Hochgradig selbstreflexive Bilder gibt es auch in der gegenständlichen Malerei jede Menge. Der Grund für die methodische Sonderstellung der abstrakten Bilder ist vielmehr schlicht der, daß es sich hier ebenfalls um unzweideutige Bilder handelt, obwohl ihnen alle repräsentierenden Bezüge abgehen.

gegenständlichen Bilder beziehen sich *vermöge* der phänomenalen Züge, die ihnen zukommen, auf Objekte oder Vorstellungen *außerhalb* des Bildes – auf reale Objekte wie Popstars, Herzoginnen oder Bäume oder auf (nicht selten erst vom Bild erzeugte) Gebilde der Phantasie (wie Einhörner oder imaginäre Städte). Dies ist der verbreitete, die Bildproduktion aller Zeiten beherrschende Fall piktoraler *Repräsentation*.

»Repräsentation« gebrauche ich dabei in dem harmlosen Sinn eines Verweises auf Zustände, die nicht zugleich (buchstäbliche oder metaphorische[20]) Zustände des fraglichen Zeichens sind: als Verweisen im Unterschied zum bloßen Aufweisen, als Darstellung im Unterschied zur bloßen Darbietung. In aller piktoralen Repräsentation aber ist die elementare bildliche Präsentation stets schon enthalten.

Denn alle Bilder präsentieren auf ihrer Fläche etwas – sei dies auch »nur« die Flächigkeit des Bildes, seine Farbigkeit, seine Begrenztheit und dergleichen. Daß begrenzte sichtbare Flächen zu Bildzeichen werden, setzt, wie die Beispiele abstrakter Malerei zeigen, keinen Bezug auf Gestalten einer realen oder fingierten bildexternen Wirklichkeit voraus. Grundlegend für die Existenz von Bildzeichen ist vielmehr, daß sie etwas vorweisen, das auf ihrer oder mit ihrer Fläche da ist. Ohne diese (Aufmerksamkeit für eine) Zeigefunktion, die sich auf *bestimmte* Eigenschaften des Bildobjekts darbietend bezieht, hätten wir lediglich ein visuelles Objekt vor uns, nicht aber ein Bild. Eine Leinwand von Fontana kann sich auf die Verletzlichkeit dieser Leinwand beziehen, außerdem auf ihre raumteilenden Qualitäten – alles Eigenschaften, die dem materiellen Bildobjekt tatsächlich zukommen. In seiner Auffassung als Bild *bezieht sich* das Bildobjekt auf Aspekte seiner Erscheinung, gleichgültig, ob es außerdem noch auf Dinge oder Geschehnisse in der Welt verweist. Dieses – für abstrakte wie gegenständliche Bildflächen gleichermaßen konstitu-

20 Zur Differenz von buchstäblicher und metaphorischer Präsentation vgl. Goodman, Sprachen der Kunst, a.a.O., Kap. 2.

tive – *Herausstellen von Aspekten des eigenen Erscheinens* ist die entscheidende piktorale Operation.

Nur wenige Bilder freilich bleiben bei diesem elementaren Selbstbezug stehen. Bei weitem nicht alle Bilder – und keineswegs alle abstrakten Bilder – sind vorwiegend *Zeichen* von Eigenschaften, die ihnen tatsächlich zukommen. Lediglich manche der abstrakten Bilder beschränken sich hierauf. Bilder, so ist daher festzuhalten, beziehen sich auf Zustände, die sich an ihnen selbst zeigen oder aber zusätzlich auf Dinge, Ereignisse oder Vorstellungen außerhalb des Bildes. Es dürfte eine angemessene Interpretation des lakonisch und ironisch *Abstraktes Bild* genannten Werks von Gerhard Richter sein, die oft chamäleonhafte Natur von Kunst-Bildern ins Bewußtsein zu rücken. Es bietet seine eigenen Farb- und Formverhältnisse dar und öffnet zugleich die Möglichkeit, hierin Verhältnisse der Natur oder der menschlichen Stimmung vergegenwärtigt zu sehen. Ähnlich ist Fontanas Leinwand ein Bildobjekt, das seine eigenen plastischen Eigenschaften präsentiert, darüber hinaus aber auch erotische Assoziationen weckt. Newmans große Leinwand *Who's Afraid of Red, Yellow and Blue IV* dramatisiert die Verhältnisse von Farbe und Form sowie Farbe und Fläche mit dem Effekt, eine Autonomie der Farbe gegenüber Form und Fläche ihrer Darbietung herzustellen. Doch auch hier geht es um Weltpräsentation *vermöge* einer hochgradig intransparenten Selbstpräsentation des künstlerischen Objekts. Newman inszeniert mit seinem Bild eine Auseinandersetzung zwischen den Kräften der (»schönen«) Ordnung und den Kräften einer (»erhabenen«) Überschreitung auch der schönsten (symmetrischen, balancierten) Ordnung. Seine Bildserie läßt zur Erfahrung werden, daß die Menschen ihre Ordnungen nur aushalten können, wenn sie ihre Ordnungen zu überschreiten vermögen – ein Projekt von kaum geringerer Ambition als der *Ring der Nibelungen*.

7. Piktorale Repräsentation operiert mit Gestaltungen, die den dargestellten Objekten ähnlich sind.

Nach Nelson Goodmans vieldiskutierter Auffassung ist das Charakteristikum der Ähnlichkeit in der Analyse piktoraler Repräsentation irrelevant. Das ist jedoch unplausibel. Die Annahme der Unbrauchbarkeit des Begriffs der Ähnlichkeit resultiert aus einer illegitimen Angleichung von Bild und Sprache, die bei Goodman Programm ist.[21] Der Unterschied der verbalen zur bildlichen Repräsentation liegt jedoch nicht allein in einer geringeren syntaktischen Fülle und semantischen Gedrängtheit, sondern überdies in der im Fall des repräsentativen Bildes konstitutiven Ähnlichkeit von Darstellung und Dargestelltem.

Freilich hängt alles daran, wie man diese Ähnlichkeit faßt. Sie darf nicht als Ähnlichkeit des *Bildes* mit seinem Gegenstand verstanden werden; sie besteht vielmehr zwischen Gegenständen, die wir *im* Bild und solchen, die wir *außerhalb* des Bildes identifizieren können. Mein Vorschlag lautet entsprechend: Ein auf einem Bild identifizierbarer Gegenstand ist einem außerbildlichen Gegenstand ähnlich, wenn er in der Verwendung derselben Prädikate *sortal zerlegbar* ist.

Generell, unabhängig vom Bildproblem, wäre zu sagen: Eine visuelle Erscheinung ist einer anderen *ähnlich*, wenn beide in ihrer Beschreibung in derselben Weise sortal zerlegt werden können. Das zeigt bereits, das eine Beziehung der Ähnlichkeit kein *hinreichendes* Merkmal von Bildern sein kann. Damit etwas als bildliche Repräsentation gelten kann, muß es – hier hat Goodman recht – als ein *Zeichen* aufgefaßt werden, das sich (auf die eine oder andere Weise) auf die Gegenstände

21 »I began by dropping the picture theory of language and ended by adopting the language theory of pictures.« N. Goodman, The Way the World Is, in: ders., Problems and Projects, Indianapolis-New York 1972, 24-32, 31. – Diesen Einwand erhebt auch Brandt, Die Wirklichkeit des Bildes, a.a.O., 201.

bezieht, die wir an ihm unterscheiden können. Aber, im Unterschied zu Goodman: Bildliche Repräsentation setzt Ähnlichkeit der genannten Art als eine notwendige Bedingung voraus.

»Sortal zerlegbar« heißt: daß wir ein *Verhältnis* von Partien an diesem Gegenstand unterscheiden (oder, im Fall kubistisch gemalter Gitarren u.ä., rekonstruieren) können, wie wir es am entsprechenden realen Gegenstand können. Die gesuchte Beziehung der Ähnlichkeit besteht in einer mehr oder weniger weitreichenden Selbigkeit von Gestaltverhältnissen. (Bei einer Kuh auf einem Bild sind Hörner und Hufe im Verhältnis zu Ohren und Rücken ungefähr genauso verteilt wie bei einer in entsprechender Ansicht gesehenen Kuh auf der Weide.) Von daher sind auch Grade der Ähnlichkeit verständlich, wie sie ins Spiel kommen, wenn gefragt wird, *wie realistisch* ein Bild sei. Realismus wäre demnach keine – jedenfalls nicht einfach eine – »Sache der Gewohnheit«, sondern der *Leichtigkeit* (bzw. überhaupt der Möglichkeit) der Unterscheidbarkeit und sortalen Zerlegbarkeit von Gegenständen auf der Fläche des Bildes. Und auch die These einer *reinen* Konventionalität der Perspektive kann aus dieser Sicht angezweifelt werden. Perspektive wird vielmehr verständlich als ein Verfahren möglichst getreuer bildlicher Darstellung der Sichtbarkeit räumlicher Gegenstands*verhältnisse*.

8. Bilder sind Zeichen-Ereignisse: Objekte über die Welt, die gleichwohl als eigenständige Objekte in der Welt wahrgenommen werden.

Objekte der Welt und Objekte über die Welt zu sein – in einem trivialen Sinn gilt dies von allen Objekten oder Ereignissen, die wir als Zeichen behandeln. Sie alle sind Vorkommnisse in der Welt, die in der Funktion eines *Bezugs* auf etwas stehen (oder im Dienst eines *Beitrags* zu solchem Bezug). Im Fall des Bildes aber ist diese Trivialität Ausgangspunkt einer substantiellen Beobachtung. Die Fläche eines Bildes tritt nicht hinter ihre Zeichenfunktion zurück, vielmehr tritt sie auf eine besondere Weise als eine Quelle von Bezügen in Erscheinung. Kunst-Bilder, aber auch viele andere auffällige Bilder (sei es der Werbung, sei es der privaten Erinnerung) sind nicht nur ein Grund, auf dem etwas dargeboten erscheint, sie *erscheinen* als Grund, auf dem etwas dargeboten erscheint.

Das Wahrheitsmoment eines bildtheoretischen Illusionismus – wie ihn heute z. B. Reinhard Brandt vertritt – dürfte darin liegen, die besondere Präsenz des Bildes gegenüber allen anderen Arten der Darstellung hervorzuheben. Das Bild *verweist* nicht nur auf etwas, es ist auch auf eine besondere Weise *präsent*. Der Illusionismus muß diese Besonderheit jedoch verfehlen; denn nur in sehr seltenen Fällen werden die vom Bild dargebotenen Gegenstände oder Umstände *auf Kosten* einer Wahrnehmung des Bildmediums (der Bildfläche) wahrgenommen. Und wenn dies geschieht, wird ein Bild gerade nicht *als* Bild wahrgenommen, sondern als (tatsächliche, außerbildliche) Gegenwart dessen, was im Bild *dargestellt* wird.

Das Verschwinden der Bildfläche ist nicht konstitutiv für das Wahrnehmen von Bildern – auch nicht in der Form eines durchschauten Scheins (bei Newman, Fontana oder Richter gibt es keinen solchen Schein). Die besondere Präsenz des Bildes liegt nicht in einer scheinhaften Präsenz des jeweiligen Bild-Inhalts, sondern in der Anwesenheit des Bildes selbst als eines *erscheinenden Grundes* (re)präsentierter Erscheinungen. Die Präsenz des Bildes ist keine Illusion, sie impliziert kein Als-ob (als ob der dargestellte Gegenstand, die dargestellte Szene anwesend wäre). Sie ist Gegenwart einer darbietenden Erscheinung, die die Wirklichkeit dadurch um spezifische Phänomene bereichert, daß sie zugleich als *Erscheinung* und als *Darbietung* in Erscheinung tritt.

Das Triptychon von Kosuth hebt diese Zwischenstellung des Bildes zwischen realem Ding und bloßem Wort oder Text mit subtilem Witz hervor. Das Bild von einem Regenschirm ist dem Regenschirm-Ding und seiner Wahrnehmung näher als der Begriff (oder die Erläuterung des Begriffs) »Regenschirm« der von ihm bezeichneten Sache; dennoch gehört es wie Begriff und Text dem Reich der Zeichen an, die sich auf etwas beziehen, das im Akt des verbalen oder piktoralen Bezugs nicht anwesend sein muß. Das Bild ist sowenig wie das Wort ein Ersatz für das Ding. Dennoch gehört es zur Wahrnehmung eines Bildes, daß wir auf seine jeweilige (und manchmal individuelle) Erscheinung achten, während wir Worte einfach lesen können, ohne ihrer graphischen Ausführung eigens Beachtung zu schenken. Auch Worte freilich, zumal wenn sie uns vergrößert und isoliert auf einer exponierten Fläche entgegentreten, das ist die dritte Pointe dieses dreifachen Meta-Objekts, können einen bildlichen Status gewinnen. Dann verweisen sie weniger auf die mit ihnen bezeichnete Sache als vielmehr auf ihre eigene Anordnung und Gestaltung, oder genauer: dann verweisen zwar die *Worte* weiterhin auf das mit ihnen normalerweise Gemeinte, die *Bildfläche* aber, auf der sie sich nunmehr befinden, verweist nun auf eine Choreographie von Linien, Zeilen und Klängen – worauf kein Mensch achten würde, der eben mal ins Wörterbuch schaut.

Das Bild *ist* (die Fülle von Erscheinungen, die auf seiner Fläche sichtbar sind) und es *zeigt* (etwas auf oder in oder mit diesem medialen Erscheinen). Wegen der Merkmale der Fülle und Gedrängtheit (und oft auch: Ähnlichkeit), und je nach dem *Grad* dieser Merkmale, sind Bilder Zeichen, deren Sinnlichkeit man häufig – anders als im Gebrauch dürrer Worte (diesseits der Literatur) – in ihrem Gebrauch als Zeichen nicht übersehen kann. Sie sind häufig weniger transparent als andere Zeichen. Das Bildzeichen tritt nicht zurück hinter dem, worauf es sich bezieht. *Es bringt in seinem Erscheinen etwas zur Erscheinung.*

9. Zwischen phänomenologischer und semiotischer Bildtheorie besteht kein echter Widerstreit. Bilder sind überschaubare Flächen, die etwas sichtbar machen – auf diese Basisformel könnten sich beide Seiten einigen.

Sobald man Nachdruck auf die Besonderheit des Bildzeichens legt, auf seine besondere sinnliche Auffälligkeit, berührt sich die zeichentheoretische Analyse mit phänomenologischen Theorien des Bildes, wie sie z. B. von Jean-Paul Sartre und Maurice Merleau-Ponty, Michael Polanyi oder Richard Wollheim (fast ausschließlich am Paradigma des Kunst-Bildes) entwickelt worden sind.[22] Gottfried Boehm hat diese Tradition kürzlich unter dem Leitbegriff der »ikonischen Differenz« rekonstruiert. »Was uns als Bild begegnet«, sagt Boehm, »beruht auf einem einzigen Grundkontrast, dem zwischen einer überschaubaren Gesamtfläche und allem was sie an Binnenereignissen einschließt.«[23]

»Was Bilder in aller historischen Vielfalt als Bilder ›sind‹, was sie ›zeigen‹, was sie ›sagen‹, verdankt sich mithin einem visuellen Grundkontrast, der zugleich der Geburtsort jeglichen bildlichen Sinnes genannt werden kann. Was immer ein Bildkünstler darstellen wollte, im dämmrigen Dunkel prähistorischer Höhlen, im sakralen Kontext der Ikonenmalerei, im inspirierten Raum des modernen Ateliers, verdankt seine Existenz, seine Nachvollziehbarkeit und Wirkungsstärke der jeweiligen Optimierung dessen, was wir die ›ikonische Differenz‹ nennen.«[24]

22 J.-P. Sartre, Das Imaginäre, Reinbek 1971; M. Merleau-Ponty, Das Auge und der Geist, Hamburg 1984; ders., Der Zweifel Cézannes, in: G. Boehm (Hg.), Was ist ein Bild?, München 1994, 39-59; M. Polanyi, Was ist ein Bild?, a.a.O.; R. Wollheim, Objekte der Kunst, Frankfurt/M. 1982.

23 G. Boehm, Die Wiederkehr der Bilder, in: ders. (Hg.), Was ist ein Bild?, a.a.O., 11-38, 29f. Vgl. auch im selben Band ders., Die Bilderfrage, 325-343.

24 Ebd., 30.

Die bildtheoretische Diskussion ist derzeit durch eine recht weitreichende Opposition zwischen einer (eher) zeichentheoretisch und einer (eher) phänomenologisch verfahrenden Richtung geprägt. Die phänomenologische Betrachtung räumt ein, daß Bilder Zeichen sein können, sie bestreitet aber, daß sie – wie ihre Opponenten behaupten – mit Notwendigkeit Zeichen sind. Diese Opposition aber erweist sich bei genauer Betrachtung als künstlich. Nur wer den Zeichenbegriff willkürlich verengt, kann bestreiten, daß Bilder immer auch Zeichen sind. Expliziert man hingegen die von Boehm konstatierte ikonische Differenz als ein Verhältnis visueller *Darbietung*, so ist mit der Bezugnahme auf das jeweils auf der Fläche des Bildes Dargebotene ein Zeichenverhältnis immer schon impliziert, und zwar längst bevor sich diese Darbietung – als erfüllte oder unerfüllte Referenz – auf etwas außerhalb des Bildes bezieht.

Bilder, sagt Boehm, »*entfalten* das Verhältnis zwischen ihrer sichtbaren Totalität und dem Reichtum ihrer *dargestellten* Vielfalt«.[25] Bilder, heißt dies, bieten (von dem etwas) dar, was auf ihrem Grund erscheint. Um den Sinn dieser Darbietung zu erfassen, muß die Differenz zwischen dem Schauplatz des Bildmediums und dem, was auf ihm zur Schau gestellt oder sichtbar gemacht wird, beachtet werden. Nicht einfach die Bildfläche wird ausgestellt, so wie wir in Baumärkten Farbflächen ausgestellt finden, auf denen zu sehen ist, wie die hier zu erwerbende Farbe aussieht.[26] Mit einem Bild wird immer zugleich das ausgestellt, was auf dem Spielraum seiner Fläche geschieht. Das Bild *enthält* nicht nur bestimmte Erscheinungen (der Farbe und der Form), es *bezieht* sich auf seine internen Bezüge. Erst durch diese Bezugnahme auf sein Erscheinen wird es zum Bild.

25 Ebd.

26 Bei Newmans *Who's Afraid of Red, Yellow and Blue IV* könnte es sich um eine solche Reklametafel in einem Baumarkt handeln – es würde dann nicht als Bild, sondern lediglich als Probe fungieren.

Daher ist es richtig zu sagen: Ein visuelles Objekt wird zum Bild genau dann, wenn es zu einem Zeichen des auf seiner Fläche Geschehenden wird. Ein visuelles Objekt wird zum Bild genau dann, wenn seine Fläche von seinen Betrachtern als Zeichen des auf ihr Erscheinenden *aufgefaßt* wird.

Daß es sich tatsächlich um ein Zeichenverhältnis handelt, läßt sich an einer Reihe einfacher Vergleiche erkennen. »x« sei eine sichtbare Fläche (im Sinn der Erläuterung zu Satz 1), auf der etwas zu sehen ist. Mehrere Verhältnisse sind möglich:
– »An (auf) x ist y sichtbar«: Hier ist noch kein Bildverhältnis gegeben. Der Fleck auf einem Tisch oder einer Hose macht Tisch oder Hose nicht zu einem Bild von etwas.
– »Auf x erscheint y (ohne das x y ist)« – auf dem Tisch erscheint der Schatten einer Blume: daß etwas auf etwas erscheint, ergibt ebenfalls alleine kein Bild.
– »x macht y sichtbar«: Erst wo *dieses* Verhältnis gegeben ist, erst wo es sich um visuelle *Präsentationen* handelt, kann von Bildern gesprochen werden.

Bilder sind Präsentationen im Medium des Erscheinens – im Medium des Erscheinens einer Fläche, auf der etwas als dargeboten erscheint. Ein Bild von Äpfeln ist nun einmal etwas anderes als ein Apfel-Muster auf einem Schlafanzug. Dieser Zeichenstatus des Bildes kann durch einen anderen Vergleich verdeutlicht werden. Der Bezug eines gegenständlichen Bildes ist anderer Art als die Referenz eines sprachlichen Terminus und die Richtung des gegenständlichen Sehens. An oder auf dem Satz »Ich sehe den Ball« ist *keinerlei Ball* zu sehen. Wenn ich hingegen sage: »Ich sehe den Ball«, so verweise ich normalerweise auf ein Objekt, das sich irgendwo in der räumlichen Umgebung befindet. Jedoch sagen wir: »Ich sehe den Ball«, auch dann, wenn es sich um ein Bild handelt, auf dem ein Ball zu sehen ist – wir sehen den Ball *auf dem Bild*. Der Ball auf dem Bild aber ist weder ein Ball noch die Illusion eines Balles, noch einfach das Muster oder die Figur, sondern das Zeichen eines Balles: dargeboten, formuliert im Medium der Differenz von sichtbarer Fläche und auf ihr (nicht allein sichtbarer, sondern) dargebotener Figur. Es ist die Präsentation, das Herausstellen von Aspekten und Bezügen des Erscheinenden, was Bilder von Ornamenten unterscheidet.

Nur ein zeichentheoretisches *und* phänomenologisches Bildverständnis, so möchte ich resümieren, wird dem Phänomen des Bildes gerecht; nur ein integrativer Zugang bietet die Basis für eine angemessene Explikation jener anfangs erwähnten verwandten Phänomene, von denen noch nicht einmal sicher ist, ob und inwiefern es sich um *Bild*phänomene handelt.[27]

10. Etwas sehen, etwas als etwas sehen und etwas in etwas sehen sind drei Grundfälle des Sehens; im Bildsehen kommen sie zusammen.

Überschaubare Flächen, die in ihrer Erscheinung etwas zur Erscheinung bringen, verlangen ein komplexes Sehen. Richard Wollheim hat es als Fähigkeit eines »Sehens-in« beschrieben.[28] Ich sehe etwas in etwas, das ich nicht als das sehe, was ich in ihm sehe. Ich sehe die Kuh auf der Fläche des Bildes, ohne darum das Bild als eine Kuh zu sehen. Ich sehe in den dunklen Partien auf dem fotografischen Abzug einen Regenschirm, ohne diesen Abzug für einen Regenschirm zu halten (oder wie einen Regenschirm zu betrachten). Dieses beson-

27 So auch K. Sachs-Hombach / K. Rehkämper, Aspekte und Probleme der bildwissenschaftlichen Forschung. Eine Standortbestimmung, in: dies. (Hg.), Bildgrammatik, Magdeburg 1999, 9-20, 13. – Für die Überlegenheit einer phänomenologischen gegenüber einer zeichentheoretischen Deutung argumentiert dagegen Wiesing, Die Sichtbarkeit des Bildes, a.a.O.; zur Kritik an Wiesing s. G.W. Bertram / J. Liptow, »Lambert Wiesing: Die Sichtbarkeit des Bildes. Geschichte und Perspektiven der formalen Ästhetik«, in: Zeitschrift für Ästhetik und allgemeine Kunstwissenschaft 43/1998, 295-303.

28 R. Wollheim, Sehen-als, sehen-in und bildliche Darstellung, in: ders., Objekte der Kunst, a.a.O. 192-210.

dere Sehen aber setzt *andere* Fertigkeiten der visuellen Wahrnehmung voraus.

Der allgemeinste Begriff des Sehens ist der des Etwas-Sehens: Alle Lebewesen, die überhaupt sehen können, können in dieser Weise sehen. Sie sind in der Lage, Objekte und Bewegungen kraft visueller Wahrnehmung auszumachen.

Etwas *als etwas* zu sehen dagegen ist eine sehr viel speziellere Fähigkeit; in ihr ist die Fähigkeit der begrifflichen Unterscheidung enthalten. Das bloße Sehen *von* etwas wird zum Sehen, *daß* es sich so und so verhält, z. B. daß da ein Regenschirm hängt. Im Unterschied zu einem lediglich vernehmenden handelt es sich hier um ein erkennendes Sehen.[29]

Um ein Bild zu sehen, müssen wir ein Objekt unter anderen Objekten wahrnehmen können – und wir müssen es *als Bild* wahrnehmen können. Das Identifizieren und Re-Identifizieren von Gestalten auf Bildern, wie auch viele Tiere es beherrschen, genügt hierzu nicht.[30] Zwar ist das Identifizieren von etwas sowie das weitergehende Identifizieren von etwas *als* etwas eine notwendige Voraussetzung des Sehens von Bildern, denn zum Erkennen einer bildlichen Darbietung bedarf es der Fähigkeit, das jeweils Dargebotene sehend und diskriminierend zu unterscheiden. Für die Bildwahrnehmung aber ist es darüber hinaus entscheidend, das vom Bild Dargebotene nicht einfach als Gegebenes, sondern als *Dargebotenes* zu erkennen. Wer vor Kosuths Installation lediglich zwei Regenschirme sähe, aber nicht sähe, daß nur der eine sich aufspannen läßt, sähe zwar auf der linken Seite ein Objekt, das *andere* mit guten Gründen als Bild klassifizieren würden, aber nähme selbst kein Bild-Objekt wahr. Er sähe nur das *Objekt* des Bildes, ohne jedoch zu sehen, daß es sich um das Objekt eines *Bildes* handelt.

29 Vgl. W. Künne, Sehen. Eine sprachanalytische Betrachtung, in: Logos N. F., 2/1995, 103-121.

30 Im Unterschied zu A. C. Danto, Tiere als Kunsthistoriker: Reflexionen über das unschuldige Auge, in: ders., Kunst nach dem Ende der Kunst, München 1996, 27-45.

Diese Kompetenz hat nur, wer das *Sehen-in* beherrscht. Ich sehe in diesen Farben und Formen einen Regenschirm, eine Kuh, die Herzogin von Kent, eine Reflexion über die Malerei oder eine Parodie des abstrakten Expressionismus. Das Sehen-in befähigt, in einer Erscheinung – derjenigen der Bildoberfläche – eine andere Erscheinung (oder etwas anderes erscheinen) zu sehen: einen Regenschirm, eine Kuh, eine Herzogin, einen Zustand der Malerei usw. Wenn wir von Bildern reden, muß freilich zu dem Erscheinen *von* etwas *in* etwas anderem noch ein weiteres Moment hinzukommen: der Umstand, daß die eine Erscheinung (etwa eines Regenschirms) im Medium der anderen Erscheinung (der Bildoberfläche) zur Erscheinung *gebracht* wird. Eine Wolke, in der wir das Gesicht Churchills sehen, ist kein Bild von Churchill.

Das bedeutet, das nicht das Sehen-in als solches, sondern lediglich ein bestimmter *Gebrauch* dieser Fähigkeit konstitutiv für das Sehen von Bildern ist. Wenn ich in der Wolke ein Schiff oder in diesem Fleck ein Gesicht sehe, sehe ich dennoch kein *Bild* eines Schiffs oder eines Gesichts. Das bildspezifische Sehen-in tritt in ein *Zeichenverhältnis* ein (konstituiert es oder vollzieht es nach). Es faßt das visuelle Objekt als Darbietung von etwas auf.[31]

Das Sehen-in ist wie das Sehen-als eine Form des erkennenden Sehens. Gerade das Sehen von Kunstbildern aber geht in einem solchen Erkennen nicht auf. Es steht in einem unabschließbaren Austausch mit einem »sehenden Sehen«[32], das alles im Bild Gesehene aus dem Prozeß seiner Farben und Formen hervorgehen und in ihn eingehen sieht.

Daß das bildspezifische Sehen-in ein Sehen-von sowie das

31 Ein Grenzfall liegt vor, wenn wir etwas, das (nach unserem eigenen Verständnis) kein Bild ist, *wie* eine bildliche Darbietung auffassen. Dieses projektive Bildsehen ist aber nur vom eigentlichen Bildsehen her verständlich. Vgl. hierzu M. Seel, Eine Ästhetik der Natur, Frankfurt/M. 1991, Kap. 3: »Natur als Imagination der Kunst«.

32 M. Imdahl, Ikonik. Bilder und ihre Anschauung, in: Boehm, Was ist ein Bild?, a.a.O., 300-325.

speziellere Sehen-daß zur Voraussetzung hat, bedeutet, daß es sich auf Fähigkeiten stützt, die unabhängig von der Bildwahrnehmung aktualisiert werden können. Das bildliche Sehen-in ist nur möglich, wo ein erfolgreiches Sehen-von und Sehen-daß zur Verfügung steht. Bilder, heißt das, gibt es nur, wo es eine sichtbare Welt diesseits der Bilder gibt.

11. Der Cyberspace ist kein Bildraum, sondern ein simulierter Raum.

Am Beispiel gegenständlicher Malerei hat Richard Wollheim im Rückgriff auf Henri Pirenne und Michael Polanyi eine »Zweifachthese« über das Bild entwickelt, auf die sich Boehms allgemeinere These einer grundlegenden »ikonischen Differenz« ebenso stützt wie meine Betrachtung zur (offenen oder latenten) Selbstbezüglichkeit des Bildes. Sie besagt, daß Bilder als Bilder nur wahrgenommen werden können, wenn die Aufmerksamkeit eine zwischen Bildmedium und Bild-Darbietung »geteilte« Aufmerksamkeit ist, wie groß der Anteil der beiden Aufmerksamkeiten auch jeweils sein mag. Ich muß auf das auf dem Bildgrund Sichtbare achten, um zu erkennen, was auf diesem Grund (oder, bei monochromen Bildern, durch ihn) dargeboten wird.[33] Genau diese Zweifachheit aber, von der Boehm wie Wollheim einleuchtend handeln, ist mit dem Eintritt in den Cyberspace simulierter Räume nicht länger gegeben.[34] Der Cyberspace ist zwar ein erregendes visuelles Phäno-

33 Es ist ein weiteres Kennzeichen des Kunst-Bildes, daß hier der Bild-Grund eine sehr viel höhere Aufmerksamkeit verlangt als in anderen Fällen des Bildgebrauchs.

34 Den Begriff des »Cyberspace« verwende ich hier in dem engen Sinn eines maschinell erzeugten Raumzustands, der seine Ansichten in Koordination mit den leiblichen Bewegungen der (mit Datenhelm oder Datenanzug ausgerüsteten) Betrachter verändert. – In diesem strikten Sinn verstanden, eröffnet das Internet noch keineswegs einen Cyberspace.

men, aber gerade kein Bildphänomen. Denn »Bildräume«, wie schon Benjamin sie in seinem Surrealismus-Essay phantasierte[35], sind entweder keine Räume oder keine Bilder. Das Bild ist ein Flächenphänomen, das nicht in (reale oder imaginäre) Raumverhältnisse überführt werden kann. Wo der Raum zum Bild wird oder das Bild zum Raum, haben wir es nicht länger mit Bildlichkeit, sondern mit einem visuellen Phänomen sui generis zu tun.

Daher scheint mir Lambert Wiesings lineare Fortschrittsgeschichte vom gegenständlichen Tafelbild über Videoclip und Computer Aided Design bis in den Cyberspace nicht allein allzu stilisiert, sondern in der Konsequenz auch verkehrt.[36] Im Erscheinungsraum des Cyberspace (der ja prinzipiell nicht allein ein Raum visueller, sondern auch haptischer und akustischer Erscheinungen ist) verliert die Differenz zwischen Bildmedium und Bildinhalt jeden Rückhalt. Erst hier und nur hier wird das Medium unsichtbar. Das Medium ist hier ein Programm und eine Apparatur, die zusammen selbständige sinnliche Erscheinungen erzeugen. Die ikonische Differenz verschwindet.

Auch hier freilich bleibt eine Zweifachheit gegeben. Jedoch ist sie ganz anderer Natur als im Fall des Bildes. Die für den Cyberspace konstitutive Differenz besteht zwischen dem realen Raum der Anwesenheit des Leibes und dem virtuellen Raum leiblich unerreichbarer, aber gleichwohl sichtbarer Gegenstände. Es ist dies aber eine zweifache Position des leiblichen *Subjekts* der Wahrnehmung (gegenüber prinzipiell erreichbaren und prinzipiell unerreichbaren Gegenständen), während es sich beim Bild um eine zweifache Gegebenheit des *Objekts* der Wahrnehmung handelt. Die eine Doppelung muß verschwinden, damit die andere auftreten kann. Daher

35 W. Benjamin, Der Sürrealismus. Die letzte Momentaufnahme der europäischen Intelligenz, in: ders., Gesammelte Schriften, Bd. II.1, Frankfurt/M. 1977, 295-310, 309f.

36 L. Wiesing, Die Sichtbarkeit des Bildes, a.a.O., bes. 168ff.

gibt es phänomenologisch gesehen kein Kontinuum zwischen Bildraum und virtuellem Raum. Zeichentheoretisch stellt es sich nicht anders dar: Alle Bilder sind Zeichen, für den Cyberspace hingegen ist keinerlei Zeichenverhältnis konstitutiv. Er ist erscheinender Raum allein.

Um den fraglichen Unterschied deutlich zu machen, stelle man sich einen Cyber-Raum vor, der mit Bildern ausgestattet ist: In einem errechneten visuellen Raum erscheinen Gegenstände, die sich als ein Grund dargebotener Erscheinungen von ihrer ebenfalls virtuellen Umgebung unterscheiden, die nur Erscheinung, nicht aber Darbietung von Erscheinungen ist.

12. Der virtuelle Bewegungsraum des Kinos steht zwischen der simultanen Erscheinung von Bildern und dem simulierten Raum des Cyberspace.

Wie heute Bildwelten und simulierte Welten manchmal miteinander gleichgesetzt werden, ist lange Zeit die Welt des Kinos mit der der Bilder verwechselt worden. Die für eine Theorie des Kinos zentrale Frage ist jedoch, was für einen Unterschied es macht, wenn man einen Filmstreifen, der – wie die traditionellen Kinofilme (vor dem Auftreten des Videofilms und der digitalen Bildherstellung) – aus einer Vielzahl von Einzelbildern besteht, als fortlaufende Bildbewegung projiziert. Die Bewegung allein macht den entscheidenden Unterschied nicht. Sonst liefe der Blick auf einen Bauzaun mit Bildern, an dem wir mit dem Auto vorbeifahren, auf die Wahrnehmung eines Films hinaus. Es kommt vielmehr alles auf die *Art der Bewegtheit* des filmischen Geschehens an.

Wie viele andere war Siegfried Kracauer der Ansicht, der Film sei lediglich eine »Erweiterung« der Fotografie und damit selbst eine Form des Bildes. Die »bewegten Bilder«, meinte Kracauer, teilen die wesentlichen Eigenschaften des fotografischen Bildes.[37] Autoren wie Roland Barthes und Gilles Deleuze haben diesem oberflächlichen Eindruck mit guten Gründen widersprochen.[38] Filme, sagt Deleuze, sind keine bewegten Bilder, sondern »Bewegungsbilder«. Schon Erwin Panofsky, auf den sich Kracauer zur Unterstützung seines ästhetischen Realismus beruft, hatte das Filmgeschehen auf eine Weise beschrieben, die eine grundlegende Differenz zur Bildwahrnehmung deutlich werden läßt.[39] Unter den Stichworten einer »Dynamisierung des Raums« und einer »Verräumlichung der Zeit« beschreibt Panofsky die Kinowahrnehmung als Erfahrung eines virtuellen Raums, der sich, abgetrennt von der Position des Betrachters, in einer dauernden Bewegung findet.[40]

Ohne hier auf den Unterschied zwischen Fotografie und Film näher einzugehen[41], läßt sich die Eigenart des Films sowohl im Hinblick auf das primäre Material als auch im Blick auf die primäre Operation filmischer Darbietungen charakterisieren. Material des Films sind keineswegs einzelne Bilder, sondern technisch fixierte und reproduzierbare *Bewegungsspuren* – fotografisch (oder per Computer) erzeugte Folgen von Mustern, die sich unabhängig vom Blickpunkt des Betrachters verändern (können). Als grundlegende Operation des Films läßt sich demgegenüber (in Anlehnung an Panofsky) die Erzeugung eines *virtuellen Bewegungsraums* verstehen. Da-

37 S. Kracauer, Theorie des Films, in: ders., Schriften, hg. v. K. Witte, Frankfurt/M. 1975, Bd. 3, bes. 11 u. 53 ff.

38 R. Barthes, Der entgegenkommende und der stumpfe Sinn, Frankfurt/M. 1990; G. Deleuze, Das Bewegungsbild. Kino I, Frankfurt/M. 1989, u. ders., Das Zeit-Bild. Kino II, Frankfurt/M. 1991.

39 E. Panofsky, Stil und Medium im Film, Frankfurt/M. 1993; vgl. Kracauer, Theorie des Films, a.a.O., 400.

40 Vgl. hierzu – auch unter dem Aspekt der Differenz von Film und Theater – die scharfsinnigen Überlegungen von N. Carroll, Towards an Ontology of the Moving Image, in: C. A. Freeland (Hg.), Philosophy and Film, New York 1995, 68-85.

41 Vgl. M. Seel, Fotografien sind wie Namen, in: ders., Ethisch-ästhetische Studien, Frankfurt/M. 1996, 82-103, bes. 100 ff.

bei entsteht eine Differenz zwischen Ereignissen im leiblichen und Ereignissen im bildlichen Raum. Dies ist erneut ein genuines Verhältnis, das weder an die ikonische Differenz des Bildes noch an die situative Differenz des Cyberspace assimiliert werden darf. Mit dem Bild hat der Film gemeinsam, daß er eine auf einer Fläche im Raum sich vollziehende Darbietung ist; mit dem Cyberspace hat er gemeinsam, daß es die Eröffnung eines dynamischen Raumes ist, der seine Darbietung konstituiert.

Die Betrachtung eines Films unterscheidet sich sowohl von der Situation vor einem simultan präsenten Bild als auch von der Situation eines im ganzen simulierten Raums. Das Bildgeschehen, von dem bisher die Rede war, spielt sich ab innerhalb eines Zustands der Simultaneität; das Filmgeschehen, von dem jetzt die Rede ist, verläuft als ein Prozeß der Sukzession. Aus der Differenz zwischen wahrnehmbarem und dargebotenem Erscheinen im Bild wird hier eine Differenz zwischen einem statischen leiblichen und einem dynamischen, nur dem Sehen zugänglichen Raum. Sie erzeugt die Erfahrung eines gedoppelten Raums – der Raum des Films öffnet sich innerhalb des Kino-Raums. Im Unterschied zum Cyberspace aber bleibt die Differenz der beiden Räume manifest: mit einem Blick zur Seite verlassen wir den virtuellen Raum des Films. Das bisherige Kino hält uns *vor* seinem Raum, wie sehr die dazugehörigen Klanginstallationen uns auch in das Leinwandgeschehen hineinziehen mögen. Die künftigen Cyberspace-Jahrmärkte, -Labors, -Bibliotheken und -Kunstwerke dagegen werden uns in einen virtuellen Raum *hineinnehmen*, der auf jede Bewegung unseres Körpers mit einer Veränderung seiner Ansichten reagiert.

Die bildartigen Phänomene, auf die ich zum Schluß einen kurzen Blick geworfen habe, unterscheiden sich am deutlichsten an ihrer Stellung zu Raum (und Zeit) ihrer Betrachtung. Das unbewegte *Bild* sehen wir in einem Raum; es ist uns simultan gegeben; in vielen Formen (der piktoralen Repräsentation) läßt es uns einen virtuellen, leiblich unzugänglichen

Raum sehen. Im *Kino* sehen wir einen virtuellen Bewegungsraum, der uns an Bewegungen teilnehmen läßt, die sich unabhängig von der Position unseres Leibes vollziehen. Im *Cyberspace* sehen wir *in* einem virtuellen Raum, der sich unabhängig von der Position (nicht aber von den Bewegungen) unseres Leibes verändert.[42]

13. Bilder können nicht an die Stelle des Wirklichen treten

– da es Bilder nur gibt, wo sich ein (wirklicher) Bildgrund von einem (wirklichen oder nichtwirklichen) Geschehen auf dem Bild unterscheidet. Ohne die Wirklichkeit des materiellen Bildgegenstandes gibt es kein Bild (wie es ohne Projektionsraum und Prozessor keine Filme oder Cyber-Räume geben könnte).

Weil Bilder Zeichen-Ereignisse sind (vgl. Satz 8), erwekken sie bei Theoretikern und Kulturkritikern leicht den Anschein, sie könnten die Differenz von Welt und Zeichen unterlaufen: es bestehe die Möglichkeit oder drohe die Gefahr, die Welt werde durch Bilder ersetzt. Wenn die bisherige Bildanalyse richtig war, besteht diese Gefahr jedoch aus prinzipiellen Gründen nicht. Alle Bilder operieren mit der Differenz von materiellem Bild-Objekt und materieller oder immaterieller Bild-Erscheinung. Sie können daher die Stelle der Welt nicht okkupieren, da sie als Bild-Objekte immer bereits in der Welt verankert sein müssen.

Würden wir tatsächlich in einer »Bilderflut« ertrinken, wie manche Zeitkritiker meinen, würden wir nicht in einer *Bilder*flut ertrinken. Daß »die Welt zum Bild« wird, kann höchstens bedeuten, daß mehr und mehr Dinge der Welt den Doppelcharakter des Bildes annehmen, Ding in der Welt und

42 Um das unter Satz 11 gegebene Beispiel zu variieren, können wir uns einen Cyber-Raum vorstellen, in dem nebeneinander Bilder und Filme sichtbar sind…

Ding über die Welt zu sein – daß also immer mehr Dinge *auch* Zeichencharakter gewinnen. Nur weil das Bild in die Welt hineinreicht, kann es weit über sie hinausreichen.

Die Wahrnehmung der Differenz von Bild und Nichtbild ist eine *Voraussetzung* der Wahrnehmung von Bildern. Wohlgemerkt: Nicht einfach die *Differenz* zwischen bildlichen und nichtbildlichen Objekten ist Voraussetzung der Gegebenheit von Bildern, sondern die Fähigkeit zur *Wahrnehmung* dieser Differenz. Wer diese Differenz nicht wahrnehmen kann, vermag keine Bilder zu sehen.

Platons Höhlengleichnis ist unter diesem Gesichtspunkt phänomenologisch korrekt: Die Höhlenbewohner sind eben darin unfähig, das Wirkliche zu erkennen, daß sie unfähig sind, die ihnen präsentierten Schattenbilder als Bilder zu erkennen. Die Existenz von Bildern wird so zu einem Beweis für die Existenz einer Welt außerhalb der Bilder. Wer Bilder sehen kann, so folgt aus Platons Sprachbild, ist gegen Weltblindheit grundsätzlich gefeit – wenn auch nur grundsätzlich.

Wir könnten keinen Satz verstehen geschweige denn übersetzen, wenn nicht Sachen da wären, die sich nicht in allen Dingen nach unseren Sätzen richten. Wir können kein Bild wahrnehmen, wenn Papier und Leinwand nicht unterscheidbar wären von allem, was sich uns auf ihnen präsentiert. Von keinem Kinofilm würden wir auch nur das Geringste mitbekommen, hielte uns nicht die Trägheit unseres empfindenden Leibes in das Geschehen des Klangbildraums hinein – und aus ihm heraus. Nur wer aus der Höhle des Kinosaals hinaus weiß, kennt den Weg in die Welt der spielenden Schatten. Ohne den Unterschied zwischen dem äußeren Geschehen und seiner imaginierenden Auffassung wäre kein Bildgeschehen da. Im Bild ist nur, wer sich nicht im Bild glaubt.

V.
Variationen über Kunst und Gewalt

1.

Eine Frau sitzt strickend in ihrem Wohnzimmer. Es ist Vormittag; der Mann ist in der Firma, das Kind in der Schule. Der Fernseher ist eingeschaltet. Es läuft eine Kochsendung, der die Frau mit sichtlichem Vergnügen zuschaut. Auf einmal fällt ihr Blick auf die großen, zur Terrasse hin führenden Fenster. Dort ist am hellichten Tag eine schwarz vermummte Gestalt zu sehen, die gerade dabei ist, sich mit Hilfe eines Schürhakens Eingang zu verschaffen. Die Zuschauer wissen, daß es sich um einen der beiden Entführer handelt, die der in Finanznöte geratene Ehemann bestellt hat; sie wissen noch nicht, daß diese ihr Opfer in Stricke legen, im Fond ihres Wagens abtransportieren und später umbringen werden. Noch starrt die Frau mit ungläubigen Augen auf das Geschehen hinter dem Fenster. Sie verfolgt es, als spiele es sich auf einem erweiterten Bildschirm ab, der eine höchst erstaunliche Szene zeigt. Gebannt von dieser Erscheinung, reagiert sie erst dann mit Flucht und Geschrei, als einer der beiden Entführer geradewegs durch eine der Glasscheiben hereingebrochen kommt. In der beschaulichen Welt des Vormittagsprogramms spielt sich plötzlich eine Episode aus dem Nachtprogramm ab. So filmreif der Auftritt der beiden Ganoven aber auch ist, er sprengt das Fenster der Fiktion, das die Betrachterin vor dem Zugriff ihrer Gestalten sichert.

In dieser grotesken Szene aus dem Film *Fargo* von Ethan und Joel Cohen (USA 1995) sind die Grundkomponenten eines Gewaltgeschehens alle versammelt. Zwei Täter machen sich über ein Opfer her, und dies vor den Augen von Zuschauern, die den Vorgang aus der Distanz verfolgen. Hierbei aber kommt es zu einem mehrfachen Rollentausch. Das Opfer wird zunächst in der Rolle einer Zuschauerin präsentiert, bis die Frau bemerkt, daß tatsächlich *sie* die Bedrohte ist. Sobald die Figur dies realisiert, bleibt der Part der distanziert Beobachtenden den Filmzuschauern überlassen. In der Folge kommt es zu einem weiteren Rollenwechsel, als die durch das Haus gejagte Frau einem der Entführer in die Hand beißt. Daraufhin läßt dieser von der Verfolgung ab und macht sich im Badezimmer seelenruhig auf die Suche nach einer lindernden Salbe. Während er sich dort behandelt, fällt sein starrer Blick in einen Spiegel, in dem eine Bewegung des Duschvorhangs sichtbar ist; dies versetzt ihn augenblicklich in die Rolle des Täters zurück, der sein Opfer, das sich hinter dem Vorhang verborgen hatte, vor sich hertreibt, bis es am Fuß der Treppe, die es in Panik herabgestürzt ist, ohnmächtig liegenbleibt.

2.

»In vielen Verhältnissen ist Gewalt heute ein dreistelliges Verhältnis. Gewalt wird ausgeübt, Gewalt wird erlitten, Gewalt wird betrachtet. In diesem Dreieck wird Gewalt von Tätern, Opfern und Zuschauern gemeinsam realisiert – wenn auch in sehr unterschiedlichen Bedeutungen von ›realisiert‹: zugefügt, schmerzlich empfunden, aus der Distanz verfolgt. Nicht selten bedingen diese Realisierungen einander, etwa dann, wenn Gewalthandlungen nur entstehen, weil die Akteure wissen, daß Zuschauer da sind, die ihre Rolle als Akteure wahrnehmen und bezeugen können. Eine solche Gewalt-Triade entsteht beispielsweise da, wo jugendliche Gangs oder kriegführende Parteien vor den und für die Fernsehkameras Gewaltaktionen ausführen, um den abwesenden anderen (und sich selbst) die eigene Präsenz, Stärke oder Vitalität zu demonstrieren.«

Mit diesen weitreichenden Thesen eröffnet Angela Keppler ihre Studie *Über einige Formen der medialen Wahrnehmung von Gewalt.*[1] Das triadische Verhältnis, in dem sich Gewalthandlungen häufig ereignen, ist jedoch keineswegs an eine mediale Besetzung der Zuschauer-Position gebunden. Durch die mediale Darbietung ergibt sich lediglich eine Verdopplung des Betrachterstandpunkts: die Wahrnehmung durch das Medium (etwa des Fernsehens) unterliegt ihrerseits der Wahrnehmung derer, an die es sich richtet. Die Szene der Gewalt ist auch hier durch das Dreieck Täter – Opfer – Zuschauer bestimmt. Dennoch ist der Vorgang der Gewalt, wie Keppler deutlich macht, nicht an eine triadische Situation gebunden. »Zur Gewalt reichen zwei. Gewalt ist also nicht über das Dabeisein von Zuschauern zu *definieren*, wie sehr auch die soziale Verbreitung und Ausprägung von Gewalt nur mit Rücksicht auf die Partei der zuschauenden Dritten untersucht werden kann.«[2] Jedoch auch wenn einzelne Gewaltvorgänge auf den Rahmen der Begegnung von Tätern und Opfern beschränkt sein können, die Wirklichkeit der Gewalt – soziologisch gesprochen: der *Sinn* der Gewalt – dürfte nicht unabhängig von der zusätzlichen Position der (entsetzten oder begeisterten) Zuschauer zu verstehen sein. Auch eine Gewalt, die im stillen ausgeübt wird, wird – heute wie gestern – häufig vor den Augen der abwesenden anderen getan.

Wenn dies so ist, befinden sich Kunstwerke, die Gewalt thematisieren oder in einem bestimmten Sinn selbst gewaltsam sind, in einer bemerkenswerten Nähe zu dem, was sie aus einer sicheren Entfernung vergegenwärtigen. Auch sie geben einen Gewaltvorgang vor einem Publikum zur Betrachtung frei. Gewalt in der Kunst ist immer ein Ereignis vor und für Adressaten (die freilich nicht in jedem Fall Betrachter sind; die Position des »Betrachters« von Gewaltereignissen kann

1 In: T. v. Trotha (Hg.), Soziologie der Gewalt. Kölner Zeitschrift für Soziologie und Sozialpsychologie, Sonderheft 37/1997, 380-400, 380.

2 Ebd.

auch von Hörern oder Lesern eingenommen werden). Von Kunstwerken dargebotene oder durch Kunstwerke vollzogene Gewalt eröffnet ihrerseits eine triadische Situation der soeben skizzierten Art – und stellt somit eine, wenn auch eine einschneidende, *Variation* des Verhältnisses realer Gewaltausübung dar.

An welche dieser Situationen wir auch denken, die Positionen der an einem gewaltsamen Vorgang – aktiv oder passiv, aus der Nähe oder in der Distanz – Beteiligten können sich vielfach verändern. Wie jeder Faustkampf im Western zeigt, kann das vermeintliche Opfer zum Täter und der vermeintliche Täter zum Opfer werden. Oder die beiden Positionen können so ineinander übergehen, daß sie von beiden Parteien zugleich besetzt werden. Ebenso können Täter zu Zuschauern werden oder *als* Täter Zuschauer sein (wie es in vielen Situationen der Folter der Fall ist). Umgekehrt können aus Zuschauern Täter werden oder sie können *als* Zuschauer Täter sein (beginnend mit dem Applaus, dem sie einer Gewalthandlung spenden). Schließlich können auch die Zuschauer zu Opfern einer Gewalthandlung werden, oder aber sie können *als* Zuschauer Opfer einer gewaltsamen Darbietung sein. Die geschilderte Szene aus *Fargo* spielt einige, aber beileibe nicht alle dieser Stellungswechsel durch. Im Extremfall sind Arrangements denkbar, in denen ein Beteiligter alle die Grundpositionen einnimmt: die des Täters, des Opfers und des Zuschauers zugleich. Das bekannteste Beispiel hierfür ist wohl die von Kafkas Erzählung *In der Strafkolonie* entworfene Situation: vor den Augen des Reisenden, der der Strafkolonie einen Besuch abstattet, verwandelt sich der Offizier, der eine Folterung mit der von ihm konstruierten Maschine beaufsichtigen sollte, in einen Delinquenten, der mit Hilfe dieses Geräts die eigene Hinrichtung vollzieht.

Es ist für Gewaltvorgänge zudem charakteristisch, daß Vollzug und Darbietung in ihrem Ablauf häufig ineinandergreifen: sei es dort, wo Gewalt real *ausgeübt* und zugleich einer Öffentlichkeit dargeboten wird; sei es dort, wo sie künstlerisch *imaginiert* wird, mit mehr oder weniger schockierenden Effekten für die unbetroffen betroffenen Betrachter; sei es schließlich dort, wo eine künstlerische Präsentation, die selbst keine Darbietung von Gewaltvorgängen ist, ihrerseits als gewaltsam erscheint. Ohne Frage sind dies sehr verschiedene Fälle: Wir müssen sehen, was sie gemeinsam haben, um klar sehen zu können, was sie trennt.

3.

In der eingangs beschriebenen Szene aus *Fargo* vollzieht sich der Anfang einer Gewalthandlung als das Hereinbrechen des Wirklichen in eine Welt des Scheins. Was für die Figur der vor dem Fernseher sitzenden Frau zunächst wie eine Episode aus dem TV aussieht, erweist sich urplötzlich als ein höchst realer, ihr direkt auf den Leib rückender Vorgang. Die so verzweifelten wie vergeblichen Versuche ihres Ehemanns, eines betrügerischen Autohändlers, seine Misere zu beheben, ziehen mörderische Kreise, von denen Beteiligte und Unbeteiligte mitgerissen werden. Gewalt tritt auf als Indikator einer harten Realität, die sich grausam ihr Recht verschafft. »Jetzt wird es ernst«: Der Eintritt der Gewalt markiert einen Bruch mit dem geläufigen Fortgang des Lebens.

Eine Beziehung zwischen Gewalt und Wirklichkeit liegt in der Natur der Sache. Gewalt und Sexualität sind die beiden Ernstfälle der leiblichen menschlichen Begegnung. Die Interaktion findet hier nicht als gestische und verbale, von Berührungen manchmal *begleitete* Annäherung, sie findet *als* Berührung statt. Sie geschieht als ein massiver oder zarter, einseitiger oder wechselseitiger Zugriff auf den Leib des andern. Im Guten oder Schlechten tun sich die Beteiligten etwas an. Auch dem freiwilligen sexuellen Austausch wohnt immer das Moment der Vermeidung eines gewaltsamen Aufeinandereingehens inne. Gewalt bleibt aus, wenn dem anderen nichts zugefügt wird, was dieser als Verletzung seines Leibes und seiner persönlichen Integrität erfährt. Gewalt findet statt, wenn einer dem anderen körperliche Verletzungen zufügt, sei es um ihn seinem Willen zu unterwerfen, sei es um sich an seinen Schmerzen zu weiden, sei es aus beiden Motiven.

Diese Gewalt vollzieht sich als Zufügung körperlicher Verletzungen mit dem Zweck der Drangsalierung oder Unterwerfung des Opfers. Gewalt, so verstanden, ist physische Gewalt. Anders als beim regulären ärztlichen Eingriff oder dem geregelten Wettkampf des Boxens ist es der Sinn gewaltsamer Zufügungen, das Opfer dieser Behandlung gegen seinen Willen *leiden* zu machen: sei es als Mittel zum Zweck, sei es um die eigene Überlegenheit zu genießen.

Denen, die Gewalt ausüben, geht es darum, am Leib der anderen den Widerstand der Welt zu brechen. Gewalt ist eine Form der menschlichen Interaktion, in der für das Aushandeln eines gemeinsamen Verhaltens, in der für ein gegenseitiges Sichabstimmen kein Raum mehr bleibt. Denen, die Gewalt erleiden, stößt diese als ein unumkehrbares Geschehen zu. Die im normalen Verhalten leidlich auf Distanz gehaltene Wirklichkeit rückt dem Opfer direkt auf den Leib. Es gibt kein Ausweichen. Der Spielraum des Wirklichen zieht sich auf den Punkt des eigenen drangsalierten Leibes zusammen. Man kann das die besondere Faktizität des Gewaltereignisses nennen. Das Opfer wird von einer machtvollen Bewegung erfaßt, die keine Rücksicht auf die Grenzen seines Körpers nimmt.

Vor solchen Widerfahrnissen ist der Betrachter künstlerischer Werke sicher. Er mag überrascht oder schockiert werden, aber es stößt ihm nichts zu. Buchstäbliche Gewalt widerfährt ihm nicht. Nicht umsonst aber wird das, worauf Kunst in ihren Werken aus ist, oft als Berührung beschrieben. Berührt oder angerührt oder überwältigt, gefesselt oder mitgenommen zu werden, ist eine berechtigte Erwartung an die Wahrnehmung von Werken der Kunst. Das alles aber sind Metaphern aus dem Feld einer leiblichen Bedrängnis, zu der es in Wirklichkeit gar nicht kommen darf, wenn ästhetische

Wahrnehmung möglich bleiben soll. Der Zuschauer oder Zuhörer wird von einer machtvollen Bewegung erfaßt, die *eine* Rücksicht auf die Verletzlichkeit seines Leibes nimmt.

In dieser besonderen Gewaltlosigkeit des Kunstwerks liegt seine Affinität zur Gewalt. Es will ohne physische Gewalt berühren, dabei aber eine Wirklichkeit entfalten, die sich von der Normalität des Daseins ebensosehr abhebt wie andere Grenzfälle des Lebens. *Eine* der Formen, in denen Kunstwerke dies versuchen, ist die Darstellung von Gewalt – eine andere ist die Darstellung von Sexualität, wieder eine andere ist die Entblößung der Materialität des künstlerischen Objekts; die Kunst kennt andere Aphrodisiaka als die Präsentation von Gewalt. Sie muß nicht zur Darstellung von Gewalt greifen, um das Publikum die Macht ihrer Konstruktionen spüren zu lassen. Gewaltdarstellung ist lediglich eines *unter anderen* Berührungsmitteln der Kunst. Das Kunstwerk will den Betrachter nicht mit buchstäblicher Gewalt, auch nicht mit dem Anschein solcher Gewalt, sondern mit *seiner* Wirklichkeit berühren. Es lockt die Wahrnehmenden in ein Spiel von Erscheinungen, das sie erfaßt und betrifft, ohne daß sie buchstäblich getroffen würden.

4.

»Ich habe von Anfang an versucht, Kunst zu machen, die so auf die Menschen einwirkte, die sofort voll da war. Wie ein Hieb ins Gesicht mit dem Baseballschläger, oder besser, wie ein Schlag ins Genick. Man sieht diesen Schlag nicht kommen, er haut einen einfach um.«[3] Diese Äußerung von Bruce Nauman ist wohl die brutalste je formulierte Metapher für die Gewaltsamkeit der Kunst. Auch sie aber kann und will nicht

3 Bruce Nauman im Gespräch mit Joan Simon 1987, in: Bruce Nauman, Interviews 1967-1988, hg. v. Christine Hoffmann, Dresden 1996, 149.

darüber hinwegtäuschen, daß sich die Gewalt der Kunst kategorial von aller buchstäblichen, auf physische und psychische Verletzung zielende Gewalt unterscheidet. Kunst mag mit Bildern, Klängen oder auch Bewegungen »an die Schmerzgrenze« ihrer Adressaten gehen – aber sie läßt ihnen stets die Möglichkeit offen, sich dieser Zumutung zu entziehen. Sie bietet ihnen einen Spielraum des eigenen Reagierenkönnens, während jede reale Gewalt auf die Beeinträchtigung oder Auslöschung eben dieser Freiheit zielt.

Diese Freiheit *gewährt* die Kunst bei aller Zumutung und Verführung, Agitation und Fesselung, Irritation und Verstörung, die sie auf seiten ihrer Adressaten bewirkt. Gemessen an einem strikten und buchstäblichen Begriff ist es stets eine *metaphorische* Gewalt, mit der sie ihr Gegenüber zu überwältigen sucht. Mit nur geringer Übertreibung läßt sich sagen, daß in dieser Bedeutung aller Kunst ein Moment des Gewaltsamen eignet.[4] Ihre Werke zielen auf eine Animation, die das Publikum für eine wie immer kurze Zeit aus den Sicherheiten und Selbstverständlichkeiten der leiblichen wie geistigen Orientierung nimmt und so eine willkommene Störung seines Empfindens und Verstehens bewirkt. In diesem Sinn, aber auch nur in diesem, ist jede Ästhetik der Kunst eine Ästhetik der Gewalt: eine Auslegung der Macht, mit der ihre Werke eine Wirklichkeit hervorbringen, an der sich die Lebenswirklichkeit ihrer Adressaten bricht.

Diese performative Kraft von Kunstwerken kann sich unabhängig von jeder Repräsentation gewaltförmiger Ereignisse entfalten. Eine besondere Bedeutung gewinnt die metaphorische Gewalt von Kunstwerken jedoch gerade dann, wenn sie Gewaltvorgänge zum *Inhalt* ihrer Darbietungen macht. Die Darbietung von Gewalt lebt hier von der Gewalt der künstle-

4 Wenn zu jedem gelungenen Kunstwerk wenigstens die Ingredienz eines »Rauschens« gehört und sich dieses artistische Rauschen wenigstens Augenblicke einer desorientierten Rezeption erzeugt, so trifft das Argument sogar ohne alle Übertreibung zu; s. hierzu Teil III dieses Buchs.

rischen Darbietung. Nur aus diesem Verhältnis läßt sich das Potential der künstlerischen Behandlung des Phänomens der Gewalt verstehen. Nur weil die Kunst über eine besondere *Macht der Darbietung* verfügt, kann sie *das Gewaltsame der Gewalt zeigen*, wie es kein anderes Medium vermag.

Das innere Verhältnis von Vollzug und Darbietung, das für Gewaltverhältnisse allgemein kennzeichnend ist, findet dabei eine besondere Realisierung. Heute wie gestern, aber heute in erheblich gesteigertem Maß, steht eine Kunst, die Gewalt thematisch werden läßt, in einer Konkurrenz einmal zu realen Gewaltvorgängen, wie sie vor den Augen der Öffentlichkeit geschehen, sowie zum anderen zu der Darstellung dieser Vorgänge in Kontexten der Information und des Infotainment. Im einen Fall ist die Gewaltdarstellung direkt mit der Gewalthandlung verbunden; im anderen Fall verweist sie auf (vermeintlich oder tatsächlich) reale Gewalthandlungen an einem anderen Ort. Die künstlerische Vergegenwärtigung dagegen verstrickt das Publikum an *seinem* Ort in eine *Imagination* der Gewalt. An einem Ort, an dem reale Gewalt abwesend ist, bringt sie eine Wirklichkeit der Gewalt zur Sprache, indem sie die Wahrnehmenden an den Prozeß ihrer *Darbietung* fesselt.

5.

In *Fargo* geschieht dies unter anderem so, daß die Differenz zwischen medialer und realer Szene noch einmal in den Film hineingelegt wird. Die dargestellte Gewalt ereignet sich als ein Einbruch der Realität in eine scheinhafte Welt des häuslichen und familiären Friedens, von der aus das Vorspiel der tatsächlichen Gewalthandlung wie eine rein fiktive Darstellung erscheint. Als ein *Wirklichkeits*indikator aber kann diese Gewalt nur in Erscheinung treten, weil ihr die Regie den Stellenwert eines *formalen* Indikators verliehen hat. Es findet eine plötzliche Beschleunigung des Geschehens statt, die von einem Crescendo der Geräusche begleitet wird: Der Plauderton der Fernsehsendung schlägt um in den Lärm des zersplitternden Glases und das Kreischen des Opfers. Es wird ernst für die dargestellten Figuren, aber es wird auch ernst für die Darstellung dieser Figuren.

Hierin liegt ein Grundgesetz jeder künstlerischen Behandlung von Gewalt. Die Evokation eines menschlichen Grenzfalls stellt zugleich einen ästhetischen Grenzfall dar. Will sie *Gewalt* zum Ereignis machen, muß die Kunst *sich* zum Ereignis machen. Will sie einen Ausbruch von Gewalt zeigen, muß sie es zu einer Kulmination ihrer Mittel kommen lassen. Um (buchstäbliche) Gewalt zu zeigen, muß die Kunst auf ihre (metaphorische) Gewalt vertrauen.

Dieser Zusammenhang besteht ganz unabhängig von der Art und Ausführung des jeweiligen Gewalt-Motivs. Ob es sich um die Erzählung der grausamen Heimkehr des Odysseus nach Ithaka im Homerischen Epos handelt, um Giottos Darstellung der durch das Jüngste Gericht Verdammten in der Scrovegni-Kapelle, um den schrecklichen *Martertod des Hl. Thomas von Canterbury*, den Meister Francke um 1425 für den Thomasaltar der Englandfahrer gemalt hat (Kunsthalle, Hamburg) um Caravaggios Bild der *Enthauptung des Holophernes* (Galleria Nazionale di Arte Antica, Rom) oder um das obsessive Aufzeichnen und Ausmalen toter, enthaupteter und zerstückelter Körper bei Géricault; ob wir an die Folgen der Gewalt in den Königsdramen Shakespeares denken oder an die nüchtern brutalen Schlachtgemälde in Flauberts Roman *Salammbô*; ob es sich um Geschichten der siegreichen gerechten Gewalt im klassischen Western handelt oder um solche der sieglosen ungerechten in Mafia- und Polizeifilmen – immer geht die szenische Eskalation mit einer ästhetischen Eskalation zusammen. Gerade in der komischen Behandlung von Gewalt in Filmen wie *Pulp Fiction* von Quentin Tarantino (USA 1994) oder auch *Fargo* werden unwahrscheinliche Kontraste gesetzt, die auf ihre Weise den Einschnitt der Gewalt markieren. Die Zäsur der physischen Gewalt erscheint als Zäsur der artistischen Gestalt. Die Macht der dargestellten

Gewalt lebt von der Macht der Darstellung dieser Gewalt. Ob sie es will oder nicht: Die Kunst spielt ihr Spiel mit der von ihr gezeigten Gewalt.

6.

Dieses Spiel kann sehr unterschiedlich gespielt werden. Bleiben wir für einen Augenblick im Kino. Im Anschluß an die erwähnte Untersuchung von Keppler lassen sich ganz unterschiedliche Funktionen der Gewaltdarstellung im neueren Spielfilm unterscheiden. Der ornamentalen oder *choreographischen* Gewalt, die vorwiegend als Spannungselement in Actionfilmen dient, ohne daß dem Gewaltereignis als solchem eine eigene Bedeutung zukäme, steht eine Inszenierung *kontingenter* Gewaltvorgänge gegenüber, in der Schlägereien und Schießereien möglichst wie *reale* Geschehnisse präsentiert werden. In den James-Bond-Filmen und ihren Verwandten (wie z.B. *True Lies* von James Cameron, USA 1994), aber auch in einem elegischen Spätwestern wie *Last Man Standing* von Walter Hill (USA 1996), bleiben die Gewaltvorgänge irrealisiert; sie sind ein wichtiger Impuls für den Fortgang der Handlung, in der Gestaltung des Rhythmus, man könnte sagen, in der Durchführung der visuellen Musik dieser Filme. In Filmen dagegen, die Gewalt als einen Ausdruck sozialer oder individueller Pathologien zeigen, etwa in *Falling Down* von Joel Schumacher (USA 1993), in *Natural Born Killers* von Oliver Stone (USA 1991) oder auch in *Das Schweigen der Lämmer* von Jonathan Demme (USA 1991) werden der Vorgang der Gewalt und die Bedrohung durch Gewalt in ihrem tatsächlichen Schrecken dargeboten; sie werden dem Betrachter *in ihrem Ernst* vor Augen gestellt.

Dabei tritt nicht selten – wie bei Stone und Demme und erst recht in *Lost Highway* von David Lynch (USA 1996) – das Element einer *halluzinatorischen* Gewaltdarstellung hinzu. Gewalt wird hier gleichsam in die andere Richtung irrealisiert:

nicht durch die Ausblendung ihres Schreckens, sondern, über den vorstellbaren realen Schrecken hinaus, in der Gestaltung von Visionen der Gewalt, die auch den unbetroffenen Zuschauer in Angst und Schrecken versetzen können. Zur Darstellung kommt hier nicht eigentlich Gewalt, sondern ein Gewalt*phantasma*, das Individuen oder Gesellschaften in den Bann schlägt.

Das ältere Kino kannte daneben die *heroische* Gewalt, in der ein idealisierter einzelner oder eine Gruppe gegen alle möglichen Fährnisse besteht; die Gewalthandlung und ihre Wirkungen sind hier eingebunden in den Mythos vom nahezu allmächtigen Helden. Die ausgeübte Gewalt erscheint zwar als real, aber sie bleibt letztlich Episode innerhalb einer Erzählung von der Wiederherstellung gewaltloser sozialer Zustände. Als dramaturgisches Muster ist diese Gewaltbehandlung auch im heutigen Actionkino erhalten geblieben, wenn auch in einer stark desillusionierten Form, wie sie etwa durch die *Die-Hard*-Filme repräsentiert wird (*Die Hard*, John McTiernan, USA 1988; *Die Hard II. Die Harder*, Renny Harlin, USA 1990; *Die Hard with a Vengeance*, John McTiernan, USA 1995). Bruce Willis, der Hauptdarsteller in diesen Filmen, ist der exemplarische ramponierte Held unserer Tage.

Die Gewaltfiktionen des Kinos können somit vorwiegend als *irreale* Ereignisse, vorwiegend als ein *reales* Geschehen oder vorwiegend als *Überschreitung* allen realen Schreckens präsentiert werden. Diese Grenzen aber bleiben häufig unscharf. Sie bleiben es vor allem dort, wo sich ein Film nicht in den Bahnen eines vorgegebenen Schemas bewegt, sondern Kunst darauf verwendet, die irreguläre Wirklichkeit eines Gewaltgeschehens erlebbar zu machen. Diese Kunst besteht vor allem darin, die gewohnten, geläufigen, eingeschliffenen und darum harmlosen Darstellungen von Gewalt zu durchkreuzen. Nur wo die schematisierten Bilder der Gewalt aufgerauht, wo ihre Glätte zerkratzt, wo mit ihrer Kenntlichkeit gebrochen, wo die Eindeutigkeit ihrer Behandlung aufgegeben wird, kann der Einbruch der Gewalt zur Darstellung kommen.

7.

Diese Uneindeutigkeit der Gewaltdarstellung ist ein Zeichen nicht nur einer hochstehenden filmischen Behandlung. Die moderne bildende Kunst etwa hat sich – angetrieben nicht zuletzt von der Konkurrenz des Kinos – entschiedener als andere Künste von jeder heroischen Gewaltdarstellung verabschiedet, bis hin zu einem weitgehenden Verzicht auf die Darstellung von Szenen und Aktionen der Gewalt. Statt dessen ist der namenlose Schrecken dieses Jahrhunderts vielfach zum Gegenstand der bildnerischen Vergegenwärtigung einer in ihren Ursachen und Folgen unfaßlichen Gewalt geworden. Ein extremes Beispiel sind jene unter den zwischen 1958 und 1960 entstandenen *Black Paintings* von Frank Stella, die im Titel auf die Greuel des Dritten Reichs verweisen, ohne im geringsten eine Wiedergabe des Geschehenen zu sein.[5] Gerhard Richters in Grau und Schwarz gehaltene Bildgruppe *18. Oktober 1977* (Museum für Moderne Kunst, Frankfurt/M.) zeigt die toten Gründer der Roten Armee Fraktion in einer Atmosphäre der Bedrängnis und Desorientierung, der Verzweiflung und Trauer, ohne jeden Versuch einer weitergehenden Kommentierung. Sie nimmt die Schärfe der Polizeifotos, nach denen die Bilder entstanden sind, in die Unschärfe eines unverstandenen und unverarbeiteten historischen Vorgangs zurück. Bruce Naumans *Concrete Taperecorder Piece* (Kassel, Neue Galerie) aus dem Jahr 1968 besteht aus einem von einem Zementblock umschlossenen Tonbandgerät, das auf einer Endlosspur menschliche Schreie enthält, die in jeder denkbaren Lautstärke der Wiedergabe unhörbar bleiben müßten. Seine Installation *Musical Chair* aus dem Jahr 1983 (Sammlung Froehlich in der Galerie der Gegenwart, Hamburg) ist ein scharfkantiges, kreuzförmiges, auf Augenhöhe

5 *Arbeit macht frei*, 1958, Sammlung Mr. and Mrs. Graham Gund; *»Die Fahne hoch!«*, 1959, Whitney Museum of American Art, New York.

des Betrachters montiertes Mobile aus Stahl; in Bewegung gebracht, läßt es in der Kollision mit einem ebenfalls von der Decke herabhängenden stählernen Stuhl einen durchdringenden harten Klang ertönen. Das Gebilde weckt Erinnerungen an Folterszenen, verzeichnet Spuren und Schwingungen einer lauernden Gewalt, ist Erinnerung an Machtmittel, die den Körper beliebiger Opfer durchstoßen können, ist Halluzination einer allgegenwärtigen Bedrohung – und bleibt doch ein frei schwebendes Ensemble, das die Schrecken, deren Kunde es verbreitet, in die Ruhe seiner verhaltenen Bewegung überführt.

8.

Konstellationen dieser Art herrschen auch in der Literatur des 20. Jahrhunderts vor. Seit Dashiell Hammetts Roman *Der gläserne Schlüssel* aus dem Jahr 1931 müssen die einsamen, einer heroischen Mission entledigten Helden der amerikanischen Kriminalromane Prügeleien überstehen, die in ihrer kompositorischen Funktion nur ornamental genannt werden können. Seit den Kriegsromanen im Gefolge des Ersten Weltkriegs ist heroische Gewalt in der Literatur höchstens in einer gebrochenen Form noch möglich. Es überwiegt die Darstellung von Gewaltereignissen, die auch dann, wenn sie das Ergebnis eines absichtsvollen Terrors sind, als ein letztlich kontingentes, sinnloses Geschehen dargestellt werden – wie in dem Roman *The Quiet American* von Graham Greene, in der *Ästhetik des Widerstands* von Peter Weiss oder in *Lituma en los Andes* (*Tod in den Anden*) von Mario Vargas Llosa. Auch die Gewaltdarstellung in der modernen Literatur geht dabei nicht selten in ein halluzinatorisches Schreiben über. Ein krasses Beispiel hierfür ist der 1985 erschienene Roman *Blood Meridian Or The Evening Redness in the West* des Amerikaners Cormac McCarthy. Der Roman handelt von den Kriegszügen einer marodierenden Bande von Kopfgeldjägern im Westen der USA in der Mitte des vergangenen Jahrhunderts. Im Wechsel mit ausführlichen und intensiven Landschaftbildern kommt es immer wieder zu einer Schilderung grausamer Kampfhandlungen. Bei ihrem ersten Auftreten im Roman brechen die »Wilden« (von *savages* spricht das englische Original) über eine Truppe von Freischärlern herein:

»Ein wirrer Pulk von Pferden mit rollenden Augen und gebleckten Gebiß stob nun heran, nackte Krieger mit Pfeilbündeln zwischen den Zähnen, die Schilde blitzten im Staub, unter dem Pfeifen von Beinflöten stürmten die Reiter an der Flanke der aufgelösten Einheit entlang, ließen sich, den Fuß im Widerristriemen eingehängt, zur Seite kippen, spannten die kurzen Bogen unter den gestreckten Hälsen der Mustangs, kreisten die Truppe ein, spalteten sie in zwei Hälften, richteten sich dann, einige mit aufgemalten Nachtmahrgesichtern auf der Brust, wie Schießbudenfiguren wieder auf«, – *like funhouse figures*, heißt es im Original – »ritten die aus dem Sattel geworfenen Angelsachsen in Grund und Boden, spießten und knüppelten sie, hüpften mit gezückten Messern von ihren Pferden, liefen, wie zu fremder Fortbewegung getrieben, mit sonderbaren krummbeinigen Schritten umher, streiften den Gefallenen die Kleider vom Leib, packten sie an den Haaren, strichen den Lebendigen wie den Toten die Klingen um die Schädel herum, rissen ihnen die blutigen Haarschöpfe aus, hackten und schlugen auf die Leichname ein, trennten Gliedmaßen ab, Köpfe, nahmen die seltsamen weißen Torsos aus, hielten ganze Händevoll Eingeweide empor, Genitalien, einige der Wilden waren so dick mit Blut beschmiert, daß sie sich wie Hunde darin hätten wälzen können, andere stürzten sich auf die Sterbenden, schändeten sie und riefen dabei ihren Gefährten laut etwas zu. Inzwischen stampften die Pferde der Toten hinter dem Qualm und Staub hervor, drehten sich mit flatterndem Lederzeug und wirr fliegenden Mähnen im Kreis, die Augen weiß vor Angst wie Augen von Blinden, einige mit Pfeilen bespickt, mit Lanzen durchbohrt, sie spien Blut, während sie taumelnd über die

Walstatt wirbelten und hufeklappernd wieder verschwanden (*stumbling and vomiting blood as they wheeled across the killing ground and clattered from sight again*).«[6]

Keine heroische Gewalt findet hier statt, auch keine terroristische, die sich einem strategischen Plan verdankt, ebensowenig eine satanische, die einem hedonistischen Kalkül gehorcht. Es ist der Ausbruch einer blinden Gewalt, die vor nichts haltmacht, alles mit sich reißt, Menschen und Tiere, Opfer und Täter. McCarthy imaginiert eine nackte Gewalt, die keine zivilisatorischen Beschränkungen kennt. Er schildert blutigsten Ernst. Wo jedoch eine ungebändigte Gewalt in ihrem entsetzlichen Verlauf dargestellt werden soll, muß sie mit einer hohen Akribie gezeichnet werden. Es kommt eine Wort für Wort auffällige Präzision in Gang, die über die Wiedergabe des bloß Faktischen weit hinausgeht. So steigert sich McCarthys Schilderung in das Klangbild der mit blindweißen Augen über ein blutgesättigtes Schlachtfeld panisch hinwegdonnernden Pferde. »Staub stillte den Blutfluß auf den kahlen Schädeln der Skalpierten, die, mit ihren Haarfransen unter der Wunde, tonsuriert bis auf die Knochen, wie verstümmelte, nackte Mönche auf der blutprallen Erde lagen, überall stöhnten und röchelten Sterbende, über all schrien Pferde« – so endet die Beschreibung des Gemetzels. Die äußerste Gewalt muß äußerste Sprache werden, damit sie als äußerste Gewalt vorstellbar wird.

Die Darstellung von Gewalt ist hier nicht nur ein Spannungsmittel, aber sie ist es auch; sie ist nicht nur das Zeugnis eines möglichen realen Vorgangs, aber sie ist es auch; sie ist nicht nur Imagination eines über das Dagewesene hinausgehenden Schauspiels der Grausamkeit, aber sie ist es auch; sie ist nicht nur Darstellung einer exzessiven Wirklichkeit, sie ist auch exzessive Darstellung einer Wirklichkeit; Gewalt fun-

6 C. McCarthy, Die Abendröte im Westen, Reinbek 1996, 68f.; ders., Blood Meridian Or the Evening Redness in the West, New York 1992, 53f.

giert in dieser Passage nicht nur als ein Wirklichkeitselixier, sondern auch als eine Erscheinungsdroge; der geschilderte Vorgang wird mit aller Macht *als real* imaginiert, zugleich aber mit aller Macht – *imaginiert.*

9.

»Die beiden abgehackten Köpfe lagen auf zerknülltem, grauweißem, blutfleckigem Tuch. Kissen, unter das Laken geschoben, gaben den Häuptern Halt. Wären nicht die rohen Schnittflächen an den Hälsen, das wäßrig ausgeronnene Blut zu sehn gewesen, so hätte der Eindruck eines im Bett nebeneinanderliegenden, vom Tod überraschten Paars entstehn können. (...) Das Antlitz der Frau war dem Mann zugewandt. Ihr Mund war leicht geöffnet, zwischen den umschatteten Lidern glänzte ein Punkt vom Augenweiß. Eigentümlich nackt ragte das Ohr aus dem zur Guillotinierung kurzgeschnittenen Haar hervor. Das Gesicht des Manns, mit dem Anflug eines Barts um die eingefallenen Wangen, war noch vom Entsetzen geprägt. Die tief in den Höhlen liegenden Augen standen offen, auch der Mund war aufgesperrt, die klaffenden Lippen, die Zähne, die Zunge schienen noch den letzten Schrei zu tragen. Ihn mußten sie zum Fallbeil geschleppt haben, die Frau hatte schon vorher aufgegeben. Es wäre vermessen gewesen, die Erloschenheit auf ihrem Gesicht mit einem Frieden zu vergleichen, denn wie hätte, auch nach dem Eintreten der endgültigen Ruhe, der Gedanke des Friedens mit ihrer Existenz verbunden werden können. Und doch enthielten ihre Züge, fahl beleuchtet auf Schläfe, Jochbein, Nase und Kinn, etwas Weiches, ihr Kopf lag da wie eine überreife, abgefallne Frucht. Der Mann war herausgerissen worden aus seinem Dasein. Die Kinnmuskeln, die scharf vorgewölbte Nase und die zerbuchtete Kontur des kahlen Schädels drückten noch eine Anspannung von Energie aus. War die Frau völlig entmachtet, so hatte er sich, so lange ein Atemzug in ihm war, gewaltsam zur Wehr gesetzt.«[7]

Beim ersten Lesen erscheint es fast obszön, mit welcher Zuneigung zum Detail, mit welcher Ausdeutungslust hier die Köpfe zweier enthaupteter Menschen beschrieben werden. So ist man als Leser erleichtert zu erfahren, daß es sich bei dieser Passage um die Beschreibung eines Bildes handelt. Im zweiten Teil seiner *Ästhetik des Widerstands* beschreibt Peter Weiss das Bild *Têtes des Suppliciés* (Köpfe Enthaupteter) von Theodore Géricault – oder vielmehr, er beschreibt den Eindruck, den das Bild in einem Nebenraum des Stockholmer Nationalmuseums auf die jugendliche Hauptfigur des Romans macht. Diese Szene einer Bildbetrachtung bereitet die ausführliche Schilderung der Hinrichtung einer Gruppe von Widerstandskämpfern im dritten Teil des Romans motivisch vor. Die Beschreibung des Bildes setzt ohne Vorbereitung am Beginn eines neuen Absatzes ein. »Mit Schwarz und Weiß und einem geringen Zusatz von bräunlichen und rötlichen Tönen war das Bild gemalt«, heißt es jedoch im Text bereits nach dem dritten Satz, so daß der Leser recht bald weiß, woran er ist. Aber sobald er sich darüber beruhigt hat, daß es ja »nur ein Bild« ist, das hier einer höchst intensiven Betrachtung unterliegt, drängt sich umgehend das prekäre Verhältnis auf, in dem dieses *Bild* zu seinem Gegenstand steht. Denn hier haben wir es tatsächlich mit der äußerst anschmiegsamen Vergegenwärtigung eines grausamen Ereignisses zu tun. Das Bild verwendet seinen ganzen künstlerischen Ehrgeiz darauf, einen Zustand sehen und spüren zu machen, der das Ergebnis eines sehr realen Vorgangs, nämlich der Guillotinierung zweier Menschen ist. Und es ist gerade diese Kunst, von der die Beschreibung des Schriftstellers Weiss ein beredtes Zeugnis gibt. »Zwischen den umschatteten Lidern glänzte ein Punkt vom Augenweiß« – so ist das, wenn ein Künstler die

7 P. Weiss, Die Ästhetik des Widerstands, Frankfurt/M. 1983, Bd. 2, 119f.

Gewalt unter Menschen zu seinem Sujet erhebt. Zwischen den Greueln, die er aufleben läßt, leuchtet die Farbe, mit denen er sie bannt.

10.

Beobachtungen dieser Art haben Karl Heinz Bohrer dazu veranlaßt, von Gewalt und Ästhetik als einem »Bedingungsverhältnis« zu sprechen.[8] Unter Bezug auf Werke wie Delacroix' *Der Tod des Sardanapal*, Flauberts *Salammbô* und die Bilder Francis Bacons vertritt Bohrer die These, daß man dem Sinn künstlerischer Gewaltdarstellungen nur auf die Spur kommt, wenn man die Frage nach einem inhaltlichen Sinn dieser Darstellung umgeht. Bohrer zitiert einen Satz Bacons aus seinen Gesprächen mit David Sylvester: »Ich möchte unbedingt das machen, was Valéry gesagt hat – eine Empfindung zu geben, ohne die Langeweile ihrer Vermittlung.« Da ist es wieder, das Verlangen nach einer möglichst direkten künstlerischen Berührung. Der Künstler macht Gewalt zur Erscheinung, weil er mit Gewalt Erscheinungen machen will.

Die zutreffende Beobachtung, daß es ein genuin artistisches Interesse an (der Darstellung von) Gewaltvorgängen gibt, darf jedoch nicht zu der Schlußfolgerung führen, es komme hierbei allein auf eine Intensivierung der metaphorischen Gewalt der künstlerischen Darbietung an. Künstler wie Nauman oder Bacon, Delacroix oder Flaubert, McCarthy oder Weiss interessiert auch das Phänomen der Gewalt selbst. Andernfalls könnte sie in ihren Werken lediglich einen ornamentalen Status gewinnen. Mit welchem Effekt Gewalt je-

8 K.H. Bohrer, Gewalt und Ästhetik als Bedingungsverhältnis, in: Merkur 52/1998, 281-293; vgl. ders., Stil ist frappierend. Über Gewalt als ästhetisches Verfahren, erscheint in: R. Grimminger (Hg.), Kunst macht Gewalt, München 2000.

weils dargestellt wird, ob als schiere Animation, als Anklage gegen herrschende Zustände und Mächte, als Offenbarung menschlicher Abgründe oder als leidenschaftslose Vergegenwärtigung physischer und psychischer Prozesse – jedesmal, soweit ist Bohrer recht zu geben, entspringt die Faszination der gezeigten Gewalt aus einer Faszination ihres Zeigens. Aber diese Faszination gilt häufig zugleich der Imagination einer *Wirklichkeit* des Gezeigten. Kunst bringt Gewalt zur Wahrnehmung, wie sie in anderen Kontexten nicht wahrgenommen werden kann oder wahrgenommen werden darf. Gerade weil sie die reale Gewalt in das Spiel ihrer Erscheinungen überführt, kann die Kunst, anders als jeder Diskurs, jeder Bericht und jede Statistik die Zufügungen artikulieren, die im Erleiden oder auch im Ausführen von Gewalthandlungen liegt. Ihre Anschauung vermag im Auge der Gewalt zu verweilen, wie es keinem Beteiligten oder Unbeteiligten sonst möglich ist.

Die künstlerische Notwendigkeit jedoch, den menschlichen Ernstfall der Gewaltausübung zugleich als einen artistischen Ernstfall zu behandeln, berechtigt nicht zu der Generalisierung, »daß Kunst und Gewalt*thematik* sich bedingen«.[9] Denn die metaphorische Gewalt der Kunst kann sich ja auch ohne jede Gewalt-Darstellung vollziehen. Die generelle Affinität von Kunst und Gewalt ist eine Sache ihres artistischen *Vollzugs*, der die Sicherheiten des leiblichen oder leiblich fundierten Befindens auf unterschiedliche Weise erschüttert. In dieser formalen Affinität liegt der Grund auch des besonderen *inhaltlichen* Bezugs von Kunst auf Gewalt. Die metaphorische Gewalt der künstlerischen Darbietung, die als solche nicht an die Gewalt-Thematik gebunden ist, eröffnet zugleich die Möglichkeit einer gesteigerten *Präsentation* von Gewalt – eine Präsentation allerdings, die gerade keine Affinität zur buchstäblichen *Ausübung* von Gewalt enthält. Denn die Kunst

9 K.H. Bohrer, Gewalt und Ästhetik als Bedingungsverhältnis, a.a.O., 291 (meine Hervorhebung).

kommt dem Geschehen der Gewalt aus ihrer Distanz in einer Weise nahe, wie es in ihrem realen Vollzug weder möglich noch erträglich wäre.

II.

Zum Grundverhältnis der Gewalt gehört nicht nur das Antun und das Erleiden, sondern ebenso die Betrachtung von Gewalt. Dieses Verhältnis ist in jeder Darstellung von Gewalt präsent. Es wird das Geschehen oder das Resultat einer Handlung präsentiert, das eine Unterscheidung von Opfern und Tätern erlaubt, wie sehr diese Positionen auch wechseln, sich vertauschen und manchmal auch verschwimmen mögen. Wie viele Vorgänge einer inszenierten oder dokumentierten realen Gewalt gibt auch die Imagination der Kunst einen Gewaltvorgang vor einem Publikum zur Betrachtung frei. Wie sie dies tut, wie sie Gewalt *im Unterschied* zu allen anderen Arten ihres unmittelbaren oder mittelbaren Vorkommens zur Wahrnehmung gibt, erst daran entscheidet sich die Beziehung zwischen Kunst und Gewalt. Die Besonderheit der künstlerischen Gewaltbehandlung kann nur im Rückgriff auf das Phänomen der Gewalt selbst verstanden werden. Was die Gewaltbehandlung artistisch so einschneidend macht, ist nicht davon zu trennen, daß sie anthropologisch so einschneidend ist.

Auch die reale Gewalt schließlich kann ihre Betrachter rühren und berühren, abstoßen oder anziehen. Nicht wenige Formen der Gewalt werden seit jeher vor Zuschauern und für Zuschauer ausgeführt – sei es vor Gefangenen, denen ein Geständnis abgezwungen, sei es vor Konkurrenten, denen die eigene Stärke demonstriert, sei es vor der medialen Öffentlichkeit, der eine Botschaft überbracht werden soll, oder sei es vor einem Publikum, das sich an Handlungen der Gewalt ergötzen will. Viele der Zuschauer von Gewalt*handlungen*, die als solche zugleich *Darbietungen* von Gewalthandlungen sind, vermag die bloße Darbietung von Gewalt nicht hinreichend zu beeindrucken oder zu bewegen – es muß reale Gewalt sein, wirklicher Schmerz, wirkliche Zufügung, mit denen sie aus diesem oder jenem Grund bedient werden wollen.

Dieses Zuschauerinteresse ist keineswegs von vornherein pervers. Wer eine Kriegsberichterstattung im Fernsehen sieht, möchte nicht über gestellte, sondern über tatsächliche Kriegshandlungen ins Bild gesetzt werden. Das Interesse der Betrachter gilt einer Darstellung realer Gewalt. Jedoch ist es als solches nicht mit einem Interesse *an Gewalt* verbunden; es kann lediglich ihrer *Darstellung* gelten. Wir wollen einfach darüber informiert werden, wie es in der Welt zugeht. Von einem Interesse an der Gewalt *selbst* wird die Wahrnehmung von Zuschauern erst geleitet, sobald sie die *Bejahung* bestimmter Arten der Gewalt*ausübung* einschließt. In diesem Augenblick übernehmen die Betrachter von Gewalthandlungen in einem gewissen Maß die Einstellung derer, die anderen Gewalt antun. Sie werden zum Komplizen eines (einzelnen oder kollektiven) Täters, der seine Handlung vorführt, indem er sie ausführt. Die Vollstrecker solcher Gewalt und ihre affirmativen Zuschauer haben ein gemeinsames Ziel: Der Widerstand der *Welt* soll auf die eine oder andere Weise gebrochen werden, nicht allein der Widerstand einer hergebrachten *Darstellung* der Welt.

12.

Hierin liegt ein kategorialer Unterschied zur Darstellung von Gewalt im Kontext der Kunst. Im terroristischen Anschlag bis hin zur Gewaltpornografie – aber auch in manchen »offiziellen« militärischen Aktionen – wird Gewalt *getan, um gezeigt* zu werden. In der Kunst hingegen wird Gewalt *gezeigt,* nicht um getan, sondern – *um gezeigt* werden zu können.

Dieses Zeigen unterscheidet sich grundlegend von der Präsentation in Nachrichtenfilmen, die den Gewaltvorgang mit

Wort und Schnitt umrahmen und damit auf die eine oder andere Weise in den Hintergrund rücken. Es unterscheidet sich ebenso grundlegend von den Präsentationen des Reality-TV, das Gewaltereignisse in einer absichtsvoll kunstlosen, »Echtheit« indizierenden Bildsprache wiedergibt oder nachstellt und damit in die überschaubare Ordnung standardisierter Narrationen bringt, die von riskanten Polizei-Aktionen oder heldenhaften Rettungssanitätern erzählen.[10] Wenn Kunstwerke diese Schemata der Medienberichterstattung in ihr Verfahren integrieren, wie es heute nicht selten geschieht, kommt es stets zu einem Bruch mit diesen Konventionen; sie werden gebraucht, um das gesellschaftliche Zeigen von Gewalt zu zeigen. So hat Oliver Stone in *Natural Born Killers* (mit allerdings zweifelhaftem Erfolg) versucht, die »Gewalt in den Köpfen« seiner gewalttätigen Helden mit den stilistischen Mitteln einer überdrehten Fernsehbildsprache in Szene zu setzen. Bei Verfahren wie diesem geht es darum, gegenüber den etablierten, für Macher und Publikum zur Routine gewordenen Bildern der Gewalt einen neuen Blick auf den Schrecken ihrer Vollzüge und Resultate zu gewinnen. Auch hier geht es darum, buchstäbliche Gewalt einer nur metaphorisch gewaltsamen Imagination freizugeben.

Dieser künstlerische Primat der Darbietung gilt freilich nicht absolut. Es wäre falsch, generell zu sagen, Gewalt in der Kunst werde gezeigt, *nur* um gezeigt zu werden. Es gibt Kunstwerke, die zum *Widerstand* gegen Gewalt motivieren wollen (die *Ästhetik des Widerstands* gehört gewiß dazu); sie zeigen Gewalt, damit sie *nicht* getan werde. Nicht alle Gewaltdarstellung in der Kunst aber hat dieses moralische Motiv. Cormac McCarthy appelliert nicht an Gewaltlosigkeit, er zeigt eine aus zivilisatorischer Befangenheit losgelöste Gewalt; das ist alles. Dagegen kannte die ältere Kunst sehr wohl die mehr oder weniger ungebrochene Darstellung heroischer Gewalt –

10 Hierzu Keppler, Über einige Formen der medialen Wahrnehmung von Gewalt, a.a.O.

einer Gewalt im Bunde mit den Mächten der Wahrheit und des Glaubens. Für die Kunst seit dem ersten Weltkrieg freilich dürfte gelten, daß in ihr eine affirmative Gewaltdarstellung keine Rolle mehr spielt. Dies ist jedoch weniger aus moralischen oder politischen Gründen, sondern vor allem aus ästhetischen Gründen der Fall. Eine moderne, von traditionellen Stilisierungen befreite Darstellung nimmt der dargestellten Gewalt den Gestus und die Aura, die ein affirmatives Bild ihrer Ausübung möglich machten. Die moderne Kunst zeigt das Ungeheure des Auftretens von Gewalt. Der Gegenstand ihrer Erfindungen ist nicht eine glorifizierte, erotisierte und in diesem Sinn fiktive, sondern die wirkliche Gewalt.

Aber gerade die reale Gewalt wird doch häufig getan, um gezeigt zu werden – und diese ist doch wohl wirklicher als alle *als* wirklich dargebotene Gewalt in der Kunst! Das ist sie gewiß; jedoch wird sie in demonstrativen Akten der Gewalt keineswegs *in* ihrer Wirklichkeit für alle Beteiligten präsentiert. Die Selbstpräsentation buchstäblicher Gewalthandlungen betrifft neben den *Resultaten* vor allem das *Potential* dieser Gewalt. Es wird demonstriert, was sie angerichtet hat und weiterhin anrichten kann. Damit diese Demonstration aber erfolgreich sein kann, darf das für alle Beteiligten physisch und psychisch riskante *Geschehen* der Gewalt gerade nicht offen zur Darbietung kommen. Wo die Gewalt erschrecken soll, muß das Entsetzen bei der Ausübung der Gewalt ausgeblendet bleiben. Erst recht darf keine Kriegspropaganda, die Aussicht auf Wirkung haben will, ins Zentrum einer Gewaltsituation blicken. Sie darf nicht zeigen und sie wird nicht zeigen, was es heißt, der Gewalt als Opfer oder auch Täter ausgesetzt zu sein. Sie mag Insignien der Macht und Mittel der Gewalt darstellen, sie mag ihre Handlungen in die Mythologie eines sportlichen Wettkampfs einkleiden: den Gewaltvorgang selbst wird sie übergehen. Allenfalls kann eine Werbung für Gewalt mit *indirekten* Mitteln arbeiten, etwa indem die vermeintliche oder tatsächliche Grausamkeit der zu bekämpfenden *Gegner* präsentiert wird. Häufig auch wird zur Unterstützung kriegerischer Handlungen ein sozialer Zustand vor Augen geführt, der durch die Gewalt-Aktion hergestellt oder wiederhergestellt werden soll. Die Werbung für Gewalt präsentiert sich dann als Werbung für die Beendigung der Gewalt. Die ungeschützte Darbietung von Gewalt bleibt ein Tabu gerade dort, wo die Bereitschaft zu ihrer Ausübung demonstriert, erweckt oder bestärkt werden soll.

Dieser Instrumentalisierung arbeitet die Darbietung in den Künsten entgegen, eben indem sie Gewalt auf ihre Weise zeigt. Anders als die tatsächlich ausgeübte Gewalt, anders als die Gewalt in den Nachrichten, anders auch als das von Darstellungsabsichten freie bloße Spiel mit Gewalt (in vielen Computerspielen und manchen Actionfilmen) ist alle Gewaltdarstellung in der Kunst auf dieses Zeigen aus. Sie geht von ihm aus und geht stets wieder auf es zurück. Sie schließt dabei häufig eine reflexive Thematisierung der innerkünstlerischen wie außerkünstlerischen *Darbietungen* von Gewalt mit ein. Immer behauptet sie dabei einen Abstand zu den Verhältnissen, deren Gegenwart sie imaginiert. Denn die Kunst will nicht mit Gewalt, sondern nur durch die *Erscheinung* von Gewalt berühren; sie will Gewalt erfahrbar machen, ohne doch Gewalt erfahren zu machen; sie will Gewalt nicht ausüben, sie will an die in allen menschlichen Verhältnissen, wo nicht tätige, so doch lauernde Gewalt erinnern.

Ein Zwang liegt hierin durchaus. Die Kunst zwingt Betrachter, Leser und Hörer zu einer Begegnung mit Möglichkeiten der gewaltsamen menschlichen Begegnung. Die Quelle dieses Zwangs aber ist eine besondere Lust – die Lust daran, daß zu einem Spiel von Erscheinungen wird, was sonst ein Kreislauf von Verletzungen ist. Kunst, ob sie es will oder nicht, spielt ihr Spiel mit der von ihr gezeigten Gewalt: sie stellt dort einen Spielraum der Wahrnehmung her, wo die Gewalt ihren Opfern jeden Spielraum nimmt.

13.

Noch in der Herstellung solcher Spielräume kann ein gewaltsames Verhältnis liegen. Wir hatten bisher vorwiegend den Betrachter im Blick und das, was ihm an metaphorischer, realer und imaginierter Gewalt zugemutet wird. Doch auch der Künstler ist Teil des Spiels, in dem metaphorische Gewalt erzeugt und manchmal buchstäbliche dargeboten wird. Auch er kann einer besonderen Gewalt unterliegen – derjenigen, die im Sicheinlassen auf künstlerische Prozesse wartet. So sind nicht wenige Kunstwerke Zeichen einer Verausgabung und sogar Zerstörung der Energien, der sie ihre eigene Entstehung verdanken.

Eine 1994 entstandene Video-Plastik von Bruce Nauman trägt den lakonischen Titel *Work* (Sammlung Froehlich in der Galerie der Gegenwart, Hamburg). Auf zwei übereinandergestellten Monitoren ist das Gesicht des Künstlers in vertikaler Bewegung zu sehen. Der dem Betrachter zugewandte Kopf springt ins Bild, um sofort wieder aus dem Bild zu fallen. Der obere Monitor zeigt dies in einer aufrechten, der untere hingegen in der umgekehrten, auf dem Kopf stehenden Haltung. Der Ausdruck des ungeschminkten Gesichts ist gezeichnet von der Anstrengung, immer wieder in den Focus der fest installierten Kamera zu springen (oder sich dorthin fallen zu lassen, wie es die umgekehrte Wiedergabe suggeriert). Die Aufnahmen könnten in einem Fitneß-Studio aufgenommen sein oder während eines militärischen oder paramilitärischen Trainingsprogramms; jedenfalls steht das Gesicht im Zeichen einer unnachgiebigen, kraftraubenden, vielleicht auch erzwungenen körperlichen Aktion. Durch die spiegelverkehrte Montage der Videobilder verschwindet der Kopf stets für einen Moment, um sofort wieder nach unten und oben hervorzuschnellen. In dem Augenblick, in dem das Gesicht auf einem der Bildschirme erscheint, formen die Lippen das eine, immer gleich intonierte Wort »work«, dessen stakkatohafte Wiederholung die akustische Dimension dieser Arbeit bildet und ihr den Charakter einer Klangskulptur verleiht.

Dieses Wort wird in einem lauten und harten Befehlston ausgesprochen. Doch nur für einen jeweils sehr kurzen Moment ist es tatsächlich zu verstehen. Denn die beiden Bildverläufe und mit ihnen die beiden Tonspuren sind in einem minimal phasenverschobenen Rhythmus angeordnet. In einem Zeitraum von etwa einer Minute erscheinen die beiden Köpfe nur ein einziges Mal in symmetrischer Bewegung. Entsprechend sind die pausenlos geäußerten Wort-Laute nur für den Bruchteil einer Sekunde lang im Gleichklang – und damit deutlich – zu hören. Sofort wieder verschiebt sich die visuelle und akustische Harmonie zugunsten eines zunehmend – und bald wieder abnehmend – asynchronen Erscheinens. Dies bewirkt den Eindruck eines angespannten, sich überschlagenden, ins Chaotische abgleitenden Agierens, das nur für flüchtige Momente in einen gelösten Zustand findet.

Man könnte versucht sein, hierin die Allegorie einer Arbeitsgesellschaft zu sehen, die die Körper der in ihr organisierten Menschen ununterbrochen und ohne Ende zum bedingungslosen Einsatz zwingt. Aber das wäre wenig plausibel, allein deshalb, weil sich der taylorisierte Arbeitseinsatz dramatisch im Rückgang befindet. Schon eher läge es nahe, in Naumans kleinem Video-Schrein ein weiteres selbstdeklaratives Kunstobjekt zu sehen, das die Paradoxien seines Kunst-Status effektvoll in Szene setzt. Aufnahmen, die einer Überwachungskamera zu entstammen scheinen, so könnte es auf dieser Linie heißen, werden hier zur Choreographie eines minimalistischen Balletts arrangiert; es entfaltet sich ein Widerstreit zwischen der Schwerelosigkeit der Video-Bilder und der Schwere der Bewegung, die sie zeigen; ein Objekt ruft seinen Werk-Status mit überschnappender Stimme in den Hallen des Museums aus, wodurch es alle Sicherheiten seiner Stellung untergräbt.

Aber auch das trifft es nicht. Denn die auf den Monitoren sichtbare Figur adressiert und erfüllt die permanente Aufforderung in erster Linie an sich selbst. Sie spricht die immergleichen Befehle aus, sie kommt ihnen in ununterbrochener Übung nach. Und es ist der Künstler selbst, der sich in dieser Lage vor den Augen der Zuschauer exponiert. Die Skulptur stellt diese Exponiertheit eines Künstlers aus, der sich mit Haut und Haaren der Erfindung von Werken verschreibt, die ihrerseits auf eine direkte somatische Reaktion ihrer Adressaten zielen. Zugleich aber bleibt der Künstler durch das Werk von dem Publikum abgeschirmt, dem er sich in Wort und Bild aussetzt. Denn das Video-Bild stellt ein entkörperlichtes Bild des körperlichen Einsatzes her – einmal durch den Bild-Ausschnitt, der nur das Gesicht sehen läßt, zum andern durch die artifiziell arrangierte Reproduktion auf einem Endlosband, das erkennbar weder die Wiedergabe einer aktuell vollzogenen noch die Aufzeichnung einer exzessiv ausdauernden Handlung ist. Das Klang-Bild-Gefüge dieser Plastik erweist sich so als *Inszenierung* eines bedingungslosen künstlerischen Einsatzes, jedoch am konkreten *Beispiel* der Kunst, für die Nauman hier mit seinem eigenen Gesicht einsteht.

Anders als in der ausladenden, im Vergleich mit *Work* durchaus barocken Installation *Anthro-Socio* (Galerie der Gegenwart, Hamburg), die ebenfalls mit Kontrasten von drangsalierter Leiblichkeit und technischer Künstlichkeit operiert, jedoch ohne die Person des Künstlers ins Spiel zu bringen, hat diese Arbeit einen beinahe intimen Charakter. Sie hat ihn trotz ihrer formalen Strenge, trotz ihrer obsessiven Rhythmik, trotz ihrer aggressiven Rhetorik. Denn wie in Kafkas Erzählung oder bei den von Entsetzen über sich selbst gepackten Potentaten, die Francis Bacon gemalt hat, besetzt hier eine Figur alle die Positionen, die im Dreieck der Gewalt vorgesehen sind. Der Körper, den das von Anstrengung gezeichnete Gesicht auf den Monitoren repräsentiert, ist zugleich Subjekt und Objekt der an ihm ausgeübten Tortur; das Gesicht aber, das wir sehen, ist die Maske des Künstlers selbst. Der Betrachter sieht ins Auge eines leidenschaftlichen *Betrachters*, der das erste Gegenüber auch *dieses* zum Sehen und

Hören geschaffenen Objekts gewesen ist. In dieser Konstellation ist *Work* eine Studie über die Position des Künstlers, der sich vor den Augen eines begierigen Publikums in der Anstrengung verzehrt, etwas über die eigene Anstrengung hinaus Bleibendes zu schaffen.

Sosehr er von dieser Anstrengung zerrieben wird, sie führt ein ums andere Mal zu Momenten, in denen sich etwas zusammenfügt, in denen etwas gelingt – in denen sich die Spannung löst. Zugleich aber sind diese Momente das Gift, das den Künstler zur neuerlichen Verausgabung seiner Energien antreibt, nur um ein weiteres Mal in den Zustand einer glücklichen artistischen Fügung zu gelangen. Dieser Puls des Sichverlierens und des Sichfindens bestimmt alle seine Reaktionen; die Suche nach dem Werk wird zum Imperativ eines Lebens, das unter dem Zwang einer anschaulichen Objektivierung der eigenen Reaktionen steht. *Work* ist ein Wahrzeichen der Dissonanz von Kunst und Leben, in der eines dem anderen Gewalt antut, ohne das eines dem anderen nachgeben könnte. Die beiden übereinandergestellten Monitore legen eine laute Spur der leisen Gewalt, die alle an sich ausüben, denen in ihrem Leben am Leben ihrer Werke liegt.

Namenregister